Julius H. Schoeps

Mein Weg als deutscher Jude

Autobiographische Notizen

Pendo Verlag Zürich

Die Erinnerung ist das einzige Paradies,
aus dem wir nicht vertrieben werden können.
Jean Paul

Inhalt

Vorbemerkung

»… wer Bücher schreibt, schwebt immer in der Gefahr, große Dummheiten zu begehen«, bemerkte Heinrich Heine einmal im Gespräch mit dem Schriftsteller und 1848er-Demokraten Ludwig Kalisch. Mit dieser Einsicht, geäußert im Pariser Exil, spielte Heine ganz offensichtlich auf die Schwierigkeiten seiner eigenen schriftstellerischen Existenz an. Ganz so abwegig, wie es im ersten Moment scheint, ist das Heinesche Bonmot nicht. Jeder, der schreibt, weiß um die Gefährdungen, die das mit sich bringen kann.

Der Verfasser der vorliegenden Erinnerungen war sich von Anfang an bewußt, daß er sich durch das Niederschreiben Blößen geben könnte. Das ist wohl der Grund, warum er manche Passagen, die er zunächst formulierte, später gestrichen hat. Anderes hat er gar nicht erst zu Papier gebracht, eben wissend, daß man sich vor dem Begehen von Dummheiten hüten sollte.

Der Historiker weiß, daß er nur dann bestimmte Sachverhalte halbwegs korrekt wiedergeben kann, wenn er zeitliche Distanz zwischen sich und dem zu schildernden Ereignis oder Geschehen herstellt. Das gilt erst recht für den Memoirenschreiber, der gehalten ist, sich wieder und wieder zu fragen, ob das, was er mitteilt, tatsächlich so war, wie er glaubt, daß es gewesen ist. Vielfach verschwimmen beim Schreiben die zeitlichen Dimensionen. Das Gestern ist heute und das Heute gestern.

Anfänglich hatte ich gewisse Bedenken, ob es für das Schreiben von Erinnerungen nicht vielleicht etwas früh sei. Die Gespräche mit Freunden und Kollegen waren alles andere als ermutigend. Die meisten schüttelten den Kopf und fragten »Warum um Himmels willen?« oder »Hast du nichts Besseres zu tun?«. Manche hielten das Vorhaben für ein problematisches Experiment, bei dem nicht viel herauskommen würde; andere rieten dringend ab, meinten, ich würde mir nur Ungemach einhandeln.

Meine Bedenken erledigten sich während der Arbeit von selbst. Man muß nicht, so sagte ich mir, siebzig, achtzig oder gar neunzig Jahre alt geworden sein, um Erlebnisse, Erfahrungen und persönliche Gedanken zu Papier zu bringen. Auch für einen Endfünfziger beziehungsweise Anfangsechziger, dessen berufliche Laufbahn sich dem Ende entgegenneigt, ist es legitim, über sich selbst, sein Leben und die bisher gemachten Erfahrungen nachzudenken und zu berichten.

Bestätigt wurde ich in dieser Ansicht durch einen Blick in die Erinnerungsliteratur von Augustinus über Dante und Strindberg bis hin zu Leon Trotzki, der mir zeigte, daß nicht das fortgeschrittene Alter ausschlaggebend ist, sich mit seinem Leben zu beschäftigten. Es gab und gibt Menschen, die schon in frühen Jahren das Verlangen hatten und haben, Erinnerungen niederzuschreiben. Die Motive dafür sind unterschiedlicher Natur.

Der Maler Marc Chagall war gerade einmal 35 Jahre alt, als er 1921/22 den Entschluß faßte, er müsse sich Rechenschaft über sein bisheriges Leben ablegen. Der Schriftsteller Klaus Mann ließ seinen Lebensbericht 1942 im Alter von 38 Jahren erscheinen. Und von dem Philosophen Salomon Maimon wissen wir, daß er gerade einmal 39 Jahre alt war, als er 1792 seine *Lebensgeschichte* veröffentlichte.

Wenn erst einmal der Entschluß gefaßt ist, sich mit dem eigenen Leben und den dazugehörigen Zeitumständen näher und intensiver zu beschäftigen, dann braucht es eigentlich nur eine vergleichsweise kurze Zeit, bis man bemerkt, daß das Befragen des eigenen Gedächtnisses Interessantes zu Tage fördert. Die ersten Notizen, zu denen man sich durchringt, sind tastend, meist vorsichtig zurückhaltend. Allzu Drastisches wird in den Formulierungen in der Regel vermieden.

Der von den Nazis im Marienbader Exil ermordete Philosoph und Schriftsteller Theodor Lessing beispielsweise hat seine Lebenserinnerungen *Einmal und nie wieder* im Laufe von zwanzig Jahren dreimal vollständig neu geschrieben. »Dreimal«, bekannte er, habe er »sie vernichtet, immer in dem selben selbstquälerischen Zweifel, nicht unpersönlich, nicht redlich genug verfahren zu können«.

Es muß an dieser Stelle gesagt werden, daß ich im Verlauf meines Lebens nicht im Mittelpunkt des öffentlichen Interesses gestanden habe und auch heute nicht stehe. Was ich mitzuteilen habe, mag partiell von Interesse sein, ist aber zweifellos nicht so weltbewegend wie die Gedanken und Erinnerungen eines Politikers beziehungsweise so aufregend wie die intimen Bekenntnisse eines Schauspielers oder Schlagersängers, an dessen Leben die Öffentlichkeit regeren Anteil nimmt.

Was hier vorgelegt wird, ist von schlichterem Zuschnitt. Ich versuche zu erklären, wie in meinem Leben sich manches ergeben hat, und, was schwieriger ist, ich möchte Rechenschaft ablegen, und zwar vor mir selbst. Ich weiß, das ist leichter gesagt als getan. Es setzt Ehrlichkeit gegen sich selbst voraus und den Mut, radikale Fragen zu stellen.

Eine wie auch immer geartete Botschaft verbinde ich mit meinen Erinnerungen nicht. Keinesfalls will ich, wie das Theodor Lessing einmal formuliert hat, »eine einsame Flaschenpost in das unermeßliche Dunkel« werfen. Mir geht es darum, Spuren der eigenen Lebensgeschichte freizulegen. Ich möchte Erlebtes und Erfahrenes festhalten und so niederschreiben, wie ich glaube, daß es gewesen ist, oder zumindest, wie es gewesen sein könnte.

Erinnerungen setzen sich bekanntlich aus Gesehenem und Gehörtem, aus Angelesenem und Gewußtem zusammen. Wer in die Katarakte seines Gedächtnisses und in die Tiefen seiner Gefühlswelten hinabsteigt, macht die überraschende Erfahrung, daß manche der Erinnerungen nicht realer, sondern eher eingebildeter Natur sind. Daß Realität und Einbildung dabei häufig verschwimmen, ist ein Problem, mit dem sich der Autobiograph auseinandersetzen muß.

Nicht alles, was man erlebt zu haben glaubt, hat man tatsächlich erlebt. Und nicht alles, was man erlebt hat, ist in der Erinnerung so, wie es in Wirklichkeit war. Das Schreiben von Erinnerungen ist deshalb ein Prozeß fortwährender Selbstüberprüfung. Es ist ein Abenteuer, das denjenigen, der sich darauf einläßt, mit einer Reihe bedrängender Fragen konfrontiert.

Hat man sich in einer bestimmten Situation wirklich so verhalten? Ist diese oder jene Begebenheit wirklich so wichtig, daß man sie erzählen muß, oder ist sie eher Klatsch und Tratsch? Und lügt man sich nicht oft selbst in die Tasche, wenn man die eigene Rolle bei der Schilderung bestimmter Sachverhalte beschreibt? Wird nicht das eigene Verhalten vorteilhafter dargestellt, als es tatsächlich war und ist?

Beim Niederschreiben meiner Erinnerungen habe ich mich an Matthias Claudius gehalten, der bekanntlich einmal bemerkte: »Sage nicht immer, was Du weißt, aber wisse immer, was Du sagst.« Ich habe mich bemüht, mein Gedächtnis nach bestem Wissen und Gewissen zu durchforsten. Hilfreich bei diesem Unternehmen waren mir dabei Freunde und Bekannte, die ich befragen konnte. Manches Bild beziehungsweise mancher Eindruck konnte so korrigiert werden. Tagebücher, Briefe und Notizen halfen, Verdrängtes oder Vergessenes zu rekonstruieren. Anderes kam zu Bewußtsein durch die Lektüre von Büchern und durch die Erzählungen Dritter.

Den Hauptakzent habe ich nicht auf das eigene Ich, auf die Beschreibung bestimmter Sehnsüchte und Hoffnungen, sondern insbesondere auf die Erörterung allgemeinerer Sachverhalte gelegt. Das Muster, dem ich dabei gefolgt bin, läßt sich als eine Mischung aus autobiographischer Reflexion und zeitgeschichtlicher Betrachtung beschreiben. Inwieweit das dem Verfasser gelungen ist, wird der Leser entscheiden müssen.

Schwierig war es, den treffenden Titel für die vorliegenden Erinnerungen zu finden. Zunächst spielte ich mit der Überlegung, mich an Otto von Bismarck zu orientieren und dessen Titel *Gedanken und Erinnerungen* in abgewandelter Form zu übernehmen. Dann kam ich auf die Idee, eine Anleihe bei dem Schriftsteller Jakob Wassermann zu machen, der seine Bekenntnisse mit *Mein Weg als Deutscher und Jude* versah. Micha Brumlik, der vor einigen Jahren ebenfalls Erinnerungen vorgelegt hat, regte die Wassermannsche Formulierung zu dem Titel *Kein Weg als Deutscher und Jude* an.

Ich habe mich für *Mein Weg als deutscher Jude* entschieden. Mit diesem Titel wird der Leser darauf verwiesen, daß es zum einen um die Selbstbefindlichkeiten des Verfassers, zum anderen um die Beschreibung einer bestimmten Zeit geht, in diesem Fall der Jahrzehnte nach dem Ende der NS-Herrschaft, in der es für Juden nicht einfach war, in Deutschland Fuß zu fassen. Letzteren Aspekt versucht der Verfasser aus dem Blickwinkel des kleinen Jungen zu beschreiben, der er damals war.

Stellvertretend für die vielen, die mir Hinweise gaben und mit »Ach, weißt Du noch …«-Bemerkungen halfen, an vergessene Begebenheiten und Sachverhalte zu erinnern, seien genannt Rupert Ahlborn, Claus E. Bärsch, Roman Bogdan, Irene Diekmann, Horst Freudenthaler, Manfred Heckmann, Elke-Vera Kotowski und Joko Knoll. Sie alle haben, jeder auf seine Weise, am Entstehen des vorliegenden Erinnerungsbuches mitgewirkt. Sollte sich beim Niederschreiben der eine oder andere Fehler eingeschlichen haben, so tragen dafür selbstverständlich nicht die Gesprächspartner die Verantwortung, sondern einzig und allein der Verfasser.

Meiner Frau ist das Buch gewidmet.

Kindheit und Jugendjahre

1. Juni 1942. An diesem Tag erblickte ich in Schweden das Licht der Welt. Der Ort meiner Geburt war Djursholm, ein kleines Villenstädtchen vor den Toren Stockholms. Meine Eltern, Hans-Joachim Schoeps und Dorothee Busch, waren Ende 1938 aus Nazi-Deutschland nach Schweden geflüchtet und hatten sich in Stockholmer Emigrantenkreisen kennengelernt. Es war schwer für sie, in Schweden Fuß zu fassen. Emigranten aus Hitler-Deutschland, die mißtrauisch beäugt wurden, bot Schweden zwar eine Zuflucht, aber es war schwierig, dort Arbeit zu finden, um das notwendige Geld für den Lebensunterhalt zu beschaffen.

Leben im Exil. Aus den Berichten meines Vaters weiß ich, daß er es als einen ausgesprochenen Glücksfall ansah, daß Schweden ihn als Flüchtling aufgenommen hatte. Aber wohlgefühlt hat er sich dort nicht. Die dunklen Seen, die duftenden Wälder mochte er zwar, aber die schwedische Lebensart, die betuliche Art des Sprechens und des distanzierten Umgangs haben ihm nicht sonderlich behagt. Doch war er der Meinung, ein Emigrant, der Nazihölle entronnen, könne nicht anders, als Gefühle der Dankbarkeit gegenüber Schweden und seiner Bevölkerung zu empfinden.

Im schwedischen Exil war meinen Eltern das Ausmaß der NS-Verbrechen nicht bekannt, allenfalls böse Ahnungen quälten sie. Meine Mutter nahm die Ereignisse in Deutschland, über die sie, wie alle anderen Emigranten, nur bruchstückhaft informiert war, nicht wirklich zur Kenntnis. Sie verdrängte, wollte nicht begreifen, daß sie Deutschland wegen ihrer jüdischen Herkunft hatte verlassen müssen. Für ihre Flucht vor den Nazis fand sie immer wieder neue Ausreden. Bis ins hohe Alter redete sie sich ein, sie sei nicht wegen der NS-Rassengesetze, sondern aus politischen Gründen ins Exil gegangen.

Auch mein Vater wußte nicht sehr viel von den Vorgängen in Deutschland. Aus Zeitungsberichten und Erzählungen anderer Emigranten konnte er sich manches zusammenreimen, was seine Eindrücke ergänzte, die er in den ersten Jahren des Nazi-Regimes hatte sammeln können. Er wußte schon vor seiner Flucht nach Schweden, wozu das Regime fähig war. Berufsverbot, Boykott, Bücherverbrennung und das Pogrom 1938 hatte er in Berlin hautnah miterlebt. Aber selbst in seinen wildesten Träumen hätte er sich nicht vorstellen können, zu welchen Taten Hitler und seine Gefolgsleute noch fähig sein würden.

Der Nationalsozialismus war meinem Vater zutiefst zuwider. Bereits vor seiner Flucht hatte er sich bei verschiedenen Gelegenheiten zu Hitler und dessen Politik geäußert. Zum Beispiel in dem wenig bekannten Aufsatz *Das neue Gesicht der Politik*, erschienen im Januar 1933. In diesem Text war mein Vater bemüht, zu differenzieren, was er glaubte, dadurch tun zu können, indem er mit Blick auf die NS-Ideologie zwischen völkischem und staatlichem Denken unterschied.

Auch in dem von mir edierten Briefwechsel zur Vorbereitung des Buches *Streit um Israel*, den mein Vater mit dem schriftstellernden Querdenker Hans Blüher im Verlauf des Jahres 1932 führte, finden sich etliche Passagen, in denen die beiden Briefpartner sich derart abfällig über Hitler und die Nazis äußern, daß sie, wenn sie nach der sogenannten »Machtergreifung« der Gestapo zur Kenntnis gebracht worden wären, vermutlich ihre sofortige Verhaftung zur Folge gehabt hätten.

In den frühen dreißiger Jahren vertrat mein Vater höchst eigenwillige Positionen. Er war zwar kein Naumannianer, also ein Jude, der sich vorbehaltlos zu Deutschland und dem Deutschtum bekannte. Dafür legte er zu viel Wert auf sein Judentum, das er für sich zwar sehr pointiert auslegte, von dem er aber glaubte, er könne es mit dem Deutschtum in Einklang bringen. Er hatte sich eine Formel zurechtgelegt, nach der er sich als »Jude, Preuße und Konservativer« definierte. Mit dieser Selbstcharakterisierung, die zu Mißverständnissen geradezu einladen mußte, ist mein Vater in manches Fettnäpfchen getreten.

Aus diesem Selbstverständnis heraus glaubte er, in den Jahren

Mein Vater Hans-Joachim Schoeps

1933 und 1934 das Gespräch mit den NS-Machthabern suchen zu müssen. Dahinter steckte die Hoffnung, es sei vielleicht doch möglich, sich mit Hitler und den Nazis in irgendeiner Form zu arrangieren. Seine Bemühungen, mit Hitlers Reichskanzlei ein Bleiberecht für die deutschen Juden auszuhandeln, scheiterten jedoch. Er erhielt nicht einmal eine Antwort auf das Schreiben, das er verfaßt hatte. Nach 1945 haben diese Versuche, die im Rückblick bizarr wirken, zu mancherlei Verdächtigungen und Attacken Anlaß gegeben.

Verschiedene Kritiker haben nach 1945 das Bemühen meines Vaters, der geglaubt hatte, für das Deutschtum der Juden eintreten zu müssen, als »Anbiederei« bezeichnet. Daß die Angelegenheit etwas komplizierter war, weiß derjenige, der sich mit dem Selbstverständnis der deutschen Juden vor Hitler beschäftigt. Die Mehrheit der deutschen Juden vor 1933 und selbst noch in den ersten Jahren der Hitler-Diktatur hat sich als »deutsche Staatsbürger jüdischen Glaubens« begriffen, was bedeutete, daß sie auf ihrer jüdischen Identität beharrten und diese als gleichrangig und gleichwertig mit der deutschen Identität verstanden wissen wollten.

In den Jahren 1933 und 1934 waren viele deutsche Juden noch fest davon überzeugt, Hitler und die Hitlerei seien vorübergehende Erscheinungen. Beide, so meinte man, würden ebensoschnell verschwinden, wie sie gekommen waren. Man dachte dabei wohl an die verschiedenen Weimarer Regierungen, die alle nur eine kurze Lebensdauer besessen haben. Niemand konnte wissen oder auch nur ahnen, daß Gleichschaltung, Boykott und Judenhetze der Auftakt zu sehr viel Schlimmerem waren.

In seinen *Rückblicken* hat mein Vater sein Leben im Hitler-Deutschland der Jahre nach 1933 beschrieben und die Umstände seiner Flucht geschildert. Er hatte alles nur Erdenkliche in Bewegung gesetzt, um aus Deutschland herauszukommen. Es war der Vater des Pädagogen Hartmut von Hentig, der seinerzeitige Leiter der Nahostabteilung im Auswärtigen Amt, der ihm die notwendigen Papiere verschaffte, mit denen er am Weihnachtsabend 1938 vom Berliner Flughafen Tempelhof aus Deutschland verlassen konnte.

Meine Mutter Dorothee Schoeps, geb. Busch

Seine Bemühungen hingegen, die Eltern nach Schweden nachzuholen, scheiterten. Bei den Stockholmer Stellen, wo er mit Bitte um Hilfe vorstellig wurde, zuckte man mit den Achseln und erklärte, nichts tun zu können. Selbst der bei diesen Bemühungen eingeschaltete Forscher Sven Hedin, von dem bekannt war, daß er gute Kontakte zu einflußreichen Nazi-Kreisen in Berlin besaß, konnte nichts ausrichten. Kürzlich aufgetauchte und veröffentlichte Briefe belegen überdies, daß Hedin an dem Fall kein sonderliches Interesse hatte.

Schwedische Erinnerungen. Als ich kürzlich im Verlauf einer Vortragsreise durch Schweden nach Uppsala kam, nahm ich mir die Zeit, die Stadt, in der ich einige Jahre meiner Kindheit verbracht hatte, zu erkunden. Bei meinem Gang durch das Stadtzentrum kam ich schließlich zu einem Kanal oder etwas Kanalähnlichem, das mir irgendwie bekannt vorkam. War das nicht die Uferböschung, zu der ich als kleiner Junge an den Sonntagen an der Hand meines Vaters hindrängte, um Enten zu füttern? Ich war mir nicht ganz sicher, aber ich hatte das Gefühl, an einem Ort zu stehen, an dem ich vor mehr als fünfzig Jahren schon einmal gestanden hatte.

Meine schwedischen Gastgeber in Uppsala hatten sich eine besonders hübsche Geste ausgedacht. Sie begleiteten mich zur Handschriftenabteilung der Karolinska Bibliotheket, um mir die dortigen Judaica-Bestände zu zeigen. Ein Bibliotheksangestellter rollte auf einem Wagen eine Handschrift in den Lesesaal. Sie wurde auf einen Tisch gelegt und vor mir aufgeblättert. Ich war einigermaßen verdutzt und wußte zunächst nicht recht, was das alles zu bedeuten hatte. Mein Gastgeber klärte mich auf. Bei der Handschrift handele es sich um ein Judaica-Manuskript aus dem 17. Jahrhundert, das mein Vater bei seinen Besuchen in der Bibliothek vor mehr als 50 Jahren studiert habe. Niemand, so versicherte er mir, habe seitdem je wieder den Wunsch geäußert, diese Handschrift einzusehen. Beim Betrachten der vor mir liegenden Kostbarkeit schien es mir, als ob ich am Beginn einer Zeitreise stünde, die mich zurück in die frühen Kindheitsjahre führte.

Das Gefühl der Vertrautheit verstärkte sich noch, als ich mich

Im Winterpelz

Mit meinen Eltern, 1945 oder 1946

nach dem Besuch der Bibliothek an den Stadtrand von Uppsala fahren ließ. Straße und Haus, wo wir Mitte der vierziger Jahre gewohnt hatten, waren mir im Gedächtnis geblieben, und zwar mit der vollständigen Adresse und Hausnummer: Folkungagatan 6c. Doch meine Versuche, mich in die Bilder- und Vorstellungswelt des kleinen Jungen von einst zurückzuversetzen, scheiterten. Ich stand zweifelsfrei vor dem Haus, in dem wir gelebt hatten, doch erschien mir alles sehr viel kleiner, sehr viel schlichter als in meiner Erinnerung.

Aber zurück zu den Jahren meiner Kindheit. 1943 und 1944 teilte ich das Schicksal einiger hundert jüdischer Kinder, die man bei schwedischen Familien in Obhut gegeben hatte, weil die Zeiten unsicher waren und der Einmarsch der deutschen Wehrmacht aus Norwegen befürchtet wurde. Nach Ende des Krieges kam es zu zahlreichen Gerichtsprozessen, weil manche der sehr christlich gesinnten Bauernfamilien die aufgenommenen jüdischen Kinder, die sie als Angehörige von »Guds gamla Egendomsfolk« (Gottes altes Eigentumsvolk) ansahen, nicht mehr herausgeben wollten. Es ist ein tragisches und, soweit mir bekannt ist, bis heute nicht geschriebenes Kapitel der Exilgeschichte.

Aus Erzählungen meiner Mutter weiß ich, daß ich in den Jahren 1943 und 1944 zeitweilig bei Bauern in Stora Skedvi in Dalarna versteckt worden war. Mein Bruder Manfred, Anfang 1944 geboren, wurde bei Pflegeeltern in Hofors untergebracht, einem kleinen Ort zwischen Gävle und Falun. Ich begleitete meinen Bruder in den fünfziger Jahren mitunter dorthin, und wir verbrachten die Sommerferien bei den Andersons. Es waren, so bilde ich mir im Rückblick ein, Augusttage, die kein Ende zu nehmen schienen.

Die väterliche Linie: Schoeps und Frank. Bei verschiedenen Gelegenheiten erzählte mein Vater von unseren Vorfahren. Er tat das meist in schlichten und einfachen Worten. Seine Mutter Käthe, meine Großmutter also, sei an einem Februartag des Jahres 1886 geboren worden und stammte aus Brandenburg an der Havel. Ihre Vorfahren wiederum, die Franks und Joels, seien aus der Altmark gekommen, und zwar aus Burg bei Magdeburg.

In Erinnerung geblieben ist mir eine in der Familie erzählte Geschichte, die so unwahrscheinlich klingt, daß sie fast schon wieder wahr sein könnte. Es heißt, es gebe eine familiäre Verbindung zwischen den ebenfalls aus Burg stammenden Clausewitz' und den Franks. Die Vorstellung, eine Frank hätte in die Clausewitz-Familie eingeheiratet, der große Militärstratege somit jüdische Vorfahren gehabt, ist nicht ganz ohne Ironie. Ein Ondit in der Familie jedenfalls besagt, daß im Kirchenbuch die Seite mit der entsprechenden Eintragung fehlt; wahrscheinlich, so wurde gemutmaßt, ist sie herausgerissen worden, und zwar schon vor der Nazi-Zeit. Offensichtlich hat man in der Familie Clausewitz Wert darauf gelegt, die Spuren zu verwischen, die auf die jüdische Verwandtschaft hinweisen könnten.

In meinem Besitz befinden sich einige Kartons mit vergilbten handschriftlichen Briefen und Postkarten meiner Großmutter sowie einige Fotografien, die sie als eine gutaussehende Frau zeigen. Ihre Schwester Ella Friedemann hat Aufzeichnungen hinterlassen, in denen nicht nur von einem gewisses Maltalent berichtet, sondern auch erzählt wird, wie und bei welchem Anlaß sie meinen Großvater kennenlernte. Dieser war 23 Jahre älter als sie, was ihn aber nicht davon abgehalten hat, um sie zu werben. Die Ehe zwischen meinem Großvater und meiner Großmutter soll nicht ganz einfach gewesen sein, da mein Großvater in seiner sehr viel jüngeren Frau nur das junge Mädchen sah, das er nicht an seinem Beruf, aber auch nicht an seinen Liebhabereien und Interessen teilnehmen lassen wollte. Ihre ganze Zuwendung galt deshalb den beiden Söhnen, die sie abgöttisch liebte. Als Onkel Konrad, der jüngere Bruder meines Vaters, infolge eines Herzschlages beim Baden im See von Hohenlychen ertrank, war sie untröstlich. Die Großeltern, so heißt es, sind über dieses Unglück nie hinweggekommen.

Mein Großvater Julius Schoeps, Jahrgang 1864, stammte aus Neuenburg/Westpreußen, einem Städtchen zwischen Graudenz und Marienwerder. In Berlin war er nach einem Studium der Medizin und anschließender Approbation 47 Jahre lang als Arzt tätig. Er praktizierte in der Kreuzberger Hasenheide. Familien zahlten statt Krankenversicherungsbeiträgen eine Jahrespauschale, wo-

Mein Großvater väterlicherseits, Julius Schoeps

für er dann zu jeder Tages- und Nachtzeit zur Verfügung stand. Über den akuten Krankheitsfall hinaus war mein Großvater in alles eingeweiht, was in einer Familie vorging. In vielen Fällen war er geradezu der Berater und Helfer in allen Lebenslagen. Überliefert ist zum Beispiel eine Begebenheit aus seinem letzten Praxisjahr, die deutlich macht, daß dieses Vertrauensverhältnis über Generationen anhalten konnte. Ein kleines Mädchen aus der Hasenheide machte vor ihm auf der Straße einen Knicks, und er sagte zu ihr: »Na, mein Kind, grüß zu Hause schön. Ich habe schon deiner Großmutter auf die Welt geholfen.« Wenige Tage nach Kriegsausbruch 1914 wurde mein Großvater zum Leiter eines Reservelazaretts in Berlin ernannt, später zum Chef einer Sanierungsanstalt in Prostken an der ostpreußisch-polnischen Grenze bestellt. Die Uniform des kaiserlichen Heeres trug er noch bis Anfang 1920, was damit zusammenhing, daß er nach der Rückkehr aus dem Krieg in die Leitung des Feldlazaretts Grassl in Berlin-Mariendorf eingetreten war, wo Schwerverletzte nach Kriegsende weiter gepflegt und behandelt wurden. Nachträglich wurde ihm der Rang eines Oberstabsarztes der Reserve verliehen. Die Ernennungsurkunde war schon nicht mehr vom Kaiser unterzeichnet, sondern von Reichspräsident Friedrich Ebert. Das hat meinen Großvater geschmerzt, aber nicht davon abgehalten, die Urkunde entgegenzunehmen.

In seinen *Rückblicken* hat mein Vater meinen Großvater als einen Menschen der Contenance und der Pflichterfüllung beschrieben, als einen Mann mit einem ausgeprägten Sinn für Gerechtigkeit. Die Republik nach 1918 war nicht nach seinem Geschmack, aber er hätte jedes illoyale Verhalten gegen den neuen Staat streng verurteilt. Wie viele Monarchisten verwand er es nicht, daß der Kaiser ins Exil gegangen war. »Lehmann hat uns im Stich gelassen, was sollen wir da noch tun«, war eine seiner häufig gebrauchten Redewendungen. Zeit seines Lebens verstand er sich als Preuße und bekannte sich zur Monarchie und zu den Hohenzollern. Besonders stolz war er darauf, daß er seine Militärdienstzeit als »Einjährig Freiwilliger« beendet hatte. Dem 2. Gardedragoner-Regiment Kaiserin Alexandra von Rußland, dem er als einziger Jude angehörte, fühlte mein Großvater sich besonders verbunden, worauf nicht nur seine Mitgliedschaft im Verein der ehemaligen Regimentsmitglieder hinweist, sondern auch der Sachverhalt, daß er dem Verein auf verschiedenen Wegen Unterstützung zukommen ließ. Regelmäßig überwies er Spenden, die dankbar entgegengenommen wurden. Es muß ihn tief verletzt haben, als ihm im Oktober 1933 per Brief bedeutet wurde, daß er als »Nichtarier« den Verein zu verlassen habe.

Als meinem Großvater Ende der dreißiger Jahre von den Nazis die Approbation entzogen wurde und er nur noch als »Heilbehandler« für »Nichtarier« zugelassen werden sollte, verzichtete er darauf, weiter zu praktizieren. Den Gedanken an Auswanderung wies er jedoch mit Entrüstung zurück: »Ich habe nichts Unrechtes getan, ich habe keinen Grund, aus meinem Vaterlande fortzugehen.« Er dachte wie viele deutsche Juden, die meinten, Hitler und die Nazis seien zwar ein Übel, ein schlimmes Übel, aber letztlich ein vorübergehender Spuk.

Die Motive der Nazis hat mein Großvater mit Sicherheit nicht begriffen. In einer grotesken Verkennung der Umstände glaubte er bei Kriegsausbruch, sich sogar freiwillig melden zu müssen. Er war im September 1939 75 Jahre alt und fest davon überzeugt, er müsse seinen staatsbürgerlichen Pflichten nachkommen. Daß er es damit tatsächlich ernst meinte, ist durch eine beiläufige Formulierung in einem Brief belegt, den meine Großmutter am 6. September 1939 meinem Vater ins schwedische Exil schrieb: »Papa ist abgeraten worden, sich jetzt schon beim Militär zu melden, es hätte noch keinen Zweck, ich fürchte auch, er ist zu alt.«

Wie alle im Land verbliebenen Juden mußten meine Großeltern die Vornamen »Israel« beziehungsweise »Sarah« annehmen und Judensterne tragen. Sie taten es widerspruchslos, nicht zuletzt deshalb, weil sie sich gar nicht vorstellen konnten, den Anordnungen einer Obrigkeit zu widersprechen. Nach ihrem Verständnis war es unmöglich, daß eine Obrigkeit unrechtmäßig handelt. Als sie schließlich den Antrag auf Ausreise stellten, war es zu spät. Ende 1941 nämlich war den Juden von den deutschen Behörden die Auswanderung untersagt worden. In den Familienpapieren befindet sich ein kleiner unscheinbarer Zettel mit Personenstandsdaten in der Handschrift meiner Großmutter, von dem ich nur vermuten kann, über welche Umwege er in meinen Besitz geraten ist. Wahrscheinlich hatte meine Großmutter ihn zur Beantragung der Einreisevisa für Schweden meinem Vater geschickt, der die Daten zur Ausfüllung von Formularen benötigte. Mein Vater hat den Zettel aufgehoben. Heute ist er ein historisches Dokument.

Was mit den Juden in Deutschland geschah, darüber sind wir aus den Geschichtsbüchern mehr oder weniger gut unterrichtet. Über Einzelschicksale wissen wir jedoch vergleichsweise wenig. Meine Großeltern sind einen schweren Weg gegangen. Als am 4. Juni 1942 Reinhard Heydrich, der Sicherheitspolizeichef und stellvertretende Reichsprotektor in Prag, einem Attentat tschechischer Freiheitskämpfer erlag, wurden 500 Berliner Juden zusammengetrieben, von denen die Hälfte erschossen, die andere Hälfte zur Deportation »begnadigt« wurde – unter ihnen mein Großvater.

Noch am gleichen Tag wurde er mit den anderen »Begnadigten« mit einem Transport in das böhmische Theresienstadt verbracht. Meine Großmutter entschloß sich, ihn zu begleiten. Sie wollte an der Seite ihres Mannes bleiben. Beide hatten zuvor noch die Nachricht erhalten, daß das sehnlichst erwartete Enkelkind glücklich zur Welt gekommen war, und freuten sich, daß es den Namen des Großvaters trug. In dem Glückwunschschreiben, das sie aus Theresienstadt schickten, rieten sie ihrem Sohn und seiner Ehefrau, keine Entscheidung zu fällen, die später vielleicht für das Kind zur Belastung werden könnte. »Ich halte es nicht für richtig«, bemerkte meine Großmutter, »das Kind beschneiden zu lassen und zum Judentum zu erziehen. Nach meinen Erfahrungen bin ich absolut für Assimilierung …«

Ein halbes Jahr später ist mein Großvater in Theresienstadt gestorben, kurz vor seinem 79. Geburtstag. Er starb an einer Urämie, die nicht behandelt werden konnte. Seine Asche wurde in einer Urne beigesetzt und angeblich kurz vor Kriegsende mit dem Inhalt anderer Urnen in die Eger geschüttet. Mein Vater erfuhr von seinem Tod dadurch, daß meine Großmutter unter der Empfangsbestätigung eines Päckchens den Zusatz »Witwe« vermerkt hatte. Später erreichte ihn ein Brief aus Theresienstadt mit

Datum vom 1. Januar 1943, in dem es hieß: »Am 27. Dezember [1942] ist Dein lieber Vater nach längerem Krankenlager gestorben. Ich war in seiner letzten Stunde bei ihm, er hat nicht gelitten und ist sanft hinübergeschlummert. Seine letzte Freude war Deine liebe Karte, die ich ihm immer wieder vorlesen mußte.«

Meine Großmutter wurde am 18. Mai 1944 unter der Transportnummer Eb 2263 von Theresienstadt nach Auschwitz deportiert. In einem erhaltenen Brief, den Rabbiner Leo Baeck nach dem Krieg, am 21. Januar 1946, an meinen Vater schrieb, heißt es: »Mit Ihrer Mutter war ich, so oft es möglich war, zusammen, und es war immer eine gute Stunde, wenn ich sie sah und hörte. Es ging ihr, wenn sie auch unter all dem Elend, so wie wir alle, schwer litt, noch erträglich. Sie war in einer der großen Kasernen untergebracht und hatte die Freude, als Bettnachbarin Fräulein [Lucia] Jacobi, die Leiterin des einstigen Philo-Verlages, zu haben. Die beiden Frauen hielten treu zusammen und gaben einander viel. Zu meinem großen Schmerze ist Ihre Frau Mutter im Mai 1944, gleichzeitig mit Fräulein Jacobi, nach dem Osten geführt worden.«

Wahrscheinlich wurde meine Großmutter, wie die meisten anderen Unglücklichen auf dem Transport, nach der Ankunft in Auschwitz direkt ins Gas geschickt. Das letzte von ihr überkommene schriftliche Lebenszeichen ist die Empfangsbestätigung für ein Paket, das ihr mein Vater 1944 aus Schweden geschickt hatte. Der Zettel, der mit »Käthe Schoeps« unterschrieben ist, trägt das Datum vom 10. März 1944 und enthält die handschriftliche Bemerkung: »Ich habe mich sehr über das Päckchen gefreut, insbesondere über das Obst und die Süßigkeiten.«

Käthe Starke, eine Jugendfreundin meines Vaters, war vermutlich die letzte aus dem Bekanntenkreis, die meine Großmutter lebend sah. Sie sprach mit ihr in Theresienstadt kurz vor ihrem Abtransport nach Auschwitz. In ihrem Erinnerungsbuch *Der Führer schenkt den Juden eine Stadt* gibt es eine Passage, in der sie mit wenigen, aber sehr einfühlsamen Strichen ein Bild meiner Großmutter zeichnet: »Mit ihrem hellblauen Kopftuch sah sie sehr zart und jung aus …«

Meine Großmutter väterlicherseits, Käthe Schoeps

Die mütterliche Linie: Mendelssohn und Friedländer. Mütterlicherseits stammt die Familie ebenfalls aus dem Preußischen. Zu meinen Vorfahren zählen nicht nur David Friedländer, der erste jüdische Stadtrat Berlins, sondern auch der Philosoph und Schriftsteller Moses Mendelssohn (1729–1786), der große »Weltweise«, wie er von seinen Zeitgenossen bewundernd genannt wurde. Beide zählen zu den Mitbegründern des Mythos, oder vielleicht besser Phänomens, das wir uns angewöhnt haben, »deutsches Judentum« zu nennen. Beschäftigt man sich mit beider Lebenslauf, hat man das Gefühl, in eine Romanhandlung hineinversetzt zu werden.

Der aus Dessau stammende Mendelssohn, der 1743 als Knabe nach Berlin kam und dort anfänglich unter schwierigsten Umständen sein Leben fristete, verstand es trotz aller Widrigkeiten, mit denen er tagtäglich zu kämpfen hatte, in der Berliner Gesellschaft Fuß zu fassen. In kürzester Zeit stieg er zu einem der geistreichsten Denker im Europa des 18. Jahrhunderts auf – vermutlich deshalb, weil er nicht nur ein heller Kopf war, sondern auch ein unbändiges Verlangen hatte, sich Wissen jedweder Art anzueignen.

Bei meiner Beschäftigung mit Mendelssohn hat mir der mitunter in der Literatur zu findende Vergleich Mendelssohn-Sokrates gefallen. Er weist nicht nur auf die Lebensumstände beider Männer, sondern auch auf gewisse Äußerlichkeiten der Erscheinung hin. Seit er den Griechen zur redenden Hauptgestalt seines »Phädon« gemacht hatte, bürgerte es sich ein, von Mendelssohn als dem »deutschen Sokrates« zu sprechen. Ganz abwegig ist diese Bezeichnung nicht, da Mendelssohn wie Sokrates zahlreiche Vorurteile zu überwinden hatte. Wie dieser mußte er sich mit der Unwissenheit der ihn umgebenden Gesellschaft auseinandersetzen, wie dieser war er gezwungen, Bosheit, Neid, Verleumdung und Beschimpfungen zu ertragen.

Schon als ich zum ersten Mal in den Mendelssohnschen Schriften las, beeindruckte mich ein Stammbucheintrag, den er am 1. Februar 1781 unter der Überschrift »Bestimmung des Menschen« niedergeschrieben hatte: »Wahrheit erkennen, / Schönheit lieben, / Gutes wollen, / das Beste tun«. Ich habe mich bemüht, dieses Motto zu meiner Lebensmaxime zu machen, doch sah ich ein, daß dies leichter gedacht als getan ist. Daniel Chodowiecki, der mit Mendelssohn gut befreundete Künstler, hat diese Schwierigkeit schon 1783 erkannt, als er in einem Brief an Gräfin Christiane von Solms-Laubach schrieb, die »Bestimmung des Menschen« sei zwar »herrlich gedacht«, aber schwer ins praktische Leben zu übersetzen.

Auf Leben und Werk von Moses Mendelssohn will ich an dieser Stelle nicht weiter eingehen, das habe ich verschiedentlich bereits getan, so unter anderem in einer Biographie und in zahlreichen Aufsätzen, die sich mit Mendelssohn und seiner Bedeutung für das deutsche Judentum befassen. Es geht mir hier in erster Linie darum, mein Verwandtschaftsverhältnis zu Moses Mendelssohn zu skizzieren und die Abstammungslinie nachzuzeichnen, die über Abraham Mendelssohn, Paul von Mendelssohn-Bartholdy, den Bruder des Komponisten, über den Bankier Ernst von Mendelssohn-Bartholdy zu meiner Großmutter Marie von Mendelssohn-Bartholdy führt. Der weitverzweigte Stammbaum der Mendelssohn-Familie, in dem bekannte Namen aus Wirtschaft, Wissenschaft und Kultur auftauchen, liest sich wie ein »Who's who« der Berliner Gesellschaft vor 1933.

Von den sieben Kindern Moses Mendelssohns sind bis auf zwei alle zum Christentum übergetreten. Anspielungen auf ihre jüdische Herkunft haben die Mitglieder der Familie meist mit Gefühlen der Abwehr aufgenommen. In der Regel wollten sie nicht an diese Herkunft erinnert werden, die sie als herabwürdigend empfanden und von der sie glaubten, sie sei durch den Übertritt zum Christentum ein für allemal überwunden. Sie mußten jedoch die Erfahrung machen, daß ihr Bekenntnis zum Christentum mit Skepsis betrachtet wurde. Die Umwelt argwöhnte, es sei nur vorgetäuscht und sie würden eine Art verborgenes Judentum leben, ähnlich den Marranen in Spanien und Portugal, die im 15. Jahrhundert zwangsweise christianisiert wurden, darüber aber dennoch ihre jüdische Abstammung nicht vergessen haben.

Der Verdacht des Marranentums ist insofern nicht ganz von der Hand zu weisen, als wir es, soziologisch gesehen, bei den getauften Juden im Berlin des 19. Jahrhunderts mit einem ähnlichen Phänomen wie im Spanien und Portugal des 15. Jahrhunderts zu tun haben. Auch in der preußischen Hauptstadt hatte sich eine kleine, festumrissene Schicht herausgebildet, die dem gehobenen Bürgertum angehörte und deren Angehörige zumeist getaufte Juden waren. Ihnen standen alle Wege offen, alle Berufe, jede Karriere. Als Bankiers, Kaufleute, Künstler und Wissenschaftler gehörten sie gewissermaßen zur »upper class« der Stadt.

Gerade auch am Beispiel der Familie Mendelssohn läßt sich dieser Sachverhalt kenntlich machen. Beruflich äußerst erfolgreich, den Künsten und der Wissenschaft gegenüber aufgeschlossen, verstanden sich die Mendelssohns als Teil der Berliner Gesellschaft und ignorierten die Anfeindungen, auf die sie stießen. Dem Haß und der Verachtung, die sie, bedingt durch ihre Erfolge, auf sich zogen, begegneten sie dadurch, daß sie ihre Zugehörigkeit zu einem christlich verstandenen Deutschtum besonders betonten und sich bemühten, die als Makel empfundene jüdische Herkunft zu verschweigen beziehungsweise zu verschleiern. Das geschah nicht bewußt, sondern eher instinktiv.

Meine Großmutter Marie von Mendelssohn-Bartholdy kann als ein typisches Beispiel für diese in der Berliner Gesellschaft der Vor-Hitler-Zeit weitverbreitete Haltung gelten. Aufgewachsen in einer großbürgerlichen Welt, die von Reichtum und Kultur bestimmt war, begriff sie wie viele andere die Entwicklungen nicht, die nach 1933 einsetzten. Als sie Ende der dreißiger Jahre nach England flüchten mußte, verließ sie das Land in der Überzeugung, alles sei ein großer Irrtum.

Die erhaltenen Briefe meiner Großmutter, in ausgeprägt egozentrischer Schrift gehalten, lassen erkennen, daß sie es meiner Mutter übelnahm, sich mit einem Juden eingelassen zu haben. Das empfand sie wohl als degoutant. Ein preußischer Adliger als Ehemann ihrer Tochter wäre nach ihrem Geschmack gewesen, nicht jedoch ein Jude, der an die Herkunft der eigenen Familie erinnerte. Als sie in den sechziger Jahren aus dem englischen Exil nach Deutschland zurückkehrte und meine Mutter sich bemühte, meinen Bruder und mich mit ihr zusammenzubringen,

Meine Großmutter mütterlicherseits,
Marie Busch, geb. von Mendelssohn-Bartholdy

Mein Großvater mütterlicherseits, Felix Busch

lehnte sie ein Zusammentreffen rundweg ab. Ich bin meiner Mendelssohnschen Großmutter nie begegnet und kenne sie nur aus Erzählungen Dritter.

Auch meinen Großvater mütterlicherseits habe ich nicht von Angesicht zu Angesicht kennengelernt. Felix Busch, der eigentlich Friedländer hieß und ein direkter Nachkomme des Mendelssohn-Schülers David Friedländer war, amtierte einige Jahre als königlich-preußischer Landrat von Niederbarnim. Später brachte er es bis zum Unterstaatssekretär im preußischen Finanzministerium. Revolution und Republik waren jedoch nicht nach seinem Geschmack. Er demissionierte und zog sich in die Neumark zurück, auf sein Gut Büssow, wo er das Leben eines betuchten Privatmannes führte und sich um die Wälder und den umfangreichen Viehbestand kümmerte.

Aus Erzählungen meiner Mutter weiß ich, wie sehr mein Großvater an Büssow gehangen hat. In dem Gutsbetrieb, den er perfekt organisiert hatte, war all das verwirklicht, was er sich in seiner Tätigkeit als Landrat erträumt hatte. Meine Mutter, deren Bild von den Eltern in der Erinnerung mit dem Bild des Gutes zusammenfällt, beschrieb es mit folgenden Worten: »Wenn ich an unsere Eltern in ihrem gemeinsam geschaffenen Paradies zurückdenke, dann stehen sie Abschied winkend für ihre Gäste vor dem Eingang des Hauses, das seinesgleichen wohl kaum gehabt hat. Der Klang des Pferdegetrappels auf den groben Pflastersteinen hallt noch heute in uns nach …«

Als Hitler und die Nazis die Macht übernahmen, verkaufte mein Großvater Gut Büssow und zog mit meiner Großmutter nach Tutzing bei München. In einem Hotel am Starnberger See gedachten sie ihren Lebensabend zu verbringen. Seinen beiden Töchtern Charlotte und Dorothee empfahl mein Großvater, das Land möglichst umgehend zu verlassen. Er selbst konnte sich dazu nicht entschließen, obwohl ihm englische Freunde angeboten hatten, ihn nach England zu holen. »Alte Bäume«, erklärte er, »verpflanzt man nicht mehr«.

Vor einigen Jahren edierte ich unter dem Titel *Felix Busch. Aus dem Leben eines königlich-preußischen Landrats* die mit Bleistift geschriebenen Erinnerungen meines Großvaters. Es sind nicht die üblichen Erinnerungen, die geschönt das Erlebte verklären und das Unangenehme verdrängen. Es ist die Niederschrift eines preußischen Verwaltungsbeamten: betont nüchtern und in erster Linie an den einstigen Aufgaben orientiert. Persönliches tritt hinter der Sache zurück, gemäß dem preußischen Motto: »Mehr sein als scheinen«. Mein Großvater hat nicht viel Aufhebens um seine Person gemacht. Das wäre ihm unangenehm gewesen und hätte auch nicht den Überzeugungen entsprochen, in denen er erzogen worden war und zu denen er sich Zeit seines Lebens bekannt hat.

Familiäre Angelegenheiten werden in diesen Aufzeichnungen nur am Rande gestreift. So wenn er zum Beispiel auf die Abstammung von David Friedländer und die Ehe mit Marie von Mendelssohn-Bartholdy eingeht. Letztere machte ihn durch ihre Mitgift zu einem der reichsten Männer in der Provinz Brandenburg. Es fällt jedoch auf, daß sich die Bemerkungen zur Familiengeschichte hauptsächlich auf das Aufzählen einiger Vorfahren beschränken. Nur in Ausnahmefällen geht er näher auf sie ein, so wenn er von Julius Friedländer spricht, den Bruder seines Großvaters Daniel Friedländer, der lange Jahre Direktor des Münzkabinetts in Berlin war und den er sehr verehrt hat.

Das Ende meines Großvaters war tragisch. Im Sommer 1938 nahm er sich das Leben. Vorausgegangen war angeblich ein Gespräch, das er anläßlich eines Besuches in Berlin mit Johannes Popitz führte, seinem Nachfolger im Amt. Der mit ihm befreundete Popitz, der als Widerständler des 20. Juli später in Berlin-Plötzensee hingerichtet wurde, hat ihm angeblich hinter vorgehaltener Hand von bevorstehenden Maßnahmen der NS-Judenpolitik berichtet. Was er dabei erfuhr, muß meinen Großvater so sehr in Schrecken und Panik versetzt haben, daß er für sich persönlich keinen Ausweg mehr sah. Auf der Heimreise von Berlin nach Tutzing beendete er sein Leben mit einem Sprung aus dem Eisenbahnwaggon.

Meine Eltern und ihre Ehe. Meine Mutter stammte aus der Berliner Oberschicht, während mein Vater aus einem bürgerlich-intellektuellen Milieu kam. Als sich die beiden zum ersten Mal in

Schweden begegneten, war mein Vater 32, meine Mutter 25 Jahre alt. Wahrscheinlich war es die Mendelssohnsche Herkunft meiner Mutter, die meinen Vater beeindruckte, während diese wiederum in ihm den jungen Intellektuellen bewunderte, der bereits eine Reihe von Büchern geschrieben hatte und es verstand, komplexe Sachverhalte verständlich darzulegen.

Die 1941 eingegangene Ehe zwischen meinem Vater Hans Joachim Schoeps und meiner Mutter Dorothee Busch stand von Anfang an unter keinem glücklichen Stern. Die Umstände, unter denen sie sich kennengelernt hatten, ließen kein erfreuliches Zusammenleben erwarten. Meine Mutter, eine verwöhnte junge Frau, aufgewachsen in begüterten Verhältnissen in Berlin, hatte zunächst Schwierigkeiten, sich in Schweden zurechtzufinden. Eine Arbeit anzunehmen, gleich welcher Art, war schwierig, weil man dazu eine Arbeitsgenehmigung benötigte, die man jedoch als Flüchtling nur im Ausnahmefall erhielt. Anfänglich war meine Mutter deshalb gezwungen, ihren Lebensunterhalt als Dienstmädchen zu bestreiten. Für sie war das eine mittlere Katastrophe, vor allem wenn man bedenkt, daß sie in einem Elternhaus aufgewachsen war, wo ausreichendes Hauspersonal eine Selbstverständlichkeit war und körperliche Arbeit nur von den Bediensteten verrichtet wurde; sie hatte nie gelernt, irgendwelche Hausarbeiten zu verrichten.

Ein Schock für meine Mutter war es, als ihre schwedische Verwandtschaft es rundweg ablehnte, ihr zu helfen. Die Hallins, eine schwedische Aristokratenfamilie, in die eine Schwester ihrer Mutter eingeheiratet hatte, brachten nicht das geringste Verständnis für die Lage ihrer aus Deutschland stammenden Verwandten auf. Wenn sie sich mit den schwedischen Verhältnissen nicht arrangieren könne, so meinten sie, solle sie doch nach Deutschland zurückgehen. So schlimm, wie sie es darstelle, sei es doch in Deutschland gar nicht. Auf die Idee, ihr unter die Arme zu greifen, kamen sie jedenfalls nicht.

Meine Mutter erzählte mir später, daß ihr schwedischer Onkel in jenen Jahren mit dem Gedanken gespielt habe, sich von seiner Ehefrau wegen ihrer jüdischen Herkunft scheiden zu lassen. Diese Absicht hatte er, als Kammerherr am Hofe dazu verpflichtet, seinem Dienstherrn, dem schwedischen König mitgeteilt. Dieser habe ihn daraufhin zu sich zitiert und ihm unmißverständlich zu verstehen gegeben, daß er einen solchen Schritt zutiefst mißbilligen würde. Die peinliche Angelegenheit, die damit offensichtlich erledigt war, sagt einiges über das gesellschaftliche Klima im Schweden jener Jahre aus.

Mein Vater war für eine Ehe eigentlich nicht geeignet. Als bekennender Homosexueller umgab er sich lieber mit jungen Männern und Knaben als mit Frauen. Meine Mutter wußte bis zu ihrer Ehe vermutlich überhaupt nicht, was ein Homosexueller ist. Was meinen Vater wiederum bewegt haben mag, die Nähe meiner Mutter zu suchen, ist nicht leicht zu beantworten. Ich erkläre es mir damit, daß die Erfahrung des Exils und das Gefühl der Heimatlosigkeit ihn in der Ehe das suchen ließ, was er seit seinem Weggang aus Deutschland vermißte: familiäre Wärme. Vielleicht sah er einfach keinen Widerspruch darin, eine Ehe einzugehen, Kinder in die Welt zu setzen und sich gleichzeitig seinen homosexuellen Neigungen hinzugeben.

Als meine Mutter begriff, daß sie mit einem homosexuellen Mann zusammenlebte, brach für sie eine Welt zusammen. Eine Zeitlang hatten beide wohl versucht, eine Form des Miteinander zu finden. Das gelang jedoch nicht. Unmittelbar nach dem Krieg trennten sich ihre Wege. Das Sorgerecht für die beiden Kinder übernahm mein Vater. Im Nachlaß meiner Mutter befinden sich zahlreiche Briefe meines Vaters, in dem dieser versucht, seine homosexuellen Neigungen zu rechtfertigen. Ein gewisses Schuldbewußtsein ist deutlich in manchen der Briefpassagen zu spüren.

Die Turbulenzen in der Ehe meiner Eltern hatten zwangsläufig auch Auswirkungen auf die Lebensumstände von uns Kindern. Die Liebe und die Zuwendung, derer kleine Kinder bedürfen, fanden wir bei unseren Eltern nicht; beide waren zu sehr mit sich und ihren Problemen beschäftigt. Um sich um uns zu kümmern, war nicht genügend Zeit. Es war eine der frühen schmerzlichen Erfahrungen, die mein Bruder und ich machten, daß unsere Eltern nur sehr bedingt für uns da waren. Als Kinder und später als junge Heranwachsende waren wir weitgehend auf uns selbst gestellt.

Schon in jungen Jahren mußte ich lernen, mit den homosexuellen Neigungen meines Vaters umzugehen. Wenn er mit einem Knaben oder einem jungen Mann ins Haus kam und deutlich erkennbar sich für diesen interessierte, hat mir das anfänglich häufig einen Stich versetzt. Ich wußte nicht, wie ich mich verhalten sollte. Meist blickte ich weg und tat so, als wäre nichts. Peinlich waren die Situationen, wenn Maria, unsere langjährige Haushälterin, einen der jungen Gäste zu bedienen hatte. Sie empfand das als Zumutung und hat sehr darunter gelitten. Gesprochen wurde jedoch darüber nie. Später gewöhnte ich mich an die Neigungen meines Vaters. Es war lästig, aber mein Bruder und ich nahmen seine Homosexualität hin wie etwas, was man hinnimmt, weil es nicht zu ändern ist. Das war nicht ganz selbstverständlich, denn im vermufften Klima der Adenauer-Ära sprach man über das Thema Homosexualität nur hinter vorgehaltener Hand. Mein Vater war in jenen Jahren bewundert und verhaßt, weil er einer der wenigen war, der sich öffentlich für eine Liberalisierung der einschlägigen Paragraphen im Strafgesetzbuch einsetzte.

Die frühen Erlanger Jahre. Als mein Vater 1946 nach Deutschland zurückkehrte und 1947 eine Professur in Erlangen annahm, beschloß er seine Kinder aus Schweden nachzuholen; zunächst mich, dann meinen Bruder. Meine Erinnerungen an die Umsiedlung, die in meinem Fall irgendwann im Frühjahr 1948 stattfand, sind schemenhaft. Dunkel ist mir im Gedächtnis, daß ein Student meines Vaters mit dem Auftrag nach Schweden geschickt wurde, mich auf der Reise in das Nachkriegsdeutschland zu begleiten. Der junge Mann war bemüht, mich behutsam auf das Kommende vorzubereiten. Das änderte jedoch nichts daran, daß die Umstände der Reise beklemmend waren.

Aufgewachsen in der heilen und vom Krieg verschonten Welt Schwedens, hatte ich das Gefühl, mit etwas Fremdem, Verstörendem konfrontiert zu werden. Die Fahrt durch die Trümmerlandschaften, die grauen Gesichter der Menschen, die mir in dem Richtung Süden ratternden Eisenbahnwaggon blicklos gegenübersaßen, erschreckten mich. Ich sprach nur schwedisch und

Mit Zuckertüte

verstand nichts von dem, was um mich herum geredet wurde. Mir ist, als hätte ich vom Überschreiten der Grenze bei Flensburg bis zu unserer Ankunft in Erlangen ununterbrochen geweint.

Meine Mutter blieb in Schweden. Sie entschloß sich erst Mitte der fünfziger Jahre, nach Deutschland zurückzukehren, und ließ sich in Bonn nieder, wo sie als Assistentin bei dem CDU-Abgeordneten Franz Böhm arbeitete, der sich auf Wiedergutmachungsfragen spezialisiert hatte. Später arbeitete sie im Bundespresseamt, bis sie ihren zweiten Mann kennenlernte, den sie Anfang der sechziger Jahre heiratete. Kontakte zwischen den beiden Söhnen und ihrer Mutter gab es kaum. Die Gründe dafür liegen vermutlich in dem schlechten Verhältnis, das unsere Eltern nach ihrer Scheidung hatten.

Für meine Eingliederung in Erlangen war schon vor meiner Ankunft alles vorbereitet worden. Ella Friedemann, die Schwester meiner Großmutter Käthe, die meinem Vater den Haushalt führte, sorgte rührend für mich. Daß es bei der Einschulung keine Probleme gab, ist in erster Linie ihr zu verdanken. Sie war es, die mich am ersten Schultag mit der obligaten Schultüte in die Prinzregenten-Volksschule brachte. Mit Staunen nahm ich zur Kenntnis, was man alles so mit uns vorhatte. Die deutsche Sprache hatte ich in den vorangegangenen Wochen einigermaßen gelernt, so daß mir die Verständigung mit Lehrern und Schulkameraden keine Probleme bereitete.

Erlangen war in jenen Jahren eine verschlafene Kleinstadt im Fränkischen. Das einzig Attraktive an der Stadt war die 1743 gegründete Universität. Wenn ich versuche, mich in die Atmosphäre jener Zeit zurückzuversetzen, stoße ich an die Grenzen meines Erinnerungsvermögens. Es sind eigentlich nur kaleidoskopartige Erinnerungsfetzen, die mir in den Sinn kommen. Ich erinnere mich an Jazz-Sendungen und Lieder wie »Don't Fence Me In«, die der Soldatensender AFN tagtäglich dudelte, aber auch an die Nylonstrümpfe der Fräuleins und die neuen Geldscheine, die nach der Währungsreform vom 20. Juni 1948 ausgegeben wurden.

Denke ich an das erste Schuljahr zurück, fällt mir der Emailletopf ein, den ich am Schulranzen befestigt trug. Auf dem Schulweg baumelte er mir zwischen den Beinen und behinderte mich beim Gehen. Der Topf, der einen Holzhenkel hatte, war an einer Stelle etwas angeschlagen. Er diente als Behälter für die Schulspeisung, die in der Nachkriegszeit ausgeteilt wurde. Ermöglicht wurde die Schulspeisung durch Spenden karitativer Verbände aus den Vereinigten Staaten.

Aber es sind nicht nur die heißen Milch- und Nudelsuppen, deren Geschmack ich noch auf der Zunge habe und die mir ins Gedächtnis kommen, wenn ich an die frühen Erlanger Jahre denke. Ich sehe auch noch die alte Kaserne in der Bismarckstraße vor mir, in der Flüchtlinge aus dem Osten untergebracht waren. Mit den Flüchtlingskindern prügelten wir uns regelmäßig. Sie waren die Bösen, wir, die Kinder der alteingesessenen Erlanger, zu denen mein Bruder und ich mich rechneten, die Guten.

In Erinnerung geblieben ist mir auch, wie die Erlanger Bevölkerung sich an die Besatzungsmacht anbiederte. Man bewunderte den Lebensstil der Amerikaner samt Kaugummi, Lucky Strike und After Shave, den man sich nachzuahmen bemühte. Es war so etwas wie der Mythos der »schönen neuen Welt«, den man sich vorgaukelte. Man traf sich in einer US-Kaserne im Osten der Stadt, wo Tanzveranstaltungen und Begegnungen zwischen Deutschen und Amerikanern stattfanden. Die Neidgefühle, so sie vorhanden waren, schlugen sich in Gassenhauern nieder wie dem: »A jeder Amilackl hat sei Cadillacl, aber unseroaner der hat nix.«

Die GIs der US-Garnison hatten es Hänschen, wie ich als kleiner Junge genannt wurde, besonders angetan. Irgendwie verstand Hänschen es, Kontakte zu ihnen anzuknüpfen. Was ihn dazu trieb, war wohl nicht der Wunsch nach »Fraternisation«, wie das im US-Jargon hieß, sondern eher der Heißhunger nach Chewing-gum, amerikanischem Sandwich und Coca Cola. In einer Kladde, in der mein Vater von Hänschen geäußerte »Worte der Weisheit« notierte, konnte ich später nachlesen, welche Raffinesse und welches Geschick ich an den Tag legte, um an das Ziel meiner Wünsche zu gelangen. »Hänschen«, heißt es in einer der überkommenen Notizen meines Vaters, »hat einen jüdischen

Koch der US-Armee kennengelernt, den er für einen sehr hohen Offizier hält, fühlt sich geehrt und macht dort dauernd Besuche. Schließlich sehen wir uns genötigt, Mr. und Mrs. Krüger zum Tee einzuladen. Aus den Erzählungen der übrigens rührenden Leute ergibt sich, daß Hänschen jedesmal beim Klingeln an sie die Frage gerichtet hatte, ob die 'Army' zu Hause sei, was sie für besonders intelligent und geistvoll gehalten hatten. In Wirklichkeit hatte seine Frage etwas fataler gelautet, nämlich: ›Ist der Ami zu Hause‹?«

Die Nachkriegsjahre in Erlangen waren Jahre geradezu halkyonischer Stille. In den Familien meiner Freunde wurde über die Hitler-Jahre kaum gesprochen und schon gar nicht über das, was den Juden angetan worden war. Der Wiederaufbau beanspruchte alle Energie und verdrängte alles, was in irgendeiner Form mit den Jahren zwischen 1933 und 1945 zu tun hatte. In der Regel waren es nur versteckte Andeutungen. Ella Friedemann, Ta Ella von uns genannt, die Schwester meiner Großmutter, die bei uns wohnte, hätte viel zu erzählen gehabt, aber sie schwieg. Sie wollte nicht über ihre Erlebnisse sprechen. Viele Jahre später erfuhr ich, daß sie und ihre Tochter Susi durch Hilfe Dritter in Verstekken die Nazi-Zeit überlebt hatten.

Es ist die Geschichte des anderen Deutschland, von der wir lange Jahre nichts gewußt haben. Tante Ella zum Beispiel entging der Deportation, weil sie in Württemberg von einem Pfarrhaus in das nächste geschleust wurde. Und Susi, eine noch im Alter ungewöhnlich gutaussehende Frau, die ebenfalls nicht gerne über die Jahre der Erniedrigung und der Schmach sprach, wurde von Bernhard von Schüching auf dem Dachboden eines Hauses in Kladow bei Berlin versteckt. »Bü«, wie Bernhard von Schüching genannt wurde, hat nie großes Aufhebens davon gemacht. Nach 1945 heiratete er Susi, starb aber schon sehr bald. Wie so viele andere, von deren mutigem Verhalten man nur durch Zufall erfährt, hätte er es verdient, daß man ihm zum Gedenken einen Baum in der Allee der Gerechten in Yad Vashem pflanzt.

Der Barmitzwah-Junge. Ich rechne es meinem Vater noch heute hoch an, daß er seinen beiden Söhnen nicht vorschrieb, wie sie zu denken oder was sie zu glauben hatten. Er war der Ansicht, das müßten wir selbst für uns entscheiden. Das hat er immer wieder betont, so zum Beispiel in einem Brief, geschrieben im schwedischen Exil, als ich gerade ein halbes Jahr alt war. Er beginnt mit den Worten: »Diesen Brief von Deinem Vater bekommst Du am Tage der Barmitzwah. Ich hoffe, daß ich ihn Dir einst selber werde überreichen können. Aber die Zeiten, in denen wir heute leben, sind sehr verworren ...« Im Stile eines Matthias Claudius appellierte er an den Sohn, sich immer seiner jüdischen Herkunft gegenwärtig zu sein. »Vergiß niemals Dein Volk Israel!«, heißt es in diesem Brief, der mir dreizehn Jahre später ausgehändigt wurde. »Ich will Dir nicht Vorschriften machen. Dies gilt auch für das religiöse Leben und religiöse Überzeugungen. Gerade hier verurteile ich insbesondere jeden Zwang ...«

Mein Vater war bemüht, mir und meinem Bruder die religösen Traditionen und Bräuche des Judentums nahezubringen. Größten Wert legte er darauf, in den Jahren unserer Kindheit jedenfalls, daß der Beginn des Schabbat am Freitagabend zu Hause begrüßt und an den hohen Feiertagen die Synagoge besucht wurde. Letzteres war in den Nachkriegsjahren nicht ganz einfach. In Nürnberg gab es nur eine Behelfssynagoge. Der einstige Synagogenbau war in der Pogromnacht 1938, wie fast überall in Deutschland, zerstört worden. Die Nürnberger Gemeinde und ihre Verwaltung waren in den ersten Nachkriegsjahren provisorisch in einem unscheinbaren Mietshaus in der Wielandstraße untergebracht. Ich habe den Weg vom Friedrich-Ebert-Platz, wo ich in der Regel nach meiner Ankunft aus Erlangen an der Busstation ausstieg, noch in guter Erinnerung. Einige Schritte in Richtung Innenstadt, dann rechts in die Wielandstraße, dort das zweite oder dritte Haus. Ein Vorgarten, schließlich der Eingang zum Gemeindehaus.

Versetze ich mich in diese Zeit zurück, dann wird mir bewußt, daß mein Bruder und ich in den fünfziger Jahren in einer Welt lebten, die mit Juden und Judentum nur wenig Berührung hatte. Gleichaltrige jüdische Kinder, mit denen wir Umgang hätten haben können, gab es nicht. Die Nürnberger Gemeindemitglieder waren in der Regel ältere Menschen, meist Überlebende der

Lager. Nach meiner Erinnerung habe ich nie jemanden von ihnen lachen hören. Das löste bei mir damals eine gewisse Beklommenheit aus.

Vor meinem inneren Auge sehe ich noch einen älteren Mann, der mir durch seine Erscheinung irgendwie Respekt einflößte. Er war, so bilde ich mir ein, hoch in den Siebzigern, hatte schlohweißes Haar und strahlte die Autorität eines Menschen aus, der vieles gesehen und manches erlebt hat. Dieser Mann erteilte uns unentgeltlich Religionsunterricht. Vor der Hitler-Diktatur, so hieß es, hätte er den Beruf eines Uhrmachermeisters ausgeübt. Mein Bruder und ich kannten ihn jedenfalls nur als den Herrn Auerbach. Seinen Vornamen habe ich, falls ich ihn überhaupt je wußte, vergessen. Besagter Herr Auerbach hatte, wie uns erzählt wurde, in einem Versteck in Nürnberg den Nazi-Terror überlebt. Mir und meinem Bruder Religionsunterricht zu geben und uns für den Tag der Barmitzwah vorzubereiten, sah er nach allem, war er erlebt hatte, wohl als eine Mitzwe an, als eine Art moralischer Verpflichtung. Ich habe noch seine schwieligen Hände vor Augen. Mit dem Zeigefinger verfolgte er Zeile um Zeile die hebräischen Gebetstexte, die wir zu entziffern hatten. Es gelang uns nur unter großen Schwierigkeiten.

Als Zwölf- beziehungsweise Dreizehnjähriger habe ich wahrscheinlich nicht recht eingesehen, warum ich überhaupt einen Religionsunterricht besuchen sollte. Unser Leben spielte sich ja hauptsächlich in einer nichtjüdischen Umwelt ab. Warum also Hebräisch lernen? Warum Gebetstexte lesen, die meinem Bruder und mir nichts sagten? Hätte man mich zu jener Zeit gefragt, ob mir mein Judentum irgendetwas bedeute, so hätte ich vermutlich keine zufriedenstellende Antwort geben können. Und dennoch, meine Haltung zum Judentum ist bestimmt von den Bildern und Eindrücken, die ich als kleiner Junge vermittelt bekam. Wenn ich zu Bett gebracht wurde, sorgte mein Vater dafür, daß ich das »Schma Jisroel« betete, jenes grundlegende Glaubensbekenntnis, das Juden beim täglichen Morgen- und Abendgebet sprechen und das den Kern des jüdischen Selbstverständnisses bildet: »Schma Jisroel adonai elohenu echad« (Höre Israel, Der Ewige, unser Gott, ist einzig).

In jener Zeit prägten sich mir auch zahlreiche andere Gebete ein, die an den hohen Feiertagen in der Synagoge gesprochen werden. Besuche ich heute einen Gottesdienst an Rosch Haschana oder Jom Kippur in Berlin oder anderswo, dann erinnere ich mich nicht nur an die Nürnberger Synagoge und an die Bemühungen des Herrn Auerbach, sondern insbesondere auch an meinen Vater, der, so gut es ihm möglich war, seinen beiden Söhnen die Gebete erklärte, so die Wiederholungen des »Awinu Malkenu«, jener beeindruckenden Litanei, die nach Rosch Haschana bis Jom Kippur gebetet wird.

Mein Vater hatte zwar dafür gesorgt, daß ich am achten Tag nach der Geburt beschnitten wurde und als Dreizehnjähriger die Barmitzwah-Zeremonie absolvierte, aber das führte nicht dazu, daß ich im Verlauf meines weiteren Lebens all die Vorschriften beachtet hätte, die ein Jude befolgen muß, will er ein Jude im Sinne der Tradition sein. Weder esse ich koscher noch besuche ich regelmäßig den Gottesdienst. Ich bin das, was man im früheren deutschen Judentum einen »Dreitage-Juden« genannt hat, ein Jude also, der an den hohen Feiertagen die Synagoge besucht, dem aber ansonsten die religiöse Praxis eher gleichgültig ist.

Bündische Prägungen. Bereits in sehr jungen Jahren geriet ich in den Dunstkreis der Jugendbewegung. Das war in erster Linie meinem Vater geschuldet, der sich den Freideutschen zurechnete, einem Bund der Jugendbewegung der Weimarer Zeit. Nach seiner Rückkehr aus dem schwedischen Exil wollte er dort anknüpfen, wo er vor seiner Flucht nach Schweden aufgehört hatte. Er bemühte sich, die in der NS-Zeit in alle Winde versprengten einstigen Kameraden zu sammeln. Zu Treffen auf Balduinstein, Ludwigstein und später auf der Burg Waldeck im Hunsrück nahm er mich häufig mit, so daß ich schon sehr früh die Welt der Lagerfeuer, Fahrten und Lieder kennenlernte.

In Erlangen schloß ich mich im Alter von etwa zehn Jahren zunächst dem »Bund deutscher Pfadfinder« an, dann wechselte ich zu den »Bündischen« über, zuerst zum »Wandervogel«, dann zur »Schwäbischen Jungenschaft« und schließlich zur »Jungenschaft im Bund«. Diese Bünde unterschieden sich kaum voneinander.

Meist waren es die gleichen Gruppen, die sich nur neu formierten und jeweils eine eigene Symbolsprache entwickelten. Fahnen, Wimpel und bestimmte für den Außenstehenden nicht erkennbare Kleiderusancen machten dabei die Unterschiede zwischen den Gruppen aus.

An einer ersten größeren Gruppenfahrt nahm ich als Zwölfjähriger teil. Unter der Führung von Hannes Barth, später politischer Redakteur der *Rheinpfalz* in Mannheim, ging es im Sommer 1954 nach Norditalien. Ich weiß noch, daß ich große Augen bekam, als wir den Brenner überquert hatten, die Sonne durch die Wolken brach und ich südlich von Trient die ersten Palmen, Apfelsinen- und Zitronenbäume sah. Bozen, der Gardasee und der Karerpaß in den Dolomiten waren die Stationen dieser Fahrt. Mit der dunkelblauen Jungenschaftsjacke gekleidet, »Juja« genannt, und auf dem Rücken den obligaten »Affen«, wie der Tornister hieß, erfuhr ich zum ersten Mal, was das Fahrtenerlebnis für einen »Bündischen« bedeutet.

Als ich vierzehn oder fünfzehn Jahre alt war, trampte ich fast jedes Wochenende irgendwohin. Mein Vater ließ das merkwürdigerweise zu. Ziel dieser Ausflüge konnte ein Fest sein, aber auch ein sich neu formierender Bund, der sich vorstellen wollte, in der Rhön, auf Burg Ludwigstein oder auf der Waldeck, wo ich es genoß, am Feuer in den aufgebauten Zelten (»Kothen« oder »Jurten«) zu schlafen. Weniger angenehm war es, wenn es darum ging, am nächsten Morgen in feuchten Kleidern und mit klammen Fingern Wasser zum Teekochen aus dem nächsten Bach oder der nächsten Quelle zu holen. Dennoch, meine Lust nach Ungebundenheit, Freiheit und Abenteuern kam in dieser Zeit voll auf ihre Kosten.

Im Sommer 1956 ging es nach Schweden, wo ich zusammen mit anderen auf den Spuren des legendären Eberhard Köbel, »Tusk« genannt, durch Värmland und Bohuslän wanderte. In Erinnerung sind mir noch die staubigen und endlos erscheinenden Straßen, die stillen Seen und verlassenen Dörfer sowie die Pilze, die wir in den Wäldern sammelten, um sie dann über dem Feuer in unseren Töpfen mit Kartoffeln, Reis und anderem Allerlei zu kochen. An der Küste ließen wir irgendwo nördlich von Göteborg mit Liedern die Fahrt ausklingen. Es waren unvergeßliche Eindrücke.

Ein Jahr später war ich wieder unterwegs, diesmal mit einer Gruppe, die sich für eine Fahrt in die Provence entschieden hatte. Wir bestiegen den Mont Ventoux und tippelten anschließend in Richtung Mittelmeerküste nach Sète, weil wir hofften, dort auf Zigeuner zu treffen. Das gelang uns auch. Ob der Zigeuner, mit dem wir uns anfreundeten, tatsächlich ein Zigeunerkönig war, wie er von sich behauptete, dafür haben wir keinen Beweis erhalten. Das machte aber nichts. Wir hatten das Gefühl, einen »König« getroffen zu haben. Und nur das zählte für uns. Erhaltene Tagebuchaufzeichnungen belegen, daß wir uns in diesem Sommer in dem kleinen Städtchen Orange nördlich von Avignon besonders wohlfühlten. Was uns dort hielt, war die Freundlichkeit der Bevölkerung, aber auch die uns in den Bars großzügig kredenzten Gläser mit Rotwein sowie die verschämten Blicke einiger bildhübscher Mädchen, die uns bei den Begegnungen in den Gassen der Stadt verzaubert hatten. Wir waren bemüht, uns im besten Licht zu zeigen. Überaus stolz waren wir, als wir in frisch gebügelten Khakihosen und weißen Hemden auf einem abendlichen Fest mit mehreren Gitarren aufspielten und lautstark dazu »Lieder der Straße« sangen.

Es wird häufig gefragt, was eigentlich die Jugendbewegung ist und was ihren Geist ausmacht. Ist sie, ist der Typus des Jugendbewegten tatsächlich aus einem Generationenkonflikt erwachsen, wie es ihn überall und zu jeder Zeit geben kann? Oder handelt es sich um eine Bewegung, die nur in Deutschland hat entstehen können? In diesem Zusammenhang kommt die Rede meist auf das 1913 spontan initiierte Fest auf dem Hohen Meißner bei Kassel, das zahlreiche junge Menschen seinerzeit dorthin hatte pilgern lassen. Auf diesem Treffen war man bemüht, sich über sich selbst Klarheit zu verschaffen. Die berühmt gewordene »Meißner Formel« (»Die Freideutsche Jugend will aus eigener Bestimmung, vor eigener Verantwortung, mit innerer Wahrhaftigkeit ihr Leben gestalten. Für diese innere Freiheit tritt sie unter allen Umständen geschlossen ein«), auf die man sich dort verpflichtete, spielt bis heute in der Jugendbewegung eine programmatische Rolle. Das Pathos, das aus dieser Formel spricht, mag zwar altertümlich klingen, spricht aber immer noch einen bestimmten Typus junger Menschen an.

Man muß dabeigewesen sein, um mitreden zu können – im jugendbewegten Milieu ist dieser Satz immer wieder zu hören. Ganz abwegig ist das nicht, denn die Nähe, die Erfahrung der Dabeigewesenen vermittelt tatsächlich Eindrücke, die über die historiographische Distanz hinausgehen. Zweifellos wird man dem Phänomen Jugendbewegung gerechter, gleichgültig ob es sich um den »Wandervogel«, die »Freideutschen« oder die »Bündische Jugend« handelt, wenn man sich mit deren Haltungen und Lebensgefühl befaßt.

Es ist behauptet worden, diese Haltungen und Lebensgefühle seien zeitlos. In der deutschen Geistesgeschichte würden diese sich immer dann einstellen, »wenn spiritualistische Bewegungen ihre Durchbruchsstunde« (Hans-Joachim Schoeps) haben. Auch die Entstehung der Jugendbewegung ist ohne Frage von besonderen Zeitumständen begünstigt worden. Zu Beginn des 20. Jahrhunderts bestimmten zahlreiche sich zum Teil widersprechende, zum Teil überlappende Geistesströmungen den Zeitgeist, der das Entstehen einer spezifisch deutschen Jugendkultur ermöglichte. Im Fall der Jugendbewegung haben wir es zweifellos mit einer Art Aufbruchstimmung zu tun. Um 1900 richtete sich der Protest junger Menschen verstärkt gegen die hohl gewordenen und verlogen wirkenden Fassaden des wilhelminischen Bürgertums mit seiner spießig wirkenden Mieder- und Stehkragenkultur. Der Normendruck der in sich festgefügten wilhelminischen Gesellschaftsordnung sowie die in dieser Gesellschaft gepflegte Autoritätsgläubigkeit stießen viele junge Menschen ab. Fast zwangsläufig wurden sie in eine oppositionelle Haltung getrieben.

Zu Recht ist eingewandt worden, daß das Aufbruchbegehren der Jugendbewegung auch etwas zu tun hatte mit dem Aufkommen neokonservativer Strömungen, die vom Zivilisationspessimismus der Jahrhundertwende gekennzeichnet waren. Langbehn, Lagarde, Nietzsche und Klages haben zweifellos einen starken Einfluß ausgeübt. Ludwig Klages zum Beispiel mit seiner Kritik an Moral und Gewissen, mit seinen Angriffen gegen den

Geist, den »Widersacher der Seele«, ist von weiten Kreisen der Jugendbewegung geradezu als eine Art Prophet gefeiert worden. Es waren nur wenige, die seine auf dem Hohen Meißner 1913 übermittelte Grußadresse, insbesondere seine wilden Verwünschungen gegen die Ideen des Fortschritts und der Vernunft, als der Sache nicht angemessen empfanden.

Was bis heute Jugendbewegte in eine gewisse Verlegenheit bringt, ist die Erwähnung eines Namens, der bereits genannt wurde, nämlich der des Schriftstellers Hans Blüher. Dieser hatte in seiner 1912 erschienenen Wandervogel-Geschichte die seinerzeit für erboste Schlagzeilen sorgende Behauptung aufgestellt, die Jugendbewegung und ihre Gesellungsformen seien nicht erklärbar, wenn sie nicht als ein erotisches Phänomen gedeutet würden. Diese These löste verständlicherweise manches Mißverständnis aus, um so mehr, als Hans Blüher im Wandervogel tatsächlich einen Jugend- und Männerbund gesehen hat, in dem ältere Männer mit einer homoerotischen Grundeinstellung als Führer erzieherisch(orientiert an Platons Symposions-Gesprächen und am griechischen eros paidikos) auf Knaben und Jünglinge einwirken. Praktizierte Homosexualität war denn in der Jugendbewegung häufig auch ein Problem, das heftige Kontroversen und manchen Ärger auslöste.

Das Lebensgefühl Jugendbewegter wird besonders deutlich in den Texten der Lieder, die auf Fahrt, am Feuer oder bei Heimabenden gesungen werden. Mein langjähriger Freund Joko Knoll machte sich einmal die Mühe, Liederbücher durchzumustern, die aus dem Umkreis des »Nerother Wandervogels« stammen: Verklärte Sentimentalität steht neben rauher Landsknechtidealisierung. Da wird hymnisch die einheimische Landschaft besungen und die grenzenlose Freiheit in der Ägäis oder auf den Straßen Lapplands gesucht. Auffallend ist in diesen Liedern die Verherrlichung alles Soldatischen, des Paramilitärischen, was sich in Liedüberschriften wie »Müde zieht das tapfre Heer«, »Soldat, du bist mein Kamerad« oder »Dunkel donnert die Trommel« spiegelt. Es gibt zwar auch Lieder, die an den Widerstandsgeist des süddeutschen Republikanismus im 19. Jahrhundert anknüpfen, mehrheitlich werden jedoch jene Lieder bevorzugt, die Bewährung im Kampf fordern, die von der Ungebundenheit des Vagantentums träumen und jenen Schuß bacchantischer Trunkenheit hochleben lassen (»Lustig, lustig ihr lieben Brüder«), der deutlich mit dem Nikotin- und Alkoholverbot der Meißner-Formel von 1913 kontrastiert.

Rückblickend glaube ich, daß es insbesondere das Landsknecht- und Vagabundenhafte war, was mich in den fünfziger Jahren zur »Bündischen Jugend« hinzog. Das Gefühl der Freiheit, das ich dort verspürte, wirkte geradezu wie ein Elexier. Manchmal war es mir gleichgültig, wohin es ging. Hielt ein Wagen beim Trampen an, um den am Straßenrand Stehenden mitzunehmen, war es häufig egal, wohin er fuhr. Die Hauptsache war, unterwegs zu sein, »on the road«, wie es bei Jack Kerouac hieß, dem Beat-Poeten der fünfziger und frühen sechziger Jahre. Diese Freiheit, die ich verspürte, machten gerade auch die Umstände des Unterwegsseins aus: zum Beispiel plötzlich hereinbrechende Nächte, in denen man auf der Suche nach einer geeigneten Übernachtungsmöglichkeit war. Mitunter landete man in einem Heuschober, froh, ein Dach über dem Kopf zu haben und vor Wind und Wetter geschützt zu sein. Aber es konnte auch geschehen, daß man keinen geeigneten Schlafplatz fand und die Nacht im Schlafsack im Straßengraben verbringen mußte. Aber gerade das war das Faszinierende an dieser Art des Herumvagabundierens – nicht genau zu wissen, was im nächsten Augenblick auf einen zukommen würde.

Schulkatastrophen. Meine dem Erlanger Schulbetrieb entgegengebrachte Neugier erlahmte sehr schnell. Als ich von der Volksschule an das Humanistische Gymnasium, das Fridericianum, überwechselte, ließ mein Interesse schlagartig nach. Das fiel verständlicherweise auf. Der Direktor der Schule bat meinen Vater zu sich in die Sprechstunde und bedeutete ihm, daß, wenn nichts geschehe, ich keinesfalls die Versetzung in die nächsthöhere Klasse schaffen würde. »Schreiben Sie ein Buch weniger«, meinte er, »und kümmern sich mehr um Ihren Sohn.« Diese Äußerung konsternierte meinen Vater so sehr, daß er erklärte, in Angelegenheiten seiner Söhne so schnell nicht wieder eine Schule aufsuchen zu wollen. Gab es von da an irgendwelche Probleme, wurde meist ein Assistent oder Student geschickt, der sich meiner Schulsorgen und derjenigen meines Bruders annahm und nach dem Rechten sah. Im Rückblick meine ich, daß dies auch für die Adlati meines Vaters deprimierende Erfahrungen gewesen sein müssen.

Wegen der immer schlechter werdenden Schulleistungen wurde ich schließlich, ich war noch nicht einmal elf Jahre alt, auf ein Internat gesteckt, und zwar auf den Obersalzberg bei Berchtesgaden. Das Werkschulheim war die Gründung einiger Jugendbewegter, die sich unmittelbar nach dem Krieg zusammengefunden hatten. Das Internat, untergebracht im ehemaligen Pferdestall des Hitler-Gefolgsmannes Martin Bormann, hatte ein vorbildliches pädagogisches Konzept, dem die Ideen der Landschulheimbewegung der zwanziger Jahre zugrunde lagen. Eine der Errungenschaften war, daß den Schülern des Werkschulheims neben dem Abiturs auch die Möglichkeit offenstand, einen Facharbeiterbrief zu erwerben. Wer sich dem unterzog, hatte harte Zeiten vor sich, denn nach dem täglichen Schulunterricht mußten diejenigen, die sich für diesen Weg entschieden hatten, noch in die Schreinerei beziehungsweise in eine der Werkstätten, wo sie bis zum späten Nachmittag Lehrlingsaufgaben wahrzunehmen hatten. Nur wenige haben diese Doppelbelastung durchgestanden. Die es schafften, waren in unseren Augen vielbewunderte Vorbilder. Ich gehörte nicht dazu.

Das Internat, das unterhalb des Hohen Göll am Fuße des Dürreck lag, bot neben der Facharbeiterausbildung aber durchaus noch andere attraktive Möglichkeiten. Der Freizeitgestaltung zum Beispiel wurde besonderer Wert zugemessen. Die Internatsschüler konnten in Gruppen Klettertouren machen, Nachtwanderungen unternehmen und sich zu Ausflügen auf Gebirgshütten der Umgebung oder zu halsbrecherischen Ski- und Rodelabfahrten melden. Das eine oder andere Angebot nutzte ich. Ein Sportler der Superlative wurde ich jedoch nicht. Am liebsten streifte ich mit einigen gleichgesinnten Internatskameraden durch die Höhlen der Umgebung. Wir suchten dort nach Waffen. Es hatte sich herumgesprochen, daß Wehrmachtsangehörige sie in großen Mengen in den letzten Tagen des Krieges versteckt oder in Panik weggeworfen hätten. Noch heute sträuben sich mir die Haare, wenn ich daran denke, was wir mit den gefundenen Handgranaten, Pistolen und Maschinengewehren und der dazugehörigen Munition angefangen haben. Wir ballerten in der Gegend herum, und es ist geradezu ein Wunder, daß kein Unglück geschah.

Was sich mein Vater dabei gedacht hatte, mich auf den Obersalzberg zu schicken, ist mir bis heute rätselhaft. Zweifellos hat er gewußt, in welche Umgebung ich kam. Es war geradezu paradox, daß ich, der kleine jüdische Junge, der aus dem Exil zurückgekehrt war, die Schulbank mit den Kindern einstiger Nazi-Größen drücken mußte. Zeitweilig teilte ich das Zimmer mit dem Sohn des Hitler-Stellvertreters Rudolf Heß und dem des umstrittenen Vertriebenen-Ministers Theodor Oberländer. Zu jener Zeit hatte ich keine Ahnung, wer Heß war und wußte auch nicht, daß Oberländer für den Mord an 5000 Lemberger Juden verantwortlich gemacht wurde. Für mich waren Wolf-Rüdiger Heß, »Buz« genannt, und die anderen Kinder einstiger Nazi-Funktionäre Internatskameraden, und zwar ganz normale wie andere auch. Der einzige Unterschied war vielleicht der, daß Buz und der Sohn Oberländers etwas älter waren und deshalb andere Interessen hatten als ich. Erinnere ich mich richtig, so brachte ich diesen sogar so etwas wie Bewunderung entgegen. In erster Linie wohl deshalb, weil sie auf dem »Berg«, wie der Obersalzberg in Kurzform genannt wurde, entweder als hervorragende Skiläufer oder gute Kletterer galten. Jahre später, als ich bei einem Treffen einige meiner einstigen Mitschüler wiedertraf, spürten wir, daß sich etwas zwischen uns geschoben hatte. Ein Gespräch war nicht mehr möglich, die Zeit kindlicher Unbefangenheit vorbei.

Wolf-Rüdiger Heß, der nach dem Abitur ein Ingenieurstudium begann und später eine Karriere als Städteplaner machte, hat sich nicht von den Verstrickungen des Nationalsozialismus lösen können. Wie die Kinder anderer Nazis litt er unter dem Namen, den er trug. Zeit seines Lebens ist er nicht damit fertig geworden, daß sein Vater im Militärgefängnis in Spandau als Kriegsverbrecher einsaß. Als Rudolf Heß 1987 im Alter von 93 Jahren starb, war er davon überzeugt, daß sein Vater umgebracht worden sei. Keiner, so redete er sich ein, habe die Wahrheit hören wollen, die sein Vater hätte erzählen können: über den Nationalsozialismus, über Hitler, über die Judenvernichtung, über den England-Flug im Jahre 1941, über die Kriegsschuld der Alliierten.

Das Leben auf dem Obersalzberg war nicht nach meinem Geschmack. Der strenggeregelte Tagesablauf, der naß-kalte, ewig dauernde Winter und daß ich nicht tun konnte, was ich wollte, mißfielen mir. Mein Vater gab meinem Drängen schließlich nach, und ich zog mit Sack und Pack wieder ins Fränkische, wo ich auf das Erlanger Städtische Realgymnasium überwechselte. Der Aufenthalt war jedoch auch dort nur von kurzer Dauer. Meine Leistungen reichten nicht aus. Noch heute wird mir geradezu übel, wenn ich die Noten lese, die auf dem Zeugnis standen, das ich nach Hause brachte. Englisch: ungenügend, Latein: mangelhaft, Mathematik: mangelhaft ... Gemeinsam entschlossen wir uns, nach einer anderen Lösung meiner Schulprobleme zu suchen. Diese schien in der Nürnberger »Privaten Höheren Lehranstalt R. Stahl« (»Wer nichts kann, und wer nichts tut, kommt ins Stahlsche Institut«) gefunden zu sein. Die Schule war, wie man das in jenen Jahren nannte, eine Edel-»Quetsche«. Die Schüler, die dort landeten, waren in der Regel ihrer unzureichenden Leistungen wegen an den staatlichen Schulen gescheitert. Meist entstammten sie begüterten Familien, die es sich leisten konnten, für ihre Sprößlinge das für damalige Verhältnisse durchaus happige Schulgeld aufzubringen.

Zusammen mit meinem Freund Christoph Schultheiß und dessen älterem Bruder Rainer, Söhne eines Ziegelei-Fabrikanten aus Spardorf bei Erlangen, fuhr ich jeden Morgen von Erlangen nach Nürnberg und am Nachmittag zurück. Es waren endlose Busfahrten, aber auch eine Zeit, in die der Kauf erster Leichtmotorräder sowie die Anschaffung der ersten klapprigen Automobile fiel. Rainer steuerte die aufgemöbelten alten Adler- und DKW-Limousinen, mit denen wir unter den bewundernden Augen unserer Mitschüler vor der Schule vorfuhren.

Die Stunde der Wahrheit kam, als wir die Mittlere Reife vor einer staatlichen Prüfungskommission ablegen mußten. Ich weiß noch, daß wir in die Klausuren gingen, überzeugt davon, daß wir so gut wie keine Chance hätten und das Ergebnis eigentlich von vornherein feststehe. Zu unserer Demotivation trug auch bei, daß bei vorangegangenen Prüfungen an dieser Schule die Durchfallquote bei etwa 90 Prozent gelegen hatte. Ich gehörte mit meinem Freund Christoph zu denen, die dem Prüfungsmarathon nicht gewachsen waren. Bedrückt und verzweifelt kam ich nach Hause, um meinen Vater mitzuteilen, daß es wieder einmal nicht geklappt hatte. Mein Vater hörte sich mein Gestammel an, dachte einen Augenblick angestrengt nach, und dann sagte er etwas, womit ich selbst in den kühnsten Träumen nicht gerechnet hatte. »Na ja«, meinte er, »das ist alles nicht so tragisch. Es geht ja nicht um die Mittlere Reife, sondern darum, daß du das Abitur machst.« Diese Feststellung, formuliert gegen jede Wirklichkeit, leuchtete mir damals verständlicherweise durchaus ein.

Die schulische Leidensgeschichte war damit aber nicht beendet, es sollte noch schlimmer kommen. Da alle ratlos waren und nicht weiterwußten, blieb mir nichts anderes übrig, als mich selbst um mein weiteres Fortkommen zu kümmern. Ich meldete mich bei den »Privaten Unterrichtskursen Paul Pfahler« in Nürnberg an, einer obskuren Einrichtung, die in ihren Prospekten versprach, die ihr anvertrauten Schüler in zwei Jahren zum Abitur zu bringen. In diesen Unterrichtskursen fanden sich all diejenigen ein, die keine Chance mehr für sich sahen, an einer normalen Schule unter normalen Umständen zu einem Abschluß zu kommen. Der Betreiber dieses Etablissements, besagter Paul Pfahler, ein verkrachter Mathematiker, der das Nachtleben liebte und exzessiv dem Alkohol zusprach, war eine Gestalt wie aus einem satirischen Roman. Das Schulgeld mußten wir ihm in bar übergeben. Ich weiß noch, wie er das Geld entgegennahm, die Geldscheine zu einem Bündel rollte und sich in die Hosentasche stopfte. Es kam vor, daß er sich so im Delirium befand, daß er zu einem ordnungsgemäßen Unterricht nicht mehr in der Lage war. Ich sehe ihn noch plastisch vor mir: Klein, rund und gedrungen, meist in Schwarz gekleidet, klammerte er sich seitlich an der Tafel fest, schrieb Gleichungen mit der Kreide an die Tafel und kaute dabei auf einer erkalteten Zigarre.

In diese Zeit schwierigster schulischer Probleme fiel ein Autounfall, den ich gemeinsam mit einer Freundin Ende Juni 1961 hatte. Glücklichen Umständen ist es zu verdanken, daß wir beide mit dem Leben davonkamen. Nach einem Theaterbesuch in Nürnberg waren wir auf dem Nachhauseweg nach Erlangen an einen Chaussee-Baum geprallt. Auf regennassem Kopfsteinpflaster war ich mit überhöhter Geschwindigkeit ins Schleudern geraten und hatte die Kontrolle über den Wagen verloren. Meine damalige Freundin erlitt einen Beckenbruch, ich eine komplizierte Oberschenkelfraktur. Wir wurden zunächst in ein Nürnberger Krankenhaus gebracht, später wurde ich in die Universitätsklinik nach Erlangen verlegt, wo ich von dem später als »Wunderheiler« bekanntgewordenen Julius Hackethal operiert wurde, damals Oberarzt in der Unfallchirurgie und zu jener Zeit in einen heftigen Streit mit seinem Chef Werner Hegemann verwickelt. Glaubt man den Boulevardblättern, sind die beiden Streithähne im Operationssaal mit dem Skalpell aufeinander losgegangen.

In diesen Sommer, in dem ich im Erlanger Universitätskrankenhaus ans Bett gefesselt lag, fiel der Bau der Mauer in Berlin. Ich erinnere mich, daß ich am 13. August 1961 Radio hörte und rätselte, ob sich die Lage weiter zuspitzen würde. Geahnt hat damals wohl niemand, daß mit dem Bau der Mauer Deutschland definitiv für fast dreißig Jahre geteilt sein würde. Mein politisches Interesse war zu dieser Zeit noch nicht so ausgeprägt, daß ich mir ernstliche Sorgen gemacht hätte. Irgendwie, meinte ich, würde es schon weitergehen.

Von meinen schulischen Alpträumen erlöst wurde ich schließlich durch Pastor Arnold Dannenmann, einen ausgezeichneten Pädagogen, der sich im Lauf der Jahre den Ruf erworben hatte, junge Menschen richtig anzuleiten und aus ihnen das Beste herauszuholen. Dannenmann, der das Werkschulheim auf dem Obersalzberg seinem »Christlichen Jugenddorfwerk Deutschlands« (CJD) eingegliedert hatte, wurde gewissermaßen mein Retter in der Not. Das CJD bot mir gemäß der Dannenmannschen Losung »Keiner darf verlorengehen« noch einmal eine Chance. Ich war bemüht, sie zu nutzen.

Die beiden letzten Jahre meiner Schulzeit verbrachte ich wieder auf dem Obersalzberg. Im Juni 1963 war es dann soweit: Ich mußte vor eine externe Prüfungskommission treten, die vom Wittelsbacher Gymnasium in München gestellt wurde. Irgendwie gelang es mir, mich durch die Klausuren und mündlichen Prüfungen zu schlängeln. Ich hatte dabei mehr Glück als Verstand. Als ich das Abiturzeugnis ausgehändigt bekam, war ich sehr erleichtert. Eine Last fiel damals von mir ab.

Studium in Erlangen und Berlin

Nach bestandenem Abitur trampte ich im Juli 1963 nach Schweden. Ich wollte dort die neu gewonnene Freiheit genießen und das notwendige Geld verdienen, um im Herbst das Studium an der Universität in Erlangen in aller Annehmlichkeit beginnen zu können. Ich tat das, was in jenen Jahren üblich war, nämlich mich als Tellerwäscher zu verdingen. Zunächst arbeitete ich in der Stockholmer Drottninggatan in einer Haushaltsschule (»Margareta Hushaltsskolan«), dann in einem Café-Restaurant im Kungsträgarden, wo es mir gelang, in der Hierarchie der Tellerwäscher aufzusteigen, indem ich den heißumkämpften Job eines »Diskplockare« ergatterte.

Der »Diskplockare« mußte nicht in einem dampfenden Hinterraum verdreckte Teller und Töpfe säubern, sondern hatte die – freilich nicht weniger unappetitliche – Aufgabe, das Geschirr im Restaurant von den Tischen abzuräumen. Das war jedoch ein vergleichsweise angenehmer Job. Denn zum einen war man draußen auf der Terrasse tätig und konnte ab und zu ein Schwätzchen mit einem der Gäste halten; zum anderen hatte man das Gefühl, daß die Arbeitszeit schneller verging, weil ringsum Leben pulsierte.

Einen Schlafplatz fand ich in einer Wohnung irgendwo in der Stadt, wo bereits ungefähr 30 Studenten, Gammelbrüder und einige mehr oder weniger verkracht wirkende Existenzen schichtweise in Schlafsäcken nächtigten. Die einen arbeiteten tagsüber, die anderen nachts. Wer der Besitzer der Wohnung war, interessierte niemanden. Das wiederum hatte zur Folge, daß die einen sich Hemden des Besitzers aneigneten, die anderen seine Hosen requirierten und die dritten schließlich dessen Schuhe trugen. Als eines Nachts die Nachricht übermittelt wurde, der Wohnungseigentümer sei im Anmarsch, zogen wir Hals über Kopf aus und verbrachten den Rest der Nacht auf harten, unbequemen

Bänken in der »Central Station«, dem Stockholmer Hauptbahnhof. Angeblich gehörte, wie ich später erfuhr, die Wohnung dem Wiener Künstlerarchitekten Friedensreich Hundertwasser. Ob das tatsächlich so war, darüber gehen die Meinungen bis heute auseinander. Anfang der sechziger Jahre war Hundertwasser jedenfalls noch keine Berühmtheit, sondern hielt sich in Schweden auf, wie wir alle bemüht, Geld zu verdienen. Als ich Jahrzehnte später Hundertwasser in Wien bei irgendeiner Gelegenheit traf, hatte ich nicht den Mut, ihn auf die Stockholmer Zeiten anzusprechen.

Den September und den Oktober des Jahres 1963 verbrachte ich in Bjuv, einem kleinen Städtchen in der Nähe der Hafenstadt Helsingborg. Ich arbeitete dort bei »Findus«, einer Firma, die tiefgekühltes Gemüse produzierte. Mit Studenten aus aller Welt, die es ebenfalls dorthin verschlagen hatte, schaufelte ich stumpfsinnig Erbsen von einem Containerbehälter in den anderen. Ich arbeitete zwei Schichten hintereinander, was anstrengend, aber gut bezahlt war.

Zurück in Erlangen, schrieb ich mich im Wintersemester 1963/64 an der Friedrich-Alexander-Universität ein. Seminare und Vorlesungen belegte ich in Germanistik, Geschichte, Geistesgeschichte und Politischer Wissenschaft bei den Professoren Beyschlag, Prang, Fuchs, Ruffmann und Besson. Keiner dieser Hochschullehrer hat mich so gefesselt, daß er mir im Gedächtnis geblieben wäre. Ich weiß nur noch, daß ich bei Prang ein Referat zu halten hatte, und zwar über den fränkischen Dichter Friedrich Rückert, dessen Übersetzungen aus dem Persischen und Arabischen im 19. Jahrhundert sehr zum Verständnis orientalischer Literaturen beigetragen haben.

Am meisten sprachen mich die Lehrveranstaltungen meines Vaters an. Im Wintersemester 1963/64 hielt er ein Seminar über das »Selbstverständnis der Weimarer Republik« und bot eine Vorlesung zum Thema »Was ist der Mensch?« an, die, für Hörer aller Fakultäten gedacht, jeweils montags um 17 Uhr unter großem Andrang in einem Hörsaal des Kollegienhauses stattfand. Die Hörer saßen nicht nur eng aneinandergepreßt in den Sitzreihen, sondern auch auf den Fensterbänken und auf dem Boden des Hörsaals. Wer in Erlangen etwas auf sich hielt oder glaubte, etwas auf sich halten zu müssen, besuchte diese Montagsvorlesung. Sie hatte einen geradezu legendären Ruf.

Neben der Montagsvorlesung gab es eine Reihe anderer Veranstaltungen, die aus dem Rahmen des Üblichen fielen. So erinnere ich mich an ein Seminar, das sich mit der Weimarer Republik befaßte. Zu einer der Sitzungen hatte mein Vater Waldemar Pabst eingeladen, der damals einen berühmt-berüchtigten Ruf hatte. Im Seminarraum, wo wir in einem Blumenstrauß ein Mikrofon versteckt hatten, nahmen wir auf Band auf, was er über seine Rolle bei der Ermordung von Rosa Luxemburg und Karl Liebknecht zu berichten hatte. Pabst schwadronierte, trat wie ein Landsknecht auf und war stolz auf seine Mordtaten. Zu unser aller Erstaunen nahm er kein Blatt vor den Mund. Auf unsere Frage, als was er sich selbst begreife, erhielten wir die verblüffende Antwort, er halte sich für einen »Berufsreaktionär«. Wir glaubten, nicht richtig gehört zu haben. Noch mehr als vier Jahrzehnte später war er stolz darauf, daß auf seinen ausdrücklichen Befehl hin Karl Liebknecht und Rosa Luxemburg liquidiert worden waren. Er bedauere nur, erklärte er, daß er Wilhelm Pieck nicht ebenfalls habe erschießen lassen. Hätte er geahnt, welche Rolle dieser einst in der späteren DDR spielen würde, hätte er keine Sekunde gezögert, den Befehl zu geben.

Theater, Theater. Faszinierender als die Vorlesungen und Seminare fand ich in diesem ersten Semester die Aktivitäten des Erlanger Studententheaters, für das ich mich schon während meiner Schülerzeit interessiert hatte. Bereits 1961 war ich an der Gründung eines kleinen Theaters beteiligt, das den Namen »Theater im Strohalm« trug. Sein Domizil war eine gutbesuchte Kellerkneipe in der Erlanger Hauptstraße, in der an den Tagen ohne Kneipenbetrieb kleinere Bühnenstücke aufgeführt werden konnten. Im »Strohalm«, das nicht mehr als 70 bis 80 Plätze hatte und deshalb nicht rentabel arbeiten konnte, brachten wir in den Jahren 1961 und 1962 verschiedene Theaterstücke zur Aufführung. Um eine gewisse Professionalität zu erreichen, heuerten wir den Profi-Schauspieler Frederick Ribell an, der für uns verschiedene Stücke in Szene setzte, so unter anderem *Orpheus in der Unterwelt* von Jean Cocteau sowie ein Stück, das auf einer Dramatisierung der Großinquisitorlegende aus Dostojewskis *Brüdern Karamasow* beruhte. Dunkel ist mir in Erinnerung, daß ich in beiden Aufführungen mitspielte. In der Dostojewski-Inszenierung übernahm ich die Rolle des Aljoscha. Viel Text hatte ich nicht.

Was aus Frederick Ribell wurde, weiß ich nicht; nach der Erlanger Zeit verlor ich ihn aus den Augen. In Erinnerung ist mir, daß ich ihn einmal wegen einer Rollenbesprechung in seinem Hotelzimmer aufsuchte. Er bedeutete mir, daß ich mich im Schneidersitz auf den Boden setzen sollte, während er damit beschäftigt war, zwei Schalen Tee zuzubereiten. Bei dieser Prozedur fortwährend redend, versuchte er mir klarzumachen, daß man sich im Leben auf das Wesentliche konzentrieren müsse. Er zum Beispiel besitze nur zwei Teeschalen und könne also immer nur einen Gast einladen. Das bedeute, daß er sich mit dem zum Tee geladenen Gesprächspartner wirklich unterhalten könne. Die wenigen Habseligkeiten, die ihn auf seinen Tourneen begleiteten, hatte Frederick Ribell in einem großen Schrankkoffer untergebracht. Mehr als das, was sich in diesem Koffer befand, besaß er nicht. So behauptete er jedenfalls. Die Konsequenzen, die sich aus dieser Schrankkoffer-Existenz ergaben, lagen auf der Hand. Wenn er zum Beispiel ein neues Buch kaufte, mußte er ein altes weggeben. Der Platz für Bücher war in dem Schrankkoffer exakt vorgegeben. Es war eine Lebensphilosophie, besser eine Art Lebensstilisierung, die auf mich durchaus Eindruck machte.

Das Erlanger Studententheater der fünfziger und frühen sechziger Jahre hatte sich über die Grenzen der Stadt hinaus einen veritablen Ruf erworben. Mit den Anfängen der Erlanger »Studiobühne« verbanden sich Namen wie der des später bekanntgewordenen Schauspielers Mario Adorf und des Schriftstellers Hans Magnus Enzensberger, die beide in den späten vierziger beziehungsweise frühen fünfziger Jahren in Erlangen studiert hatten. Die »Studiobühne« spielte Stücke wie Georg Kaisers expressionistisches Drama *Gas*, entdeckte aber auch das absurde Theater Becketts und Ionescos für sich.

Auch Bertolt Brechts *Trommeln in der Nacht*, inszeniert von dem leider allzufrüh verstorbenen Fritz Schuster, kam in dem von der »Studiobühne« bespielten Erlanger Markgrafentheater zur Aufführung. Das war insofern bemerkenswert, als Brecht in der Adenauer-Republik als Kommunist denunziert wurde und diejenigen, die sich für ihn einsetzten, als Kommunistenfreunde angesehen wurden. Ich erinnere mich an eine Äußerung des damaligen Bundesaußenministers Heinrich von Brentano, der Brecht mit dem Nazi-Dichter Horst Wessel gleichsetzte, was das Erlanger Studententheater und seine Unterstützer bewog, Brechts Stücke erst recht auf den Spielplan zu setzen. Damals erwarb sich die »Studiobühne« den Ruf, eine der Avantgardebühnen Deutschlands zu sein.

Große Erfolge feierte die »Studiobühne« mit dem Dürrenmatt-Stück *Romulus der Große*, das der jugoslawische Regisseur Bogdan Jerkovic inszenierte. Die nicht sonderlich aufregende Handlung hatte dieser so verfremdet, daß sie geradezu zu einem Lehrstück absurden Theaters wurde. Wir waren auf das Ergebnis stolz. Die positiven Kritiken in der Presse sahen wir als Bestätigung unserer Arbeit an. Nach der Erlanger Premiere gingen wir mit einem alten, klapprigen Lastwagen, den einer der Hauptdarsteller lenkte, auf Tournee. Wir brachten das Stück in Städten wie Einbeck zur Aufführung, aber auch im »Theater in der Leopoldstraße« in München, wo ich auf der Bühne einen solch entsetzlichen Hänger hatte, daß ich fast das Stück »schmiß«. Noch heute befallen mich Alpträume, wenn ich mir die für uns alle sehr peinliche Situation vergegenwärtige.

Die jährlich jeweils Ende Juli stattfindenden Erlanger »Internationalen Theaterwochen« hatten eine geradezu magische Anziehungskraft. Jedes Jahr fielen Theaterleute aus aller Welt in die fränkische Provinzstadt ein. Schriftsteller wie Martin Walser und Günter Grass gehörten zum Stammpublikum; die illustren Gäste bevölkerten den Erlanger Schloßgarten, die Orangerie, das Kollegienhaus und insbesondere das Café Mengin, das jeder schon deshalb kannte, weil die beiden Maskottchen des Cafés, zwei phlegmatische Chow-Chows, dem Café und seinen Gästen ein Gefühl der Weltläufigkeit verliehen.

Theateraufführung von »Romulus der Große« im Markgrafentheater Erlangen

Wenig bekannt ist, daß Günter Grass Anfang der sechziger Jahre der »Studiobühne« sogar den Einakter *Zehn Minuten bis Buffalo* zur Welturaufführung zur Verfügung stellte; wer es inszenierte, weiß ich nicht mehr. Jedenfalls machten eine Reihe heute bekannter Regisseure ihre ersten Gehversuche mit dem Erlanger Studententheater: Claus Peymann, Fritz Schuster, Frank-Patrick Steckel und andere mehr. An eine der spektakulären Inszenierungen kann ich mich noch sehr gut erinnern. Claus Peymann brachte mit großem Aufwand Hans Henny Jahnns 1931 geschriebenes Stück *Straßenecke* auf die Bühne. Die Mitglieder der »Studiobühne« übernahmen dabei neben den angeheuerten Profi-Schauspielern größere und kleinere Rollen. Peymann wurde über Nacht durch die Inszenierung bekannt. Ein Problem war, daß wir wegen des tonnenschweren Bühnenbildes nur mit Schwierigkeiten auswärtige Engagements annehmen konnten. Das einzige Gastspiel fand im Mai 1965 in Warschau statt, wohin – was damals eine wirkliche Sensation war – die »Studiobühne« als erstes westdeutsches Theater eingeladen wurde. Wir empfanden das als eine besondere Ehre.

In jener Zeit reisten wir auch zu den verschiedenen Studententheater-Festivals, die regelmäßig in Göteborg, Parma, Zagreb und Nancy stattfanden. Jedes dieser Festivals hatte seinen spezifischen Charakter. In Parma zum Beispiel legte man besonderen Wert auf das Feiern. Manches bacchantische Fest fand in der »Grotta Malfalda« statt, einer kleinen Trattoria, deren Besitzer fanatische Verdi-Fans waren, die jedes Jahr ihr schwerverdientes Geld in private Festspiele zu Ehren des großen Komponisten investierten. In Nancy, dessen Festival-Chef Anfang der sechziger Jahre der spätere französische Kulturminister Jacques Lang war, konkurrierten die angereisten Studentenbühnen sehr viel stärker miteinander als anderswo. Es gab dort bestimmte, von den Delegationen gepflegte Rituale der Zustimmung oder Ablehnung, mit denen zum Ausdruck gebracht wurde, ob eine Aufführung akzeptiert wurde oder nicht. Verließ eine Delegation die Loge während einer Aufführung, dann machte das deutlich, daß das gerade präsentierte Stück »gestorben« war.

Mit der »Studiobühne« in den fünfziger und frühen sechziger

Jahren eng verbunden war der Literaturwissenschaftler Hans Schwerte, von dem Mitte der neunziger Jahre bekannt wurde, daß er eigentlich nicht Hans Schwerte, sondern Hans Ernst Schneider hieß und im Dritten Reich als SS-Hauptsturmführer für Himmlers »Ahnenerbe« in führender Position tätig war. Für uns, die wir an der Erlanger Universität studierten und uns in der »Studiobühne« engagierten, war Schwerte/Schneider nicht nur ein Vorbild wegen der von ihm vertretenen liberalen Positionen, sondern auch deswegen, weil er ein brillianter Rhetoriker war, der es mit großem didaktischen Geschick verstand, uns Autoren der modernen Literatur schmackhaft zu machen. Aus dem Milieu der Erlanger »Theaterwochen« war Schneider/Schwerte nicht wegzudenken. Er gehörte zum Planungsausschuß, der die Theatertreffen vorbereitete, und somit gewissermaßen zum Inventar. Ich sehe ihn noch vor mir, eine hoch aufragende Gestalt, elegant in Gestus und Erscheinung, im Gespräch mit Hans Mayer, Anfang der sechziger Jahre noch DDR-Literaturwissenschaftler in Leipzig, aber auch in vertrautem Ton plaudernd mit Günter Grass, Hans Magnus Enzensberger, Wolfgang Hildesheimer, Günter Weissenborn und den vielen anderen prominenten oder sich gerade einen Namen machenden Wissenschaftlern, Schriftstellern, Theaterleuten, Publizisten und Journalisten.

Ich habe mich oft gefragt, ob in den späten vierziger Jahren wirklich niemand gewußt hat, wer Schwerte war und woher er kam. Mein Vater, der an der Erlanger Fakultät daran mitgewirkt hatte, Schwerte 1948 mit einer Arbeit zum Thema »Studien zum Zeitbegriff bei Rainer Maria Rilke« zu promovieren, wußte ganz sicher nicht, daß der Promovend in seinem früheren Leben unter dem Namen Schneider schon einmal promoviert, in Himmlers »Ahnenerbe« tätig und als Schriftleiter der SS-Monatsschrift *Die Weltliteratur* im ideologischen Fronteinsatz war. Aber selbst wenn mein Vater das in Erfahrung gebracht hätte, insbesondere, daß Schwerte/Schneider in der NS-Zeit einer der »Worthelfer der Gewalt« (Karl Kraus) gewesen ist, hätte er, so wie ich ihn kannte, diesem vermutlich seine Vergangenheit verziehen, und zwar mit der Begründung, daß der Mensch fehlbar sei und es ein Recht auf politischen Irrtum gebe.

Nach der Enttarnung Schwertes Mitte der neunziger Jahre gab es kaum jemand in Deutschland, der Verständnis hatte für die Bewältigungsakrobatik des einstigen SS-Mannes, der 1945 seinen Namen wechselte, seine Ehefrau noch einmal heiratete und in den sechziger und siebziger Jahren als Germanist und Universitätsrektor eine beachtliche akademische Karriere machte. Es erschienen noch zu seinen Lebzeiten Bücher, Sammelbände und Aufsätze, in denen die Autoren bemüht waren, sich gegenseitig in dem Beweis zu übertreffen, daß ein Nazi immer ein Nazi bleibt und der Literaturwissenschaftler Schwerte seinen Aufstieg einer Art »akademischer Rattenlinie« zu verdanken habe. Es ist behauptet worden, daß sich bestimmte Kontinuitätslinien in Schneider/Schwertes Denken nachweisen lassen. Inwieweit diese Behauptung jedoch ausreicht, den Bann über einen Mann zu verhängen, der sich nach 1945 unbestreitbar Verdienste erworben hat, ist eine nur schwer zu beantwortende Frage. Fairneß hat man ihm ganz sicherlich nicht entgegengebracht. In Nordrhein-Westfalen glaubte man, ihm die Pension streichen zu müssen, und an der Erlanger Universität setzte eine Debatte darüber ein, ob man ihm den Doktortitel aberkennen solle. Einer der wenigen, die sich wirklich bemühten, Schwerte einigermaßen gerecht zu werden, war der Gießener Politikwissenschaftler Claus Leggewie, der dessen Biographie als ein Leben gedeutet hat, das beispielhaft die Geschichte der Deutschen im 20. Jahrhundert verkörpert.

Mir scheint, daß der Fall Schwerte sich eigentlich für ein Theaterstück eignet. In ihm finden sich alle Ingredienzien eines Dramas. Vermutlich hat Schneider/Schwerte das nicht so gesehen. Sein 1962 erschienenes opus magnum *Faust und das Faustische*, das als Kritik eines »Kapitels deutscher Ideologie« angelegt war und, wie er selbst meinte, ein »Warnbuch« gegen die Auswüchse der zeitgenössischen Germanistik sein sollte, scheint darauf hinzuweisen, daß ihm durchaus bewußt war, daß der moderne Mensch vielfachen Anfechtungen ausgesetzt ist. Vielleicht hat Schwerte, als er sich für dieses sehr deutsche Thema entschied, sich und seine »faustischen« Verirrungen sogar im Blick gehabt.

West-Berlin 1964. Im Frühjahr 1964 zog es mich unwiderstehlich nach West-Berlin. Die Stadt war damals für viele ein Fluchtort vor der Bundeswehr und das Mekka der Ausgeflippten. Ich hatte zwar keinen Einberufungsbescheid erhalten, aber ich wollte ebenfalls unbedingt an die Spree, um an der Freien Universität weiterzustudieren und an einem der Berliner Theater als Regieassistent zu arbeiten.

Eine Unterkunft mußte ich mir nicht suchen, denn ich konnte in Berlin-Dahlem, wo mein Vater in der Schwendener Straße eine kleine Wohnung unterhielt, unterkommen. Im Juni 1964 schrieb ich mich an der Universität für die Fächer Theaterwissenschaft, Germanistik und Geschichte ein und belegte Lehrveranstaltungen bei den Professoren Emrich, Borinski, Landmann, Bußmann und Knudsen. Als Hauptfach hatte ich Theaterwissenschaften gewählt. Irgend jemand hatte mir eine Empfehlung für Hans Knudsen geschrieben, die eine Einladung zu einem Glas Rotwein in dessen Wohnung zur Folge hatte. Ich nahm die Einladung an und trug dem damaligen Nestor der Theaterwissenschaften in Deutschland meine Absichten vor. Dieser hörte sich geduldig meine Pläne an und gab mir, was ein Professor in einer solchen Situation meist zu tun pflegt, wohlmeinende Ratschläge, wie ich mein Studium gestalten sollte. Es versteht sich fast von selbst, daß ich mich nicht an sie gehalten habe.

Berlin war Anfang der sechziger Jahre eine Stadt mit einer aufregenden Kulturszene und, was vielleicht für den jungen Mann aus der Provinz noch wichtiger war, eine Stadt für passionierte Nachtschwärmer. Die notwendigen Tips, wohin ich mich wenden sollte, hatte ich schon vor meiner Ankunft in Berlin erhalten. Manfred Heckmann zum Beispiel hatte mir bereits in Schweden den Hinweis gegeben, daß man in der »Dicken Wirtin« am Savigny-Platz Anschluß an die Szene finde.

Die Wirtin, eine Frau mit beachtlichem Leibesumfang, stand hinter dem Tresen und kannte jeden von uns mit Vornamen. Wir fühlten uns bei ihr, wie es so schön heißt, »wie bei Muttern«. Später, als sie altersbedingt nicht mehr ausschenken konnte, saß sie zumeist auf einem Stuhl neben dem Ofen direkt hinter der Eingangstür und beobachtete das wilde Treiben um sie herum. Nach ihrem Tod fertigte ein Künstler von unserer Mentorin einen Gipsguß in Lebensgröße. So kam es, daß noch lange Jahre die »Dicke Wirtin« auf ihrem angestammten Platz saß.

Die Theatersensation des Frühjahrs 1964 war die Uraufführung von Peter Weiss' *Die Verfolgung und Ermordung Jean Paul Marats dargestellt durch die Schauspieltruppe des Hospizes zu Charenton unter Anleitung des Herrn de Sade* im mittlerweile vom Berliner Senat geschlossenen Schiller-Theater. Den Marat gab Peter Mosbacher, den Marquis de Sade der Schauspieler Ernst Schröder. Inszeniert hatte das Stück der polnische Regisseur Konrad Swinarski, das Bühnenbild stammte von Peter Weiss, die Kostüme von Weiss' Ehefrau Gunilla Palmstierna-Weiss. Eine Freundin, die in einer Nebenrolle als Nonne in dem Stück spielte, verschaffte mir Karten für die Premiere und ermöglichte mir, nach den Vorproben den einen oder anderen der Mitspielenden in der Kantine des Theaters kennenzulernen. Für den Theatereleven beziehungsweise Regieschüler war das ein Erlebnis besonderer Art. Peter Weiss und Konrad Swinarski waren Vorbilder, die ich anhimmelte. Als ich die beiden einmal zufällig gegen drei oder vier Uhr morgens in »Eli's Bierbar«, einer sinistren Kaschemme am Kottbusser Tor, traf und von ihnen an den Tisch gebeten wurde, war ich über die Maßen stolz. Ich hatte das Gefühl, dazuzugehören.

Im Sommer 1964 stieß ich zur Berliner »Studiobühne«. Ich freundete mich mit Michael und Gertrud Klett an, die ebenfalls in Berlin studierten und bei der »Studiobühne« mitarbeiteten. Wenn wir uns heute gelegentlich treffen, erinnern wir uns regelmäßig an unsere gemeinsame Schauspielerzeit zurück. Die meisten Stücke, bei denen ich in Berlin mitspielte, sind mir mehr oder weniger entfallen. Erinnern kann ich mich nur noch an Peter Hacks' Stück *Die Schlacht von Lobositz*, das wir im Winter 1964 zur Aufführung brachten. Ich spielte den Musketier Theobul Kosegarten. Mit von der Partie waren unter anderem Hartmut Bitomsky, Peter Riess, Martin Wiebel und Peter Sandmeyer. Sie machten später Karriere im Fernsehen, auf der Bühne und im Journalismus.

Die Stadt mit ihren Veranstaltungen, Theaterpremieren, Ver-

Theateraufführung von
»Die Schlacht von Lobositz« in Berlin

nissagen und Annehmlichkeiten interessierte mich mehr als das Studium an der Freien Universität. Ich arbeitete gerade so viel, als notwendig war. Es gab nur wenige Seminarveranstaltungen, die ich besuchte. Bei Walter Bußmann, der später an die Universität nach Karlsruhe überwechselte, fand ich mich deshalb ein, weil die von ihm angebotenen Themen zur politischen Geschichte des 19. Jahrhunderts mich ansprachen. Ich lernte Bußmann dabei nicht nur als eigenwilligen Historiker kennen, sondern auch als Menschen schätzen. Keinesfalls entsprach er dem Typus des langweiligen und trockenen Professors, der in den sechziger und siebziger Jahren in Massen die bundesdeutschen Universitäten bevölkerte.

Eine wirkliche Ausnahme im grauen Einerlei des Universitätsbetriebs war Adolf Leschnitzer, ein Remigrant, der schon deshalb auffiel, weil er anders war als die anderen. Am Berliner Friedrich-Meinecke-Institut führte Leschnitzer, der 1933 bis 1938 Leiter der Schulabteilung der Reichsvertretung der deutschen Juden war, eine Mauerblümchenexistenz als Honorarprofessor. Nur wenige verirrten sich in seine Seminare, die sich mit dem »Central-Verein« und dem »Reichsbund jüdischer Frontsoldaten« beschäftigten. Zu den Seminarteilnehmern gehörten Monika Richarz, Stefi Jersch-Wenzel, Rainer Bernstein und einige andere, die sich später in der deutsch-jüdischen Geschichtswissenschaft einen Namen machten. Leschnitzer verkörperte die deutsch-jüdische Symbiose vor 1933, deren Existenz der Jerusalemer Religionshistoriker Gerschom Scholem gerade zu bestreiten begann. Scholem war aber noch nicht der Guru, zu dem er im Gefolge der Walter-Benjamin-Renaissance in den sechziger und siebziger Jahren wurde. Ich kannte damals Scholems Verdikt noch nicht, der behauptete, es hätte niemals eine deutsch-jüdische Symbiose gegeben. Vielleicht gerade deshalb saß ich unbeschwert in Leschnitzers Seminaren und sann über die Probleme der deutsch-jüdischen Beziehungsgeschichte des 19. und frühen 20. Jahrhunderts nach.

Was uns als Studenten damals verständlicherweise Probleme bereitete, war der chronische Geldmangel. In der Regel reichte der Wechsel nicht, den wir von zu Hause erhielten, und wir waren immer auf der Suche nach irgendwelchen Möglichkeiten, unsere Finanzen aufzubessern. Der Geldmangel war wohl auch der Grund, warum ich mit meinen Freunden den Plan entwickelte, eine Presseagentur zu gründen. Unsere Geschäftsidee war denkbar einfach. Wir wollten Texte vermarkten, die sich mit der Mauer und den damit verbundenen menschlichen Tragödien befaßten. Wir warfen alles Geld zusammen, das wir auftreiben konnten, kauften eine gebrauchte Vervielfältigungsmaschine und ließen Briefpapier mit dem hochtrabenden Firmennamen »International Berlin Press Association« drucken.

Das Unternehmen ließ sich zunächst gut an. Wir tippten im Zweifingersystem auf unseren Schreibmaschinen (mechanische Maschinen, deren Tasten klemmten und sich in den Farbbändern immer wieder verhakten) eine Reihe von Texten, die sich allgemein menschelnder Themen annahmen und samt und sonders mit den Geschehnissen rund um die Mauer zu tun hatten. Dabei bemühten wir uns um eine »flotte Schreibe«. Wir waren davon überzeugt, daß das, was wir uns ausdachten und niederschrieben, genau die Art von Texten war, die man im Ausland lesen wollte. Noch heute schüttele ich den Kopf über die Bedenkenlosigkeit, mit der wir manche Geschichte zu Papier brachten. Da gab es Artikel über ältere Frauen und Männer, die bei ihrem Versuch, sich in der Bernauer Straße in den Westen abzuseilen, abstürzten. Aber auch solche, die über zerrissene Familienbande berichteten oder vom Zerbrechen von Ost-West-Liebesbeziehungen erzählten. Wir strengten uns gehörig an, den Artikeln den entsprechenden Schmelz zu geben, damit sie auf den Leser wirkten. Der Kitsch, den wir dabei produzierten, war manchmal derart, daß uns beim gegenseitigen Vorlesen unserer Texte vor Lachen die Tränen kamen.

Von fremdsprachenkundigen Freunden und Freundinnen ließen wir die Artikel übersetzen, ins Französische, aber insbesondere ins Englische. Wir lockten mit dem Versprechen, daß auch die Übersetzer an den Honorarerlösen beteiligt würden. Dann machten wir uns daran, die Artikel mit den entsprechenden Begleitbriefen an Zeitungen in entfernteste Gegenden der Welt zu schicken, vornehmlich nach Neuseeland und Australien. Sie wurden dort dankbar entgegengenommen und auch gedruckt. Wir erhielten sogar, womit wir gar nicht gerechnet hatten, die üblichen Belegexemplare. Stolz zeigten wir sie im Freundeskreis herum. Was jedoch nicht funktionierte, waren die von uns sehnlichst erwarteten Überweisungen der fälligen Honorare. Täglich fragten wir bei der Bank an, ob Geld eingegangen sei. Aber wir mußten feststellen, daß die Zahlungsmoral unserer Geschäftspartner zu wünschen übrigließ. Die Buchhaltungen der Zeitungen in Neuseeland und Australien dachten sich offensichtlich, Deutschland ist weit, warten wir erst einmal ab, ob sich die Agentur im fernen Berlin noch einmal melden wird. Sie tat es nicht. Denn deren Betreiber hatten inzwischen begriffen, daß die Geschäftsidee doch nicht so gut war wie ursprünglich gedacht.

Ganz umsonst waren die für Agenturzwecke gemachten Anschaffungen jedoch nicht. Unsere für viel Geld erworbene Vervielfältigungsmaschine fand doch noch eine Verwendung, wenn auch in ganz anderem Zusammenhang. Im April 1965 war an der Freien Universität ein heftiger Konflikt zwischen Studentenschaft und Universitätsleitung aufgebrochen. Der Asta hatte den Publizisten Erich Kuby zu einem Vortrag (»Restauration oder Neubeginn – die Bundesrepublik 20 Jahre danach«)eingeladen, was die Universitätsleitung jedoch mit einem Veranstaltungsverbot verhindern wollte, weil sie der Ansicht war, Kubys Vortrag würde Unruhe auf dem Universitätsgelände schüren. Proteste innerhalb der Berliner Studentenschaft waren die Folge. Am Otto-Suhr-Institut kam es wegen des »Falles Kuby« zu einem Vorlesungsstreik. Ekkehard Krippendorff, Mitarbeiter an diesem Institut, wurde wegen seines Eintretens für Kuby die Verlängerung seines Assistentenvertrages verweigert. Für den SDS (es kann aber auch eine andere studentische Gruppierung gewesen sein) produzierten meine Freunde und ich auf unserer Vervielfältigungsmaschine ganz im Stile der »free-speech-movement« in Berkeley Flugblätter, auf denen Redefreiheit für Erich Kuby und die Rücknahme der Krippendorffschen Kündigung gefordert wurden.

Vorboten der Revolte. 1968 kam es im Gefolge der Unruhen in Paris auch in zahlreichen deutschen Universitätsstädten zu heftigen Straßenschlachten zwischen Studenten und der Polizei. 1968 steht auch und vor allem für eine Veränderung der Lebensformen und der allgemeinen Lebensumstände.

Denke ich an diese Zeit zurück, dann habe ich den Eindruck, als ob im nachhinein das Jahr 1968 und die damit zusammenhängenden Umstände mystifiziert werden. Zugegebenermaßen gab es eine Art Ausbruch, eine Explosion, was die Lebensverhältnisse einer ganzen Generation betraf. Die Proteste der Studentenschaft zwischen Berlin und Freiburg, Hamburg und München, Köln und Göttingen waren in den sechziger Jahren nicht nur ein Aufbegehren, sondern auch ein Bemühen, sich neu und anders zu positionieren. Wer nach den Wurzeln der damaligen Proteste fragt, muß aber noch etwas weiter zurückgehen. Da waren zum Beispiel die »Krawalle« im Sommer 1962 in Schwabing, in deren Folge die sogenannte »Subversive Aktion« entstand. Dann sind zu nennen die in jenen Jahren einsetzenden Auseinandersetzungen um die Notstandsgesetze, die traditionellen Friedensmärsche zu Ostern sowie die Aktivitäten des SDS, wie der Sozialistische Deutsche Studentenbund in Kurzform hieß. Alle diese Ereignisse vollzogen sich ungleichzeitig, hatten aber miteinander zu tun. Es war etwas in Bewegung gekommen, das war deutlich zu spüren

Berücksichtigt werden muß auch, daß in den frühen sechziger Jahren in den intellektuellen Milieus die Beschäftigung mit der »nichtstalinistischen Tradition des deutschen Marxismus« einsetzte. Theodor W. Adorno und Max Horkheimer wurden zu Wortführern einer kritischen Soziologie. Im Frankfurter Suhrkamp-Verlag erschien die erste Nummer der von Hans Magnus Enzensberger herausgegeben Kultur-Zeitschrift *Kursbuch*. Sie enthielt den ersten Teil eines umfangreichen Essays von Karl Markus Michel über »Die sprachlose Intelligenz«, über den noch lange gesprochen wurde.

Eine andere Wurzel der studentischen Protestbewegung lag dort, wo man sie eigentlich nicht vermuten würde, nämlich im jugendbewegten Milieu auf der Burg Waldeck. Ich habe die volle Stimme des Sängers Peter Rohland noch im Ohr, dessen 1848er-

Lieder und Landstreicherballaden eine ganze Generation geprägt haben. Höre ich heute jiddische Lieder wie »Un as der rebbe singt« oder »'s brennt, bridderlech, 's brennt«, dann denke ich unwillkürlich an die Auftritte Peter Rohlands, der nach seinem frühen Tod zu einer Legende wurde. Die beiden ersten Festivals auf der Burg Waldeck 1964 und 1965 hat »Pitter«, wie Rohland von seinen Freunden genannt wurde, noch miterlebt. Er starb 1966, gerade einmal 33 Jahre alt. Die auf der Waldeck in den nächsten Jahren organisierten Treffen fanden zunächst in seinem Andenken statt. Später entwickelten sich daraus Arbeitsbegegnungen. In Werkstätten, Einzelkonzerten und Referaten war man bemüht, sich mit den verschiedenen Facetten und Ausdrucksformen des »Politischen Liedes« zu beschäftigen. Viele der Sänger, die auf der Waldeck auftraten, wurden später bekannt. Zu nennen sind Namen wie Dieter Süverkrüp, Hanns Dieter Hüsch, Hannes Wader, Franz-Josef Degenhardt, Schobert und Black, aber auch das Gebrüderpaar Hein und Oss Kröher, die auf einem der Festivals das Soldatenlied aus Ansbach-Bayreuth »O, König von Preußen« sangen, in dessen erster Strophe es heißt, daß man des Dienstes unter dem König überdrüssig sei, ja ihn satt habe. Der Jubel der zahlreichen auf den Wiesen vor der Auftrittsbühne lagernden Zuhörer bewies, daß die Botschaft der beiden aus der Pfalz stammenden Sängerbarden verstanden wurde.

Es war wohl Pfingsten 1965, als ich mit meiner damaligen Freundin Katja von Berlin in den Hunsrück fuhr. Katja, die in späteren Jahren unter ihrem Künstlernamen Ebstein große Erfolge als Chanson- und Schlagersängerin feierte, hatte auf der Waldeck einen ihrer ersten öffentlichen Auftritte. Ihr späteres sozialpolitisches Engagement dürfte zweifellos mit durch den Geist des Aufbruchs inspiriert worden sein, der zur Zeit der Waldeck-Festivals über die Wiesen und Hügel des Hunsrück wehte. Hinter all dem war bereits deutlich der sich formierende Protest gegen die Zustände der Bonner Republik und die Auswüchse des Vietnamkrieges zu spüren.

In der Öffentlichkeit stießen die Waldecker Festival-Aktivitäten mitunter auf harsche Kritik. Ich erinnere mich zum Beispiel noch an einen Artikel des *Rheinischen Merkur*, der Ende Mai

1966 mit der Überschrift »Gammler auf Burg Waldeck« erschien. Der Autor ging so weit zu behaupten, auf der Waldeck sei nicht ein Treffen Folklore-Begeisterter, sondern eine »nihilistische Pfingstfeier« geplant. Das bevorstehende Festival, so hieß es denunzierend, werde auf Burg Waldeck »die deutschen Nachbeter der US-Beatniks und Vietniks« versammeln. Jakobinergesänge, Lieder aus dem Spartakusaufstand, Ostermarschierersongs und Kampflieder der Roten Armee würden den Hunsrück unsicher machen. Der Schreiber jenes Artikels, der geradezu außer sich zu sein schien über das, was sich da in den Auen und Wäldern des Hunsrück anbahnte, gab zu bedenken, ob nicht die »Doktrinen bärtiger Politologiestudenten« den Geist der alten Jugendbewegung von der Burg vertrieben hätten.

Auch in der Berliner Kneipenszene schlug die Politisierung durch. Das zeigte sich zum Beispiel in der »S-Bahnquelle« gegenüber dem S-Bahnhof Savignyplatz und beim »Schotten«, wie die »Blaue Grotte« in der Schlüterstraße genannt wurde. Diejenigen, die bis dahin nächtens dort zusammengestanden, miteinander getrunken und geredet hatten, gingen plötzlich unterschiedliche Wege. Ein Teil der Szene wechselte ein paar Häuser weiter zu »Hertha«. Die dort ihr Bier tranken, glaubten zu wissen, daß die Revolution unmittelbar bevorstehe. Die anderen, die nicht mitzogen und im »Schotten« zurückblieben, fanden den linken Aktivismus lächerlich und spöttelten über die einstigen Zechkumpane, deren neue Gesinnung sie nicht sonderlich ernst nahmen.

Nach wie vor gab es natürlich neutrale oder halbneutrale Orte, wo man sich traf und nach wie vor miteinander lärmte, redete und trank. Da waren jenseits des Ku-Damm das »Natubs«, die »Backstube«, das »Polkwitz«, die »Schumacherei« und das »Matala«, alles Kneipen, die gut besucht waren, aber zumeist nur eine kurze Lebensdauer hatten. Wechselte der Wirt oder kamen allzuviele neue Gesichter, dann zogen die Stammgäste ein Haus weiter. Was eine Kneipe zum »In«-Lokal machte, war beim besten Willen nicht auszumachen. Fest steht nur, daß nur der zur Szene gehörte, der die gewundenen Pfade der nächtlichen Kneipenwelt kannte.

Das Kneipenleben spielte sich hauptsächlich im Charlottenburger Kiez ab. Es kam selten vor, daß man den Bezirk verließ, und wenn doch, dann war es ein größeres Unterfangen. Zum Beispiel dann, wenn wir uns aufmachten, um nach Kreuzberg in Hertha Fiedlers »Kleine Weltlaterne« zu fahren. Man wußte bereits vorher, wen man dort antreffen würde. Stammgäste waren der Trödler und Maler Kurt Mühlenhaupt, der Orgelbauer Oskar Hütchen, aber auch der Grafiker und Dichter Günter Bruno Fuchs. Zu den Veranstaltungen in Herthas »Weltlaterne« fand sich tout West-Berlin ein – Maler, Kneipengänger, Säufer, Journalisten und Lebenskünstler aller Art.

Später kam noch in Kreuzberg am Paul-Lincke-Ufer das »Exil« hinzu, der Zufluchtsort einer österreichischen literarischen Avantgardisten-Gruppe, die sich aus Wien abgesetzt hatte. Besitzer und Betreiber des »Exil« war der österreichische Schriftsteller Oswald (»Ossi«) Wiener, der mit aufgekrempelten Hemdsärmeln und meist mit einer Schürze angetan hinter dem Tresen stand und Bier ausschenkte. In den siebziger Jahren übernahm Ossi Wiener noch das »Axbax« in der Leibnizstraße, eine jener Szene-Kneipen, die Nachtschwärmer kurz vor oder kurz nach Mitternacht gerne anzusteuern pflegten. Der Maler und Kneipier Michel Würthle, der ebenfalls zu der Wiener Gruppe gehörte, übernahm später die »Paris-Bar« in der Kantstraße, die bis heute ein beliebter Treffpunkt von Künstlern, Journalisten, Bauspekulanten und Wichtigtuern ist. In den späten sechziger Jahren ging ich häufiger allein oder mit Freunden dorthin, wo ich dann normalerweise rechts vom Eingang vor der Spiegelwand auf den noch immer existierenden verschlissenen Polsterbänken saß. Bedient wurde man in der Regel von Herrn Breslauer, dem Faktotum, der jahrzehntelang in Diensten der »Paris-Bar« stand. Das obligatorische Steak minute mit dem dazugehörigen Glas Rotwein mundete erst dann, wenn es von Herrn Breslauer höchstpersönlich gebracht wurde. Die Preise waren zu jener Zeit noch moderat.

Auf den Barrikaden. Schon im Frühjahr 1966 hatten sich die gesellschaftlichen Konflikte deutlicher abzuzeichnen begonnen. An den Universitäten kriselte es. Mit der Parole »Unter den Talaren / Muff von tausend Jahren« forderten die Studenten den

Abbau »oligarchischer Herrschaftsstrukturen« und die »Verwirklichung demokratischer Freiheit in allen gesellschaftlichen Bereichen«. Ich kann mich noch gut an den 22. Juni 1966 erinnern, an dem ich wie viele andere meiner Kommilitonen zur FU fuhr, um im Henry-Ford-Bau an einem sogenannten »Sit-in« teilzunehmen. Im überfüllten Hörsaal wurden Reden gehalten und Protestresolutionen diskutiert.

Obgleich es überall brodelte, blieben die Proteste zunächst hochschulbezogen. Das begann sich erst zu ändern, als im Dezember 1966 in Bonn eine Große Koalition aus CDU/CSU und SPD die Regierungsgeschäfte übernahm, was zu der breit erörterten Frage führte, ob durch eine solche Koalition der Parlamentarismus nicht in Frage gestellt werde. Bemängelt wurde allerorten, daß gerade in einer Zeit, wo es um die strittige Einführung von Notstandsgesetzen ging, in der Bundesrepublik keine wirkliche Opposition mehr vorhanden war. Eine der Folgen war, daß sich eine Außerparlamentarische Opposition herausbildete, kurz APO genannt.

Anfang 1967 begründete ein Kreis von SDS-Mitgliedern um Dieter Kunzelmann mit dem »Anspruch einer existentiellen Verweigerung gegenüber dem kapitalistischen System« die Kommune I. Durch eine »Revolutionierung des Alltagslebens« sollten die bürgerlichen Lebensformen aufgebrochen und eine subversive Umwälzung der Gesellschaft erprobt werden. Als Domizil diente der Kommune die Atelierwohnung des sich gerade in den USA aufhaltenden Schriftstellers Uwe Johnson. Bekannt wurde das Photo, auf dem sieben Kommunemitglieder und ein Kind nackt mit den Händen an eine Wand gestützt von hinten zu sehen sind.

An dem, was sich in Berlin in jenen Wochen und Monaten tat, nahm ich regen Anteil. Gab es irgendwo eine Debatte, so war ich dabei, meist still im Hintergrund sitzend und zuhörend. Es war die Zeit, in der Adornos *Negative Dialektik* und die Bücher und Aufsätze des deutsch-jüdischen Emigranten Herbert Marcuse gelesen und diskutiert wurden. Marcuses *Kritik der reinen Toleranz* und sein Aufsatz *Repressive Toleranz*, dessen Titel zum Slogan wurde, brachten unter anderem die folgenreiche Debatte in

Gang, ob in bestimmten Situationen Widerstand erlaubt sei. Von da war es nicht mehr weit zu der dann tatsächlich auch erörterten Frage, ob die Anwendung von Gewalt unter bestimmten Umständen legitim ist.

An den zahlreichen Vietnam-Demonstrationen, bei denen die Teilnehmer untergehakt mit Ho-Tschi-Minh-Rufen durch die Straßen stürmten, nahm ich nicht teil. Ich ging zwar schon aus Neugier zu manchen der Demonstrationsveranstaltungen, stand aber in der Regel nur beobachtend am Rande. Ein Gefühl des Widerwillens hielt mich davon ab, mich in die Reihe der Demonstrierenden einzureihen. Zum einen störte mich der Fanatismus, der aus manchen Gesichtern sprach. Zum anderen stieß mich der deutlich spürbare Antiamerikanismus ab, der in Rufen wie »Nazi, Nazi« oder »Yankee go home« zum Ausdruck kam. Später las ich, daß es gerade in der Frage der Einstellung zu den Vereinigten Staaten zwischen Adorno/Horkheimer und den rebellierenden Studenten zu heftigen Auseinandersetzungen und Unterstellungen gekommen sei.

Man kann im Rückblick manches gegen das Frankfurter Gespann Horkheimer/Adorno einwenden, aber nicht, daß sie sich opportunistisch verhalten und den Studenten nach dem Munde geredet hätten. Beide bekannten sich zu dem Land, das ihnen nach ihrer Flucht aus Hitler-Deutschland Zuflucht gewährt hatte. Sie warben zwar nicht um Verständnis für die amerikanische Vietnam-Politik, betonten aber immer wieder, daß es die US-Armee war, die zusammen mit den anderen Alliierten Deutschland von Hitler und dem Nationalsozialismus befreit hatte. Wir, so rief Horkheimer bei einer Veranstaltung in Frankfurt im Mai 1967 den dort versammelten Studenten zu, wären nicht zusammen und könnten nicht frei reden, »wenn Amerika nicht eingegriffen hätte und Deutschland und Europa vor dem furchtbarsten totalitären Terror schließlich gerettet hätte«.

Ein Datum, das in die Annalen einging, ist der 2. Juni 1967. An diesem Tag kam es anläßlich des Schah-Besuchs in Berlin zu Demonstrationen vor dem Rathaus Schöneberg und abends vor der Oper. Ich stand mit Freunden vor den Absperrungen an der Bismarckstraße und konnte mit eigenen Augen sehen, wie schahfreundliche »Jubelperser« mit Stahlrohren auf die Demonstranten einprügelten und die Polizei mit Pferden die Demonstranten abdrängte. Es kam zu einer Panik, die Demonstranten flüchteten in die Nebenstraßen. In dem Gedränge wurde der 26jährige Student Benno Ohnesorg von einem Polizisten in Zivil von hinten erschossen. Das Foto des tödlich verletzten Benno Ohnesorg ging um die Welt. Am Tag darauf erklärte der Regierende Bürgermeister Heinrich Albertz, die Schuld für die Vorfälle liege bei den Demonstranten, diese wiederum machten das rüde Vorgehen der Polizei verantwortlich für den Tod des Studenten. Es kam zu einer spontanen Versammlung an der FU, Protestresolutionen wurden verabschiedet, und zum ersten Mal war die Anschuldigung zu hören, Benno Ohnesorg sei einem gezielten Mordanschlag erlegen. Ich weiß noch, daß ich wie alle anderen angesichts der Ereignisse des Vortages aufgewühlt und empört war. Auch mich begann die Frage zu beschäftigen, ob es in bestimmten Situationen nicht doch legitim ist, sich gegen die Staatsmacht zur Wehr zu setzen? Und wenn ja, welcher Mittel darf man sich in einem solchen Fall bedienen?

Der Funke des Protests sprang auf andere Universitäten über, überall gingen Studenten auf die Straßen. Die Republik hielt den Atem an. Auf einem Kongreß in Hannover, der einen Tag nach der Beerdigung Ohnesorgs stattfand, kam es zu einer scharfen Kontroverse über die Legitimität von Widerstandsformen zwischen Jürgen Habermas auf der einen und Rudi Dutschke und dem Frankfurter SDS-Theoretiker Hans-Jürgen Krahl auf der anderen Seite. In diesem Zusammenhang fiel der unheilvolle, von Jürgen Habermas geprägte und seitdem heftig diskutierte Begriff vom »linken Faschismus«.

In den ersten Juni-Tagen lief ich von einer Versammlung in die andere. Es war schwierig zu entscheiden, wohin zuerst. Da fand in der Akademie der Künste eine Solidaritätsveranstaltung mit Israel statt, bei der Günter Grass sprach. In der FU und in der Technischen Universität in Charlottenburg wiederum konnte man in Veranstaltungen, die täglich stattfanden und deren Themen in schneller Folge wechselten, Rudi Dutschke, Wolfgang Lefèvre, Klaus Meschkat, Bahman Nirumand, Christian Semler und SDSler wie Frank Wolff und Hans-Jürgen Krahl sprechen hören. In den Republikanischen Club, wo nächtelang über das Verhältnis von Theorie und Praxis diskutiert wurde, ging man, um Horst Mahler, Otto Schily und manch andere zu treffen. Tausende kamen, als Mitte Juli der aus Kalifornien eingeflogene Herbert Marcuse in einer vierteiligen Vortragsreihe im Audimax der FU über »Das Ende der Utopie« sprach. Eine Zeitenwende schien sich anzubahnen.

Das öffentliche Klima erhitzte sich zusehends. In dem Maße, in dem die Gesprächsunfähigkeit zwischen Studenten und Politikern zunahm, wurden die Aktionen der radikal Gesinnten auf beiden Seiten entschiedener. Monate später, nach dem Dutschke-Attentat, als vor dem Springer-Hochhaus in der Kochstraße demonstriert, ein Kaufhaus angezündet wurde und die ersten Molotow-Cocktails flogen, waren die Fronten so verhärtet, daß besonnene Stimmen wie die des Berliner Theologen Helmut Gollwitzer kein Gehör mehr fanden. Für jeden war erkennbar, daß die Republik brannte. Die einen freuten sich darüber, andere blickten sorgenvoll in die Zukunft, und dritte schließlich wollten geeignete Maßnahmen zum Schutz des Staates getroffen wissen.

Die Demonstrationen gegen das Verlagshaus Springer, die Proteste gegen die Notstandsgesetze und Straßenagitationen gegen den Krieg der Amerikaner in Vietnam haben mich allerdings weit weniger beeindruckt als die Ohrfeige, die Beate Klarsfeld am 7. November 1968 Kurt Georg Kiesinger, dem amtierenden Bundeskanzler, während des Bundesparteitags der CDU verpaßte. Diese Attacke, die das bürgerliche Lager in Aufruhr brachte, hatte Anklagen und Prozesse, aber auch Solidaritätserklärungen zur Folge. Der Schriftsteller Heinrich Böll zum Beispiel schickte Beate Klarsfeld einen Strauß roter Rosen. Ihre Äußerung »Ich will als Deutsche stellvertretend für die junge Generation zeigen, daß wir keine alten Nazis in politischen Positionen dulden können« beeindruckte mich damals sehr.

Die nach dem Tod Benno Ohnesorgs einsetzenden Debatten regten meinen Studienfreund Christopher Dannenmann und mich zu einem Buch an, aus dem der Leser erfahren sollte, was hinter dem Aufstand der Studenten steckte. Zu einem Konzeptgespräch traf ich damals unter anderem mit Rudi Dutschke am Strand von Kampen zusammen. Dutschke verbrachte im Sommer 1967 die Ferien im Haus des Konkret-Verlegers Klaus-Rainer Röhl, des Ehemannes von Ulrike Meinhof. Ich erinnere mich noch, wie wir am Strand saßen, gemeinsam im Sand buddelten und darüber nachdachten, wer als Autor geeignet sei, an dem geplanten Buch mitzuwirken. Er selbst sah sich aus Termingründen nicht in der Lage, einen Text beizusteuern.

Der Paperback-Band mit dem Titel *Die rebellischen Studenten* erschien im Frühsommer 1968, wenige Wochen, nachdem Rudi Dutschke bei einem Attentat auf dem Ku'Damm lebensgefährlich verletzt worden war. Es sollte ein »Symposium der Argumente« sein, wie wir im Vorwort anmerkten. Autoren waren Joachim H. Knoll, Arnhelm Neusüss, Theodor Ebert, Ossip K. Flechtheim, Helmut Schoeck und andere. Die dem Buch zugrundeliegende Idee war, verschiedene Positionen zu Wort kommen zu lassen. Das war liberal gedacht, paßte aber nicht recht in die stark ideologisierte Zeitstimmung. Probleme zum Beispiel machte, daß der Münchener Bechtle-Verlag, in dem das Buch erschien, unbedingt die Habermas'sche Formulierung vom »linken Faschismus« im Untertitel haben wollte. Wir einigten uns mit Richard Bechtle auf die etwas zurücknehmende Formulierung »Elite der Demokratie oder Vorhut eines linken Faschismus?«. Der Ärger war damit jedoch vorprogrammiert. Trotz des Fragezeichens, das wir für den Untertitel gewählt hatten, erschienen wütende Rezensionen, und den Herausgebern wurde unterstellt, selber Faschisten zu sein.

Karrieren der »68er«. In den Jahren der Studentenrevolte hatte ich häufig das unbestimmte Gefühl, daß da etwas in den sogenannten Sit- oder Teach-ins verhandelt wurde, was nicht mein Problem war. Ich spürte, daß die emphatisch abgelegten Bekenntnisse zu Mao, Ho Tschi Minh, Fidel Castro oder Che Guevara eher vordergründiger Natur waren, daß es eigentlich um eine Kritik an der Generation der Väter ging, die über das, was sie in der Zeit des Nationalsozialismus getan oder nicht getan hatte, schwieg. Problematisiert wurde das jedoch nicht. Vielleicht war

»Die rebellischen Studenten«

die Zeit dafür damals noch nicht reif. Es waren ausländische Beobachter, die auf diesen Sachverhalt zuerst aufmerksam machten – eine britische Journalistin gab ihrem Buch über die »68er«-Generation in Deutschland den Titel *Hitler's Children*.

Es ist schwer, die damaligen Aktivisten zu kategorisieren und in eine bestimmte Schublade zu stecken. Das Wort beziehungsweise der Begriff »die 68er« wurde erst in den siebziger Jahren geprägt. Keinesfalls, so läßt sich rückblickend sagen, sind sie eine Kadertruppe oder Anhänger einer in sich geschlossenen Ideologie gewesen. Eher handelt es sich um eine Generationenbezeichnung. Die meisten der »68er« waren zu einem bestimmten Zeitpunkt irgendwie links eingestellt. Das war aber auch schon die einzige Gemeinsamkeit.

Die Unterschiede werden deutlich, wenn man die Lebensverläufe einzelner betrachtet. In der Regel verhielten sich die meisten nach der Studentenrevolte unauffällig und lebten angepaßt. Es war nur eine vergleichsweise kleine Gruppe, die einen Radikalisierungsprozeß durchlief. Einige gingen in die K-Parteien (KPD/AO, KPD/ML, KB, KBW u.a.), wo sie sich gegenseitig bekämpften und in ideologische Grabenkämpfe verstrickt waren. Andere wiederum wählten den Weg des bewaffneten Kampfes und tauchten in den Untergrund ab. Diejenigen, die sich zu Formierungen wie der »Baader-Meinhof-Gruppe« oder der »Bewegung 2. Juni« bekannten, waren der festen Ansicht, die gesellschaftlichen Konflikte in der Bundesrepublik seien nur mit Gewalt zu lösen. Sie hinterließen in den siebziger und achtziger Jahren eine mörderische Blutspur. Die Furcht vor Terroranschlägen bestimmte lange Jahre das Klima der Republik. Keine Polizeidienststelle, kein Bahnhof, kein irgendwie gearteter öffentlicher Raum, wo nicht Steckbriefe aushingen und Belohnungen für Hinweise zur Ergreifung der Gesuchten ausgelobt waren.

Aber es gibt unter den »68ern« auch wirkliche Renegaten, solche, die sich von der Linken verabschiedeten. Schon in den siebziger Jahren fiel mir eine Gestalt wie Günter Maschke auf, einst Mitglied der »Subversiven Aktion« und des SDS, der seine Ansichten derart radikal änderte, daß er zum bekennenden Konservativen wurde. Bei späteren Begegnungen ließ er mir gegenüber keinen Zweifel daran, daß er mit seiner Vergangenheit gebrochen hatte. Seine Idole waren jetzt nicht mehr Fidel Castro und Che Guevara, sondern Donoso Cortes, Carl Schmitt und Ernst Jünger. Ich habe irgendwann aufgehört, mich zu fragen, wie es zu dieser bemerkenswerten Kehrtwende kam. In den neunziger Jahren zeigte sich, daß Günter Maschke keine Ausnahme war. Bernd Rabehl und Horst Mahler, einst führende Köpfe des SDS, erklärten sich ebenfalls zu bekennenden Rechten. Rabehl, in den späten Sechzigern einer der Ideologen der APO, dann Professor für Soziologie an der Freien Universität, behauptet mittlerweile, daß die antiautoritäre Bewegung nationalrevolutionäre Wurzeln gehabt habe. Dutschke und er, so Rabehl, hätten eigentlich nur vorgehabt, »zu den nationalen Grundlagen von Sozialismus, Freiheit und Unabhängigkeit« zurückzukehren. Bei den Demonstrationen gegen die amerikanische Kriegspolitik in Vietnam sei es immer auch zugleich um die »nationale Befreiung« Deutschlands gegangen. Mein Argwohn, daß in den späten sechziger Jahren die verschwiegene NS-Vergangenheit der Väter abgearbeitet wurde, wird durch Äußerungen dieser Art nicht gemindert, sondern im Gegenteil noch erheblich verstärkt. Nimmt man heute zum Beispiel die Entwicklung einer schillernden Persönlichkeit wie Horst Mahler, dessen Karriere bekanntlich als gefeierter APO-Anwalt begann, über RAF-Aktivitäten und Gefängnis ins rechte Milieu führte, könnte man fast daran glauben, daß die »68er«-Bewegung tatsächlich »nationale« Wurzeln hatte. Bernd Rabehl zufolge jedenfalls besteht daran kein Zweifel. Der Internationalismus der »68er«, bemerkte er einmal, »trug die Farben nationaler Empörung«.

Der Korrektheit halber sei jedoch gesagt, daß nur eine sehr kleine Minderheit der »68er« ins rechte Lager abgedriftet ist. Die Mehrheit hat sich nach dem Abschluß des Studiums mehr oder weniger mit dem lange Zeit bekämpften »System« arrangiert. In dem aus den Bundestagswahlen 1998 hervorgegangenen Kabinett Schröder sind einige der damals Aktiven vertreten. So gesehen, scheint der einst propagierte »Marsch durch die Institutionen« erfolgreich gewesen zu sein. Joschka Fischer, einer der Aktivisten in den Frankfurter Häuserkämpfen, wurde Vizekanzler und

Außenminister, Otto Schily, der Studenten und RAF-Terroristen verteidigte, übernahm das Amt des Bundesinnenministers, und Antje Vollmer, die einst in vorderster Reihe demonstrierte und bei der *Roten Fahne* mitgearbeitet hatte, gelang es, Bundestagsvizepräsidentin zu werden.

In der Zeitschrift *Focus* stellte 1996 Doris Köpf, Ehefrau von Bundeskanzler Schröder, unter dem Titel »Was aus den 68ern geworden ist« eine Recherche vor, in der sie 120 ehemalige APO-Aktivisten, meist frühere SDS-Mitglieder, nach ihren Biographien, Berufsentwicklungen und Karriereverläufen befragte. Demnach sind von diesen 120 Befragten 20 Prozent Hochschullehrer geworden, 35 im Medien- und Kulturbereich tätig und 15 Prozent haben sich der Politik verschrieben. Die restlichen 30 Prozent finden sich in den verschiedensten bürgerlichen Berufen. Aufschlußreich ist, daß eine ganze Reihe ehemaliger »68er« sich für den Beruf des Psychologen beziehungsweise Psychoanalytikers entschieden hat.

Versucht man im Rückblick eine Bewertung des »68er«-Phänomens, dann läßt sich immerhin so viel sagen, daß sich mit und aus dieser Generation eine neue Führungsschicht herausgebildet hat. Sie unterscheidet sich nicht nur im Habituellen, sondern insbesondere auch in ihren demokratischen Einstellungen von der Kriegs- und unmittelbaren Nachkriegsgeneration. Angehörige dieser neuen Führungsschicht haben es verstanden, in den letzten Jahrzehnten Positionen zu besetzen, die einzunehmen sie früher nicht einmal zu träumen gewagt hätten.

Die Doktorarbeit. Als die Studentenproteste in Berlin im Frühsommer 1968 ihrem Höhepunkt entgegensteuerten, beschloß ich, in Klausur zu gehen und mich wieder verstärkt meinen Studien zuzuwenden. Die Theaterwissenschaft hatte ich in der Zwischenzeit an den Nagel gehängt und mich verstärkt dem Studium der Neueren Geschichte verschrieben. In dieser Fachdisziplin, dachte ich mir, könnte ich rasch und unkompliziert mit einer Promotionsarbeit zum Abschluß kommen. Der Erlanger Neuzeithistoriker Kurt Kluxen, den ich von meinem Vater her und durch mein Studium in Erlangen kannte, übernahm die

Betreuung. Das war insofern nicht ganz selbstverständlich, als das Thema »Verfassungsreformen am Deutschen Bund«, mit dem ich zu ihm kam, nicht gerade sonderlich attraktiv war. Wahrscheinlich erschien es Kurt Kluxen sogar abwegig. Geäußert hat er es nicht.

Worum ging es bei der Promotionsarbeit? Nach dem Scheitern der 1848er Revolution versuchte der damalige preußische Außenminister Joseph Maria von Radowitz erstmals, einen Norddeutschen Bund zu bilden, der die Stellung Preußens und der norddeutschen Staaten gegenüber Österreich festigen sollte. Seine Unionspolitik scheiterte jedoch. Mit der »Olmützer Punktation« von 1850 kehrte Preußen in den Deutschen Bund zurück, über dessen Reorganisation auf den Dresdener Konferenzen 1850/51 eingehend verhandelt wurde. Die Versuche, den preußisch-österreichischen Dualismus zu einem Ausgleich zu bringen, scheiterten jedoch.

Ich hatte das Thema gewählt, weil ich auf bis dahin nicht ausgewertete Aktenbestände gestoßen war, die in den Archiven in Berlin, Stuttgart, Hamburg und s'Gravenhage aufbewahrt wurden. Ich durchforstete diese Bestände, die ein neues Licht auf die preußisch-österreichischen Auseinandersetzungen vor und während der Dresdener Konferenzen warfen. Schritt für Schritt versuchte ich, die Erwägungen der beiden rivalisierenden Staatsmänner, Felix Fürst zu Schwarzenberg und Otto von Manteuffel, zu rekonstruieren und gleichzeitig den Entwicklungsgang des halben Jahres von der Olmützer Punktation bis zum endgültigen Scheitern der preußisch-deutschen Neuordnungspläne in Dresden nachzuzeichnen.

Die Arbeit war zugegebenermaßen keine Meisterleistung und auch kein Meilenstein der Geschichtswissenschaft. Dafür war das Thema, für das ich mich entschieden hatte, im Zuschnitt zu konventionell. Die Arbeit erschien zwar später als Buch in einer Publikationsreihe des »Geheimen Staatsarchivs der Stiftung Preußischer Kulturbesitz«, doch frage ich mich heute, warum ich mich überhaupt einem solchen Forschungsprojekt zugewandt habe. Für eine Dissertation im Fach Geschichte, so hatte man mir versichert, würde die Aufarbeitung der Aktenbestände über die Dresdener Konferenzen allemal reichen. Die Bedenken, die ich wohl damals schon gegenüber dem Thema hatte, versuchte ich mit einer Ausrede mir selbst gegenüber zu zerstreuen: »Wenn historische Erfahrung uns irgend etwas lehrt, dann dies, daß der Ausgang alle Voraussagen Lügen strafen und alle Erwartungen zunichte machen wird.«

Dadurch, daß ich mir ein Promotionsstipendium der Fritz Thyssen-Stiftung hatte sichern können, lebte ich vergleichsweise komfortabel. Ich konnte mich ganz auf meine Forschungen konzentrieren und mußte nicht, wie viele meiner Freunde, Geld verdienen, um über die Runden zu kommen. Es kam hinzu, daß ich in der Varzinerstraße in Friedenau mietfrei wohnen konnte. Mein Vater, der in den Semesterferien diese Wohnung mit mir teilte, nannte sie spöttisch-liebevoll »Klein-Pisspott«. Es war in der Tat nicht gerade die beste Lage. Die Rückseite des Hauses grenzte an einen Kindergarten, die Vorderseite an die Stadtautobahn und an die S-Bahn. Die Wohnung, die ganz sicher kein Luxusappartment war, sondern eher wie eine bessere Absteige wirkte, hatte jedoch zwei nicht zu unterschätzende Vorteile. Zum einen war es nicht weit nach Dahlem in das Staatsarchiv und in die Bibliothek der FU, zum anderen brauchte man nur wenige Minuten, um in die Innenstadt zu gelangen.

Normalerweise begab ich mich am Vormittag gegen 10 oder 11 Uhr ins Archiv oder in die Bibliothek der Freien Universität, aß mittags in der Mensa und fuhr anschließend nach Hause, um mich kurz aufs Ohr zu legen. Von vier Uhr nachmittags bis zehn Uhr am Abend saß ich dann ohne Unterbrechung am Schreibtisch und versuchte, die Ergebnisse meiner Ermittlungen in Archiv und Bibliothek in Worte zu fassen. Sehr anregend war diese Beschäftigung nicht. Aber ich lernte, daß man bei tagtäglicher Beschäftigung mit einem trockenen Stoff selbst einem langweiligen Thema interessante Seiten abgewinnen kann.

Nach getaner Arbeit ging ich in der Regel nicht ins Bett, sondern fuhr in die Innenstadt, um, wie es im Szenejargon jener Jahre hieß, »um die Häuser zu ziehen«. In der Regel landete ich dann nach Mitternacht im »Balagan« in der Waitzstraße, wo der weißrussische Besitzer, assistiert von bildhübschen Bardamen, sein Spezialgetränk »Weltfrieden« zusammenmixte, oder im »Pimm's« in der Bleibtreustraße, wo viele der Meinung waren, der Patron Jean-Claude sei ein gebürtiger Franzose. In Wirklichkeit, so raunte man, stamme er aber aus dem Ruhrgebiet und habe sich nur zur besseren Stilisierung seines Auftretens einen französisch klingenden Namen und einen entsprechenden Akzent zugelegt.

Im Herbst 1969 reichte ich die Promotionsarbeit an der Erlanger Universität ein. Mitte November wurde ich ins Rigorosum bestellt. Es war ein kalter Novembertag. In der Nacht zuvor hatte es heftig geschneit. Kurt Kluxen und Hellmut Diwald, der Zweitgutachter, kamen wegen Schneeglätte auf den Straßen zu spät, was insofern ein Vorteil für mich war, als sie das Rigorosum schnell hinter sich bringen mußten. Die Umstände der Prüfung waren angenehm. Kluxen wie Diwald unterhielten sich in kollegialer Weise mit mir und beschränkten sich darauf, Fragen zu speziellen Aspekten der Arbeit zu stellen. Das war es dann auch schon.

Als weniger angenehm empfand ich die Prüfung im Nebenfach Kommunikationswissenschaft, die ich zwar bestand, an die ich des Prüfers wegen aber noch oft denken muß. Franz Ronneberger, der die Prüfung abnahm, hatte eine veritable NS-Vergangenheit. Studenten der Bochumer Universität hatten kurz zuvor aufgedeckt, daß er in der NS-Zeit als Privatdozent mit Parteiabzeichen im Knopfloch Vorlesungen an der Wiener Universität gehalten und im *Völkischen Beobachter* einschlägige Artikel veröffentlicht hatte. Nach 1945 machte Ronneberger wie viele andere Altnazis eine bundesdeutsche Karriere.

Im Rückblick habe ich den Eindruck, als ob das Studium mich nicht so geprägt hat, wie das normalerweise der Fall ist. In den Vorlesungen und Seminaren, die ich besuchte, erhielt ich zwar manche Anregung, aber wichtiger für meine Entwicklung waren das Erlebnis der Großstadt und die Begegnungen mit Menschen, die häufig durch meinen Vater vermittelt wurden. Mit Respekt erinnere ich mich zum Beispiel an Horst Behrend, den Direktor der Berliner Vagantenbühne. Oder an Wolf Jobst Siedler, damals Feuilleton-Redakteur des Berliner *Tagesspiegel*, dessen eleganten Stil ich schon sehr früh zu bewundern begann.

Meinem Vater verdanke ich es im übrigen, daß ich bereits in jungen Jahren mit geistigen Welten vertraut wurde, die ich sonst vermutlich niemals kennengelernt hätte. Darüber wird noch in anderen Zusammenhängen zu sprechen sein. Er war es jedenfalls, der mir beibrachte, was ich erst später zu schätzen lernte, daß es im Leben insbesondere darauf ankommt, Wesentliches von Unwesentlichem zu unterscheiden. Das klingt nach etwas Beiläufigem, was es aber, wie ich heute weiß, nicht ist.

Als ich die Bestätigung der vollzogenen Promotion in Form eines vorläufigen amtlichen Papiers in Händen hielt, war ich einigermaßen erleichtert. Ein wichtiges Kapitel meines Lebens war zu einem Abschluß gekommen. Als mir der Dekan nach dem Rigorosum zur Verleihung des Doktortitels (mein Vater nannte ihn damals spöttisch den »jüdischen Vornamen«) gratulierte, wußte ich, daß die Jahre der Plackerei und des Angewiesenseins auf ein Stipendium oder den monatlichen Scheck von zu Hause ein Ende hatten. Es war ein überwältigendes Gefühl.

Bücher, Bücher, Bücher

»Die Welt, in der wir leben, hat Gott geschaffen. In sechs Tagen schuf er Himmel und Erde, Land und Meer, Licht und Finsternis, Bäume und Sträucher, Berge und Flüsse, Blumen und Tiere. Am sechsten Tag schuf er den Menschen. Der siebte Tag aber war ein Ruhetag für Gott und alle Menschen.« Mit diesen schlichten Sätzen, die jeder so oder ähnlich kennt, beginnt das Buch mit biblischen Geschichten, das der einstige Berliner Rabbiner Joachim Prinz 1934 im Erich Reiss Verlag veröffentlicht hatte. Das Buch wurde in den dreißiger Jahren viel gelesen und war jüdischen Kindern und Jugendlichen angeblich Trost in dunkler Zeit.

Das Prinzsche Werk war eines der ersten Bücher, das ich als kleiner Junge nach meiner Übersiedlung ins fränkische Erlangen mit wachem Bewußtsein gelesen habe. Ich war damals sieben oder acht Jahre alt. An den gelb-blauen Pappeinband kann ich mich noch sehr gut erinnern. Ich verschlang das Buch geradezu. Die von Heinz Wallenberg illustrierten Erzählungen von Adam und Eva, Kain und Abel, Isaak und Jakob, Moses, Samson, David, Salomon und Josef gefielen mir außerordentlich. Besonders faszinierte mich das in dem Buch beschriebene Geschehen der Sintflut, die wundersame Rettung der Tiere, der Giraffen, der Elefanten und Ziegen, die allesamt auf der Arche Noah in Sicherheit gebracht wurden. Während des Lesens betrachtete ich immer wieder die Illustrationen und rätselte, wie es möglich sein konnte, so viele Tiere auf einem so kleinen Schiff unterzubringen. Wen immer ich damals auf diesen Sachverhalt hin ansprach, eine befriedigende Antwort erhielt ich nicht. Wahrscheinlich war es gerade die Unfähigkeit der Erwachsenen, dem kleinen Jungen auf die ihn beschäftigende Frage eine halbwegs vernünftige Erklärung zu geben, die seine Phantasie erst beflügelte. Wenn, so sagte ich mir, die Erwachsenen keine Antwort geben können, dann muß hinter der ganzen Geschichte und den Umständen der Rettung der Tiere ein tieferes Geheimnis stecken.

Joachim Prinz' *Geschichten der Bibel* sind mir immer im Gedächtnis geblieben. Jahrzehnte später, als ich für den Jüdischen Verlag Programmvorschläge zu machen hatte, kam mir das in den Kindertagen gelesene Buch wieder in den Sinn. Ich stöberte in meiner Bibliothek und wurde fündig. Annalisa Viviani, die Lektorin des Verlages, schrieb einen Brief an den damals noch lebenden Joachim Prinz und bat ihn um ein Nachwort für eine Neuauflage. Das Buch erschien wenig später, hatte aber leider nicht den Erfolg, den sich der Verlag und ich von ihm versprochen hatten. Die Zeit ist wohl über diese Art von Kinder- und Jugendbuch hinweggegangen.

Rabbiner Prinz, der 1937 in die Vereinigten Staaten emigrierte, war Anfang der dreißiger Jahre einer der Antipoden meines Vaters. Nachdem Hitler und die Nazis an die Macht gekommen waren, hatte er ein Buch mit dem Titel *Wir Juden* verfaßt, in dem er zionistische Positionen vertrat und die Juden aufforderte, Deutschland umgehend zu verlassen. Mein Vater, damit nicht einverstanden, antwortete mit einer Gegenschrift *Wir deutschen Juden*. Das Buch trat der »völkisch-biologischen Konzeption« des Zionismus entgegen und plädierte für das Deutschtum der deutschen Juden. Ein halbes Jahrhundert später, bei einer der damals vom Zentralrat der Juden in Deutschland veranstalteten Kulturtagungen, kam es zu einer für mich denkwürdigen Begegnung mit dem aus den Vereinigten Staaten angereisten Prinz. Ich sah ihn, als er den Konferenzraum betrat und prüfend in die Runde blickte, zum ersten Mal. Prinz war eine stattliche, geradezu elegante Erscheinung; er war eingeladen, als einstiger Zeitzeuge den versammelten Jüngeren über die Lage der Juden im NS-Deutschland Anfang der dreißiger Jahre zu berichten. Dann geschah etwas Überraschendes. Während der Diskussion sprach mich irgend jemand mit meinem Namen an, etwa nach dem Motto »Schoeps, was du da erzählst, kann so nicht stimmen«. Prinz hörte das, stutzte und blickte bohrend in meine Richtung. »Sie sind mein Feind!«, brach es aus ihm heraus. Ich war über diesen plötzlichen Zornesausbruch so verdattert, daß ich zunächst nicht recht wußte, was ich antworten sollte. Dann wurde mir klar, daß der Mann, der wutschnaubend mit ausgestrecktem Zeigefinger auf mich deutete und mich seinen Feind nannte, einer Verwechslung aufsaß. Zeit und Raum hatten sich bei ihm in eigenartiger Weise verschoben. Er glaubte in mir meinen Vater vor sich zu haben, mit dem er sich gestritten, aber den er in den dreißiger Jahren nicht persönlich kennengelernt hatte. Wir amüsierten uns köstlich, als wir im Verlauf des Abends über diesen Irrtum sprachen.

Verlagsvolontariate. Schon sehr früh entdeckte ich meine Liebe zu Büchern und allem, was in irgendeiner Weise gedruckt war. Dazu trug wohl bei, daß ich in einem Haus aufwuchs, in dem Bücher, Zeitungen und Zeitschriften wie Brot und Wasser zum täglichen Leben gehörten. Es gab kaum einen Platz in der Erlanger Wohnung meines Vaters, in dem nicht Regale voll mit Büchern standen. Noch heute weiß ich ganz genau, an welcher Stelle in der Bibliothek meines Vaters ich zu suchen hatte, wenn ich etwas wissen wollte. Mit fast schlafwandlerischer Sicherheit fand ich in der Regel das, was ich benötigte.

Während ich dies schreibe, kommt mir der Schriftsteller Hans Blüher in den Sinn, der in seinen Erinnerungen beiläufig bekannte, ein Anhänger der »Bibliomagie« zu sein. Der erstaunte Leser reibt sich die Augen, wenn er liest, wie und auf welche Weise Blüher »wissenschaftliche« Problemlösung betrieben hat. Wenn er zum Beispiel sich mit einem Thema beschäftigte oder eine Antwort auf eine ihn quälende Frage suchte, stellte er sich wartend vor eines seiner Bücherregale, bis seine Hand von einem Buch angezogen wurde. Blüher schreibt, er hätte mit dieser »magischen« Methode meist Glück gehabt. In der Regel habe er das gesuchte Buch oder die für eine bestimmte Arbeit dringend benötigte Textstelle auf diese Art und Weise ausfindig machen können. Ich bin kein Anhänger der Blüherschen »Bibliomagie«, meine aber doch, daß Intuition und Zufall in der Wissenschaft eine viel größere Rolle spielen, als man gemeinhin annimmt. Wenn ich in Bibliotheken Karteikästen durchsah, habe ich manche Zufallsentdeckung gemacht. Es kam vor, daß ich einen bestimmten Autor suchte und beim Blättern im Katalogkasten bei einem anderen Namen hängenblieb. So recherchierte ich einmal Titel von Eduard Bernstein und stieß dabei auf den Namen des Reformers und Volksaufklärers A. Bernstein, den Onkel des berühmten Sozialdemokraten. Aus diesem Zufall hat sich eine langjährige Beschäftigung mit einem Mann und dessen Werk ergeben, auf den ich sonst vermutlich nicht gekommen wäre.

Bereits vor Aufnahme meines Studiums wußte ich, daß ich einmal einen Beruf ausüben wollte, der in irgendeiner Form mit der Welt der Manuskripte und Bücher zu tun hatte. So war es nur folgerichtig, daß ich mich schon in den ersten Semestern um Praktika und Volontariate bemühte. Als ich nach Berlin überwechselte, arbeitete ich als studentische Hilfskraft zunächst in der Handschriftensammlung der Stiftung Preußischer Kulturbesitz in der Dahlemer Archivstraße, wo ich Nachlässe berühmter Persönlichkeiten zu ordnen und zu katalogisieren hatte. In Erinnerung ist mir, daß einer der Nachlässe, die ich bearbeitete, der des Berliner Physiologen Emil Du Bois-Reymond war. Diese Tätigkeit war zwar interessant, aber eigentlich nicht das, was ich wollte. Ich wechselte deshalb zum Haude & Spener-Verlag, der damals seinen Sitz in feucht-dunklen Gewölben unter dem Bahnhof Zoo hatte. Aber anstatt, wie ich erwartet hatte, während dieses Praktikums Autoren zu betreuen und deren Texte zu lektorieren, mußte ich in Kellerverliesen bestellte Bücher einpacken und an Buchhandlungen verschicken. Das war Knochenarbeit, schwere Knochenarbeit. Nur ungern denke ich daran zurück.

Als sich mir die Möglichkeit bot, in den Semesterferien ein Volontariat im Propyläen-Verlag anzutreten, griff ich zu. Ich tat das vor allem deswegen, weil der Verlag damals nicht nur als eine der ersten Adressen galt, sondern auch, weil Wolf Jobst Siedler, bis dahin Feuilletonchef des Berliner *Tagesspiegel*, zum Verlagsleiter bestellt worden war. Siedler, den ich durch meinen Vater kennengelernt hatte, und Friedrich Kaufmann, der im Verlag den Posten des Cheflektors innehatte, residierten im Druckhaus Tempelhof. Beide nahmen sich meiner an und waren bemüht, mich in die Geheimnisse der Verlagsarbeit einzuführen.

Ich las Manuskripte und beschäftigte mich mit Vertriebs- und

Wolf Jobst Siedler

Herstellungsfragen, wobei eine erste Ahnung sich einstellte, daß es doch nicht ganz einfach ist, aus einem Manuskript so etwas wie ein halbwegs lesenswertes Buch zu machen. Diese Ahnung verstärkte sich noch, als mir die Bearbeitung einer Übersetzung anvertraut wurde. Siedler fragte mich eines Tages: »Schoeps, Sie sprechen doch Schwedisch?« Als ich das bejahte, meinte er: »Dann sind Sie derjenige, der sich die Übersetzung des Buches von Eyvind Johnson ›Här har du din Tid‹ einmal ansehen sollte.« Stolz über das in mich gesetzte Vertrauen, begann ich umgehend mit der für mich noch ungewohnten Tätigkeit des Lektorierens. Sorgfältig verglich ich das Manuskript mit dem schwedischen Originaltext und bemerkte sehr bald, daß die Übersetzung mit Mängeln behaftet, aber auch, daß mich die notwendige Bearbeitung überfordern würde. Das lag zum einen daran, daß meine Schwedischkenntnisse nicht so gut waren, wie ich mir das eingebildet hatte, zum anderen wurde mir bei der Lektüre zunehmend klar, daß der schwere, etwas betulich altschwedische Stil des späteren Nobelpreisträgers Eyvind Johnson im Deutschen eines Bearbeiters bedurfte, der mit Johnsons Sprachduktus vertraut war und mit diesem etwas anfangen konnte.

Das Programm des Propyläen-Verlages Mitte der sechziger Jahre ließ deutlich die Handschrift Wolf Jobst Siedlers erkennen. Namen wie Casanova, Diderot, Benjamin Constant, Crébillon waren Trouvaillen, die in erster Linie Siedler und seinem Gespür für anspruchsvolle Themen zu verdanken waren. Mir gefiel damals, daß der Verlag besonderen Wert auf Typographie, Ausstattung und Illustration legte. Die von Erich Loos besorgte zwölfbändige Ausgabe der Casanova-Memoiren in der Übersetzung von Heinz von Sauter zum Beispiel, ein Sittengemälde der vorrevolutionären Epoche des Ancien Régime, war nicht nur ein Publikumserfolg, sondern auch ein ausgesprochenes Glanzstück buchkünstlerischer Gestaltung.

Mich beeindruckten Siedlers Vorlieben für das Außergewöhnliche. Er verlegte nicht nur aufwendige Mappenwerke mit Graphiken und Zeichnungen von Horst Janssen, de Chirico, Beuys und Dalí, sondern initiierte auch zahlreiche Reihenwerke wie die auf 18 Bände angelegte *Propyläen Kunstgeschichte*, die *Propyläen*

Weltgeschichte und die sechsbändige *Propyläen Geschichte Europas*. Selbst bibliophile Kostbarkeiten kamen ins Programm, wie zum Beispiel der Reprint des reich ornamentierten Evangelientextes *Hitda-Codex* oder der Reprint der berühmten Darmstädter *Pessach-Haggadah*, die in der Öffentlichkeit auf staunende Aufmerksamkeit stieß.

Respekt zollte ich Siedlers Entscheidung, den französischen Romancier Pierre Drieu la Rochelle ins Programm zu nehmen. Ich glaube, es war der Roman *Die Unzulänglichen*, den er zuerst verlegte. Die Entscheidung war insofern nicht ganz selbstverständlich, als Drieu la Rochelle nach 1945 als ein Verfemter galt. Man verübelte ihm, daß er zwischen den Weltkriegen Kommunisten, Freimaurer, Juden und Sozialisten für die Zersetzung des nationalen Selbstbehauptungswillens verantwortlich gemacht und nach der Besetzung Frankreichs durch die Wehrmacht eine Zeitlang mit den Nazis kollaboriert hatte. Siedler hat das nicht von einer Veröffentlichung seiner Werke abgehalten. In Drieu la Rochelle sah er wohl nicht nur den Dandy, Spieler und Ästheten, sondern vor allem auch den »Querdenker«, dem man nicht einfach das abwertende Etikett »Faschist« anhängen kann. Diese Bezeichnung, in den sechziger Jahren bei jeder sich bietenden Gelegenheit benutzt, war eine Art Totschlagargument. Der Faschismus- beziehungsweise der Faschisten-Vorwurf hat Siedler jedoch nicht gestört. Außenseitern wie Drieu la Rochelle, so meinte er, müsse Gerechtigkeit widerfahren. Das hat mir damals sehr eingeleuchtet. Auch ich hatte zwar Vorbehalte gegen den Schriftsteller; sein anbiederndes Verhalten in der Zeit der Nazi-Herrschaft war für mich beim besten Willen nicht zu akzeptieren. Dennoch hielt ich seine Bücher für interessant und lesenswert. Drieu la Rochelle (»Ich gehöre zu den Intellektuellen, deren Rolle darin besteht, in der Minderheit zu sein …«) war der Typus des Intellektuellen, den ich seiner politischen Haltung wegen ablehnte, der mich aber gerade wegen dieser Haltung beschäftigt hat.

Viele Jahre später führte ich für ein Berliner Szene-Blättchen ein Gespräch mit Wolf Jobst Siedler, in dem ich mit ihm die Frage erörterte, ob es überhaupt noch so etwas wie den Typus des Intellektuellen gebe. Während des Gesprächs dachte ich unwillkürlich an Drieu la Rochelle, der Hitler bewunderte, sich aber gleichzeitig von diesem abgestoßen fühlte. Gewisse Züge seines ästhetisierenden Denkens glaubte ich bei Siedler in seinen wohlgesetzten Formulierungen wiederzuerkennen. In Erinnerung ist mir, daß Siedler mir damals unverblümt zu verstehen gab, daß er wenig oder nichts von seinen Mitmenschen halte. Höchstens fünf Prozent der Menschen, erklärte er apodiktisch, würden in ästhetischen Dingen Urteilskraft besitzen. »Die Demokratisierung«, so Siedler, »hat zwar im Politischen wie im Sozialen eine unglaubliche Befreiung gebracht, im Ästhetischen aber eine Banalisierung und Vulgarisierung.«

Das Springer-Imperium. Für einige Monate ging ich 1965 für ein Volontariat nach Darmstadt, wo damals der Ullstein-Taschenbuchverlag seinen Sitz hatte. Eine Unterkunft fand ich bei der Hausmeisterfrau des Verlages. In Erinnerung ist mir, daß über dem Bett des Zimmers, das ich bezog, säuberlich auf einem Regal alle bis dahin bei Ullstein erschienenen Kriminalromane in Reih und Glied standen. Während der Zeit meines Volontariats in Darmstadt war ich damit beschäftigt, tagsüber die verschiedenen Verlagsabteilungen kennenzulernen und nachts die Kriminalromane der Hausmeisterfrau zu lesen. Ich wurde, wie es im Neudeutschen heißt, zu einem »Fan« von Ullstein-Autoren wie Dashiell Hammett, Rex Stout, Mickey Spillane und Carter Brown.

Chef des Ullstein-Taschenbuchverlages war zu jener Zeit Werner E. Stichnote, mit dem ich jedoch, abgesehen von einigen kurzen Begegnungen während meines Volontariats und von der Unterschrift, die er unter ein Zeugnis für mich setzte, so gut wie keine Berührungspunkte hatte. Sein Name wäre mir wohl entfallen, wenn nicht viele Jahre später etwas eingetreten wäre, das zwar nicht mit meinem einstigen Darmstadt-Aufenthalt, aber auf Umwegen doch wieder mit Stichnote zu tun hatte. Als das Mendelssohn-Zentrum 1994 am Neuen Markt in Potsdam eine neue Bleibe erhielt, stellte sich heraus, daß das Haus früher im Besitz von Werner E. Stichnote gewesen war, der dort ab Ende der dreißiger Jahre eine Druckerei und einen kleinen Verlag geführt hatte. Seine »Potsdamer Drucke«, die er gemeinsam mit Edwin Redslob herausgab, hatten internationalen Ruf. Wichtiger aber war vielleicht noch, daß Stichnote Verfolgten in seinem Haus bis zum Ende des NS-Regimes Zuflucht bot. Belegt ist, daß auch Peter Suhrkamp, der in Sachsenhausen inhaftiert war, nach seiner Entlassung Anfang 1945 einige Monate als Gast im Hause Stichnotes am Neuen Markt verbracht hat.

Doch zurück zu den sechziger Jahren und der Zeit meiner Volontariate in den Springer-Verlagen. Persönlich lernte ich Axel C. Springer im Gefolge meines Vater kennen, der mich zu Treffen mitnahm, in Berlin, Hamburg und auf Sylt, wo Springer damals in einem luxuriösen Domizil residierte. Springer war eine beeindruckende Erscheinung. Im Rückblick meine ich, es war die Mischung aus Geschäftsmann und Visionär, die mich faszinierte oder, sagen wir besser, anzog. Springer selbst verhielt sich stets sehr freundlich mir gegenüber. Bei diesen Treffen, die auf dem Höhepunkt der Studentenrevolte stattfanden, wurden die Chancen eines moderaten Konservativismus erörtert. Eine der Folgen dieser Gespräche war, daß mein Vater eingeladen wurde, in der Springer-Zeitung *Die Welt* Artikel gegen den sich radikalisierenden Zeitgeist zu veröffentlichen. Ich selbst konnte mit den aktionistischen Plänen, die bei diesen Treffen erörtert wurden und sich insbesondere damit befaßten, wie gegen die Studentenbewegung vorgegangen werden könnte, nicht sehr viel anfangen. Irgendwie schienen mir die Pläne damals irreal und hatten nichts zu tun mit der Realität, in der ich lebte.

Über Springers vier Leitsätze für die publizistische Arbeit seines Verlages, seiner Zeitungen und Zeitschriften ist viel diskutiert worden. Mich beeindruckte von diesen Grundsätzen verständlicherweise besonders derjenige, der das »Herbeiführen einer Aussöhnung zwischen Juden und Deutschen unter Einschluß der Unterstützung der Lebensrechte des israelischen Volkes« forderte. Es gehört zu den unbestreitbar bleibenden Verdiensten Springers, daß er davon überzeugt war, die Aussöhnung zwischen Juden und Deutschen müsse vorangetrieben werden. Wie wichtig ihm das war, wird schon daran deutlich, daß er dieses Anliegen an die zweite Stelle seiner vier Leitsätze setzte.

Im Rückblick habe ich den Eindruck, daß der Aufstieg seines Verlagshauses vor allem darauf zurückzuführen war, daß Springer die Zeichen der Zeit richtig zu deuten wußte. Er hatte nicht nur ein untrügliches Gefühl für den Massengeschmack, sondern war darüber hinaus auch ein genialer Zeitungsmacher. Unterstützen ließ er sich beim Aufbau seines Hauses ganz bewußt von gestandenen Journalisten und Verlagsfachleuten der Vor-Nazi-Zeit, Remigranten meist, die in das Nachkriegsdeutschland zurückgekommen waren, weil sie mithelfen wollten, ein neues Deutschland aufzubauen.

Da war zum Beispiel Hans Wallenberg, Sohn des einstigen Chefredakteurs der *BZ am Mittag* und Beauftragter Axel Springers für Berlin, auf den ich in seiner Funktion als Geschäftsführer der Buchverlage stieß. In Erinnerung ist mir auch Frederic Ullstein, Berater des Verlegers, der mir bei einer unserer Begegnungen unter anderem erzählte, er hätte mit meiner Großmutter Marie von Mendelssohn-Bartholdy im Londoner Exil in Kontakt gestanden. Und da war schließlich Ernst J. Cramer, ab 1966 Mitglied der Geschäftsleitung des Verlagshauses Axel Springer, der meinen Vater bereits aus den dreißiger Jahren kannte. Im Lauf der Jahre hatte ich wiederholt mit Cramer zu tun. Das gegenseitige Verhältnis war von Respekt bestimmt.

Von den Springer-Journalisten jener Jahre sind mir insbesondere Hans Zehrer und Willy Haas in lebhafter Erinnerung geblieben. Zehrer, legendärer Herausgeber der konservativen Zeitschrift *Die Tat*, an der mein Vater als junger Mann mitgearbeitet hatte, war in den fünfziger und frühen sechziger Jahren nicht nur einer der engsten Vertrauten Springers, sondern auch Chefredakteur der Zeitung *Die Welt*. Ich erinnere mich an eine Begegnung, die ich mit ihm hatte. Zusammen mit meinem Vater war ich Anfang der sechziger Jahre in seine Grunewalder Wohnung zum Abendessen eingeladen. Was damals im einzelnen gesprochen wurde, weiß ich nicht mehr. Im Gedächtnis ist mir nur, daß Zehrer mit seiner Frau sehr förmlich und per Sie verkehrte. Diese etwas aus der Mode gekommene Art des Umgangs fand ich damals ausgesprochen irritierend.

Unnötig zu sagen, daß auch die Begegnung mit Willy Haas,

dem Gründer der *Literarischen Welt*, Eindruck auf mich machte. Mein Vater, der Haas seit dem Ende der zwanziger Jahre aus Berlin kannte, schickte mich eines Tages zu ihm nach Hamburg, damit er, damals Redaktionsmitglied der *Welt*, mich in meinen Berufsplänen berate. Ich suchte Willy Haas in der Redaktion auf, wo er in einem winzigen Zimmer residierte und Gäste empfing. Ich weiß noch, daß er aus einem in der Ecke des Zimmers stehenden Kühlschrank eine Flasche Gin und ein Fläschchen Tonic holte, mir ein Glas randvoll eingoß und das Gespräch in väterlichem Ton mit den Worten begann: »Na, junger Mann, dann wollen wir mal miteinander reden, was aus Ihnen werden soll …«

Lektorentätigkeit in der Provinz. Mit Beendigung des Studiums erhielt ich das Angebot, im Bertelsmann-Sachbuch-Verlag in Gütersloh einen Lektorenposten zu übernehmen. Das Angebot reizte mich, weil damit auch die Aufgabe verbunden sein sollte, für das Verlagsprogramm eine Paperback-Reihe »Politik und Zeitgeschichte« zu konzipieren. Daß ich die Stelle annahm, hing aber nicht nur mit dieser vielversprechenden Aufgabe zusammen, sondern auch damit, daß zu dieser Zeit Günther Deschner Cheflektor des Sachbuch-Verlages war. Er war einer der Schüler meines Vaters. und ich kannte ihn aus der Zeit meines Studiums in Erlangen.

Im Dezember 1969 siedelte ich in das westfälische Gütersloh über. Ingrid Grimm, Lektorin bei C. Bertelsmann und bis heute eine gute Freundin, nahm sich meiner an. Mit sicherem Gespür für die Stolpersteine des Verlagsgeschäfts führte sie mich durch das Gütersloher Gestrüpp. Ihrer Hilfe verdankte ich es, daß ich mich sehr schnell zurechtfand. Die ersten Tage bei Bertelsmann waren denn auch nicht so schlimm, wie ich zunächst befürchtet hatte. Mein Arbeitsplatz lag in einem Haus direkt gegenüber dem Bahnhof. Das war angenehm, denn ich hatte das Gefühl, jederzeit in einen Zug steigen und Gütersloh den Rücken kehren zu können.

Es zeigte sich sehr bald, daß die geplante Politik-Reihe nicht realisierbar war. Der Verlag war ausschließlich auf Gängiges getrimmt und nicht an Inhalten, sondern in erster Linie an hohen Absatzzahlen interessiert. Bei der Programmgestaltung hatten nicht die Programmverantwortlichen, sondern die Vertriebsleute das Sagen, die bei jedem Titel, der irgendwie anspruchsvoll erschien, das Gesicht verzogen. Es kam dabei teilweise zu grotesken Fehlentscheidungen. Ich tröstete mich mit einem Bonmot des großen Verlegers Samuel Fischer, der, vermutlich mit Blick auf die Vorstellungen seiner Absatzstrategen, einmal erklärt hatte, seine Aufgabe sei es, »Bücher zu machen, die das Publikum nicht will«. Ich erinnere mich, daß ich zu Sitzungen anzutreten hatte, bei denen fünf gutgekleidete Herren um einen Tisch saßen. Sie hörten sich mit blasierten Gesichtern meine Vorschläge an und nannten dann Zahlen. Das ging ungefähr so: Ich schlug einen Titel zum Thema x oder y vor, einer der Herren sagte dann 3500, der zweite 2800, der dritte 4200. Und so weiter. Ergab die Quersumme geteilt durch 5 eine Zahl unter 5000, war der vorgeschlagene Titel, wie es im Bertelsmann-Jargon hieß, »gestorben«. Der nächste Titelvorschlag war an der Reihe. Es waren Sitzungen, die ich in der Regel frustriert verließ.

Ein Projekt konnte ich zu meiner eigenen Verwunderung durchsetzen. Es ging um den Plan, ein Buch zum Thema »Subkultur« zu realisieren. Die »Subkultur« war damals in aller Munde, obgleich man nicht so recht wußte, und in Gütersloh schon gar nicht, um was es sich dabei eigentlich handelte. Auch ich hatte nur ungefähre Vorstellungen von dem, was ich wollte. Alle erklärten jedoch, das, was ich mir ausgedacht hätte, sei eine großartige Idee. Ich hatte den Eindruck, die Vertriebsexperten stimmten zu, nicht weil sie von dem Vorhaben überzeugt gewesen wären, sondern weil sie mit dem Zeitgeist gehen und nicht als Provinztölpel dastehen wollten. Das war keine schlechte Ausgangslage.

Nachdem mein Vorschlag abgesegnet worden war, begann ich, ausgestattet mit den nötigen Finanzierungszusagen, durch die Lande zu reisen, um »Subkultur«-Experten aufzusuchen, von denen ich annahm, ich könnte sie als Autoren für das Projekt gewinnen. In einem Münchener Café in Schwabing traf ich zum Beispiel den Soziologen und vierfachen Doktor Rolf Schwendter, mit dem ich bei einer Tasse Schokolade das Buchprojekt erörterte. Schwendter erklärte seine Mitarbeit ebenso wie die Mitglieder einer Münchener Frauenkommune. Bei letzteren hatte ich jedoch den Verdacht, daß es ihnen nicht um die Sache, sondern in erster Linie darum ging, ihre Befindlichkeiten einer breiteren Öffentlichkeit zu präsentieren.

Das Projekt blieb im Planungsstadium stecken. Die unter Vertrag genommenen potentiellen Autoren nahmen zwar gerne einen Vorschuß entgegen, waren aber nicht bereit oder, was bei einigen vermutlich eher zutraf, gar nicht in der Lage, etwas zu Papier zu bringen. Ich werde nie vergessen, wie ich einen gewissen Roel van Duyn in Amsterdam aufsuchte, der zu jener Zeit als einer der Päpste oder sagen wir besser Gurus der »Subkultur« galt. Wenn einer etwas zum Thema zu sagen habe, hieß es damals, dann er. In der Amsterdamer Szene hatte er einen legendären Ruf. Eine holländische Freundin brachte mich in eine Amsterdamer Spelunke, wo besagter Roel zu später Nachtzeit regelmäßig Hof hielt und Besucher empfing. Mein Anliegen verstand er nicht. Er saß da, lächelte und sah mich verständnislos mit großen Augen hinter dicken Brillengläsern an. Damals begann es mir zu dämmern, daß ich vermutlich einem Irrtum aufgesessen war und die »Subkultur« als Thema gar nicht existierte. Diejenigen, mit denen ich zusammentraf, waren teilweise liebenswerte Originale, aber in der Regel die falschen Ansprechpartner. Sie lebten zwar das, was man damals für »Subkultur« hielt, waren oder sahen sich aber nicht in der Lage, ihren eigenen Lebensstil intellektuell zu reflektieren. Unnötig zu sagen, daß das Buch nie erschienen ist.

In meine Gütersloher Zeit fielen einige Erfahrungen, die man nur als eigenartig bis kurios bezeichnen kann. Da wurden zum Beispiel der Illustrierten *Stern* unveröffentlichte Tagebücher von Rudolf Heß zur Veröffentlichung angeboten. Günther Deschner und ich reisten nach Hamburg, um zu prüfen, ob sich das Material für eine Buchveröffentlichung eigne. Als wir sahen, um was es sich handelte, winkten wir ab. Die Tagebucheintragungen zeigten Heß bereits in den Jahren 1945 bis 1947 als einen geistig verwirrten Menschen. Wie wir recherchierten, waren die Tagebücher Heß von einem amerikanischen Wachsoldaten in der Haft abgenommen worden. Wir bewahrten damals die *Stern*-Redakteure, die diese Tagebücher unbedingt drucken wollten, vor einer großen Dummheit. Geradezu besessen davon, die Auflage auf Teufel komm' raus weiter zu steigern, waren die Verantwortlichen bereit, in dieser Angelegenheit alle Bedenken zurückzustellen. Es bedurfte großer Überzeugungskunst, die Redaktion von der Veröffentlichung abzuhalten. Der Fall erinnert an einen peinlichen Vorgang zu Beginn der achtziger Jahre, als die Illustrierte gefälschte Hitler-Tagebücher ankaufte. Der Skandal hat bekanntlich dem Ruf des *Stern* sehr geschadet.

Fast tragikomische Züge hatte ein anderer Vorgang, der ebenfalls mit der Aufarbeitung der NS-Vergangenheit zu tun hatte, wenn auch anders, als man zunächst denkt. Es war eine delikate Angelegenheit, bei der es um ein Foto ging. Auf diesem Foto war der Bankier August von Finck zu sehen neben Adolf Hitler vor dem »Weißwursttempel«, wie das »Haus der Deutschen Kunst« auf gut münchnerisch hieß. August von Finck, in den siebziger Jahren einer der reichsten Männer der Bundesrepublik, war brennend daran interessiert, die dunklen Flecken in seiner Vergangenheit zu tilgen. Aus München kam die Anfrage, ob nicht Bertelsmann, das damals mit dem Haus Gruner & Jahr über eine Beteiligung verhandelte, als Mittler auftreten könnte. Es ging darum, das Foto, von dem Finck offensichtlich wußte, daß es im Archiv des *Stern* aufbewahrt wurde, anzukaufen. Nach einigem Hin und Her kam der Deal zustande und ich konnte hautnah miterleben, wie eine sechsstellige Summe von München über Gütersloh nach Hamburg transferiert und im Gegenzug von Hamburg über Gütersloh nach München Foto und Negativ zugestellt wurden. Damit aber war die Angelegenheit nicht aus der Welt. Es geschah etwas, womit niemand gerechnet hatte. Kurze Zeit nach der Transaktion erschien zur allgemeinen Überraschung aller Beteiligten das Foto im Magazin *Der Spiegel*. Irgend jemand hatte das Geld bei Gruner & Jahr entgegengenommen, aber irgend jemand anderes war über den Vorgang so empört, daß er sich nicht an die Spielregeln hielt und einen Abzug der Konkurrenz zuspielte. Als das Foto im *Spiegel* erschien, habe ich eine gewisse

»klammheimliche Freude« nicht verhehlen können. Irgendwann, dachte ich schadenfroh, holt jeden die Geschichte wieder ein, ob er es nun will oder nicht.

Die Zweifel an meiner Lektorentätigkeit wuchsen, als ich eines Tages von der Verlagsleitung den Auftrag erhielt, wieder einmal nach Hamburg zu reisen. Dort sollte ich mit einem Redakteur des *Stern* – erinnere ich mich richtig, war er zuständig für Klatsch, Gesellschaft und Sport – zusammentreffen, um ein Buch über den Schlagersänger Heintje zu realisieren, der Anfang der siebziger Jahre mit dem Lied »Mama« die Herzen reiferer Damen schmelzen ließ. Dieser Auftrag ärgerte mich, denn ich fühlte mich zuständig für Politik und Zeitgeschichte und nicht dafür, irgendwelche Boulevard-Schmonzettenzu produzieren. Besagter Redakteur, mit dem ich dann in Hamburg verhandelte, hatte ein paar Seiten nichtssagender Lobhudelei-Prosa geschrieben und Bildmaterial aus dem Verlagsarchiv zusammengesucht. Wir sichteten die Fotos und stellten eine Bildstrecke zusammen. Für sein Vorwort und seine Idee zu der Publikation erhielt der Redakteur einen Scheck überreicht, auf dem eine Summe stand, die selbst für damalige Verhältnisse sehr hoch war. Unser in aller Schnelle zusammengeschustertes Machwerk ging in die Produktion und wurde als Bestseller in einer Auflage von mehreren hunderttausend Exemplaren gnadenlos über die Kaufhäuser in den Markt gedrückt. Das Lied »Mama«, das zu jener Zeit tagaus, tagein aus den Radiolautsprechern plärrte, ging mir ungeheuer auf die Nerven. Fataler aber war noch, daß jedes Mal, wenn ich das Lied hörte, ich daran erinnert wurde, wozu ich mich hergegeben hatte.

Es gab jedoch auch einige ernsthafte Projekte, die ich während meiner Gütersloher Zeit realisieren konnte. So betreute ich das Buch des israelischen Friedensaktivisten Uri Avnery *Israel ohne Zionisten?*, das ich mit ihm zusammen in verschiedenen deutschen Städten vorstellte. Avnery, den ich im Verlauf der Jahre wiederholt in Deutschland und bei Friedensgesprächen in Israel getroffen habe, war mir nicht nur sympathisch, sondern imponierte mir auch durch seinen unbeirrbaren Glauben, daß ein halbwegs geregeltes friedliches Miteinander von Juden und Palästinensern im Nahen Osten möglich sei.

Im großen und ganzen jedoch war ich von meiner Tätigkeit in Gütersloh enttäuscht. Nach einigen vergeblichen Bemühungen, doch noch etwas aus der Lektoratstätigkeit zu machen, entschloß ich mich, Gütersloh den Rücken zu kehren. Das Angebot, eine Dozentur in Duisburg zu übernehmen, erleichterte mir die Entscheidung. Ich verließ im Frühjahr 1970 den Bertelsmann-Verlag ohne größeres Bedauern.

Der Jüdische Verlag. Mein Berufsleben nahm nach der Zeit in Gütersloh zwar einen anderen Verlauf, aber das hieß nicht, daß ich der Verlagsarbeit für immer Lebewohl gesagt hätte. Die nächsten Jahre war ich für eine Reihe von Verlagshäusern wie zum Beispiel für den Burg-Verlag meines Freundes Thomas Dannenmann als »freelancer« tätig. Ich fertigte Gutachten, vermittelte Manuskripte und übernahm Herausgebertätigkeiten. In der Verlagsszene fühlte ich mich trotz der Bertelsmann-Erfahrungen wohl. Es verging kein Jahr, kein Oktober, in dem ich nicht zur Frankfurter Buchmesse gereist wäre, um Kontakte zu knüpfen und bereits bestehende Bekanntschaften zu pflegen. Seit 1964 habe ich, soweit ich mich erinnere, keine einzige Messe versäumt. Den Frankfurter Messetrubel genoß ich. Das Schlendern durch die Messehallen, die Empfänge, den Klatsch, das Sehen und Gesehenwerden empfand ich jahrelang geradezu als eine Art Aphrodisiakum.

Rückblickend meine ich, daß eine meiner wichtigsten Bemühungen die Wiederaktivierung des Jüdischen Verlages war. Auf die Überbleibsel dieses 1902 in Berlin gegründeten Verlages, der einst einen geradezu legendären Ruf genoß, stieß ich Mitte der siebziger Jahre in Jerusalem. Das Haus, einst in Berlin von Martin Buber, Berthold Feiwel, Ephraim Moses Lilien und Chaim Weizmann – dem späteren ersten Präsidenten des Staates Israel – gegründet, verdankte seine Entstehung dem Aufstieg der von Theodor Herzl ins Leben gerufenen zionistischen Bewegung.

Als ich den Verlag ausfindig machte, war so gut wie vergessen, daß in diesem einst die »Klassiker« der zionistischen Bewegung erschienen waren, wie zum Beispiel Theodor Herzls *Gesammelte Zionistische Werke* und die *Zionistischen Schriften* des Schriftstellers und Journalisten Max Nordau, von dem bekannt ist, daß er zum einen mit seinem Buch *Konventionelle Lügen der Kulturmenschheit* Weltruhm erlangte, aber auch mit der auf ihn zurückgehenden Formulierung »Entartung« für manches Mißverständnis gesorgt hat. Vergessen war auch, daß sich der Verlag insbesondere der Erschließung der damals im Westen völlig unbekannten ostjüdischen Geisteswelt angenommen hatte. In das Programm wurde zum Beispiel ein Autor wie der hebräischsprachige Schriftsteller Asher Ginsburg aufgenommen, der sich den Namen Achad Haam zugelegt hatte, was auf hebräisch so viel heißt wie »Einer aus dem Volk«. Um 1900 und später hatte er auf die zionistischen Eliten Osteuropas großen Einfluß. Es war der Jüdische Verlag, der Achad Haam und seine Schriften im Westen bekannt machte.

Als Siegmund Kaznelson 1921 die Leitung übernahm, entwikkelte sich der Verlag zu einem blühenden Unternehmen, das über Berlin und die deutschen Grenzen hinaus bekannt wurde. Unter den Werken, die damals hier erschienen, ist vor allem das fünfbändige *Jüdische Lexikon* zu nennen – noch heute, obwohl durch die Ereignisse der jüngeren Geschichte in vielen Fragen überholt, die einzige mehrbändige jüdische Enzyklopädie in deutscher Sprache. Zu nennen sind aber auch Simon Dubnows zehnbändige *Weltgeschichte des jüdischen Volkes*, seine zweibändige *Geschichte des Chassidismus* sowie die zwölfbändige deutsche Übersetzung des *Babylonischen Talmud* von Lazarus Goldschmidt. Dies sind nur einige der bekanntesten Verlagspublikationen, die in den frühen dreißiger Jahren auf große Resonanz stießen. Allein Dubnows *Weltgeschichte* wurde 100 000 Mal, Goldschmidts *Babylonischer Talmud* 110 000 Mal und das *Jüdische Lexikon* 50 000 Mal verkauft.

Für den Verlag brachen zunehmend schwierigere Zeiten an, als im Januar 1933 Hitler und die Nazis an die Macht kamen. Auf Anordnung der Behörden kam es wiederholt zu Verbots- und Beschlagnahmeverfügungen. Das Sammelwerk *Jüdisches Fest/Jüdischer Brauch* zum Beispiel durfte nicht ausgeliefert werden, weil es u.a. Beiträge von Thomas Mann, Franz Werfel, Stefan Zweig und anderen von den Nazis verbotenen Schriftstellern enthielt.

Ein für das Jahr 1935 geplantes Sammelwerk *Juden im deutschen Kulturbereich* wurde schon vor der Drucklegung verboten. Am 4. Februar 1935 schrieb die Gestapo Kaznelson einen Brief, in dem das Verbot begründet wurde. »Der unbefangene Leser«, hieß es da, »muß bei der Lektüre des Werkes den Eindruck gewinnen, daß die gesamte deutsche Kultur bis zur nationalsozialistischen Revolution nur von den Juden getragen worden sei. Der Leser erhält ein ganz falsches Bild über die wahre Bestätigung, insbesondere über die zersetzende Tätigkeit der Juden in der deutschen Kultur.«

Endgültig einstellen mußte der Verlag die Arbeit, als im Dezember 1938 der »Reichsminister für Volksaufklärung und Propaganda« die Auflösung des Betriebes verfügte. Unter äußerst schwierigen Bedingungen führte Kaznelson die Verlagsgeschäfte in Palästina weiter. Daß dies überhaupt möglich war, ist der Tatsache zu verdanken, daß bereits einige Jahre früher eine Tochtergesellschaft in Jerusalem gegründet worden war. Einige noch in Deutschland geplante Vorhaben konnte Kaznelson in Jerusalem verwirklichen. Das Erscheinen des fast druckfertig vorliegenden Werkes *Juden im deutschen Kulturbereich* hat er jedoch nicht mehr erlebt.

Nach dem Tod von Siegmund Kaznelson führte Ilse Walter – sie war seit Mitte der zwanziger Jahre Mitarbeiterin des Verlages – die Geschäfte weiter. Als ich sie 1976 oder 1977 kennenlernte, war sie bereits hochbetagt. Ich habe sie in Erinnerung als eine kleine und zierliche Person. Sie residierte in Jerusalem in einer Art Kellerverschlag, nicht weit von ihrer Wohnung in der Rehov Mitudela. Zwei Mal in der Woche kam sie in den Verlag, um die Post zu sichten und eingegangene Buchbestellungen zu bearbeiten. Irgendwie fanden die Bestellwünsche, obgleich es keinerlei Werbung gab, den Weg auf ihren Schreibtisch. Von einem Lager in der Schweiz wurden dann die Bücher zugestellt.

Als Ilse Walter im Verlauf unserer Bekanntschaft mein Interesse an dem Verlag und seinem Programm bemerkte, bat sie mich, zu prüfen, ob es nicht Möglichkeiten gäbe, den Verlag in Deutschland weiterzuführen. Das war von mir einfacher zugesagt als dann getan. In der Bundesrepublik interessierte man sich zwar zunehmend für die deutsch-jüdische Beziehungsgeschichte und Kultur, die Fachleute waren aber skeptisch, ob ein solcher Verlag sich auf dem Markt behaupten könnte. Ein jüdisches Lesepublikum gebe es nicht mehr, und ob genügend nichtjüdische Leser aktiviert werden könnten, sei ungewiß. Die meisten Verleger, die ich befragte, ob sie an einer Übernahme des Jüdischen Verlags interessiert seien, winkten ab. Der Verleger Dietrich Pinkerneil erklärte sich schließlich bereit, den Verlag zu übernehmen. Pinkerneils Athenäum-Verlag, der damals seinen Sitz in Kronberg im Taunus hatte, schloß einen Vertrag mit Ilse Walter, der beinhaltete, daß zum 1. Januar 1978 alle Rechte auf Athenäum übertragen und die Buchbestände und das Verlagsarchiv übergeben werden sollten. Der Kaufpreis war gering, was damit zusammenhing, daß es Ilse Walter darum ging, daß der Verlag im Sinne der Gründer weitergeführt wurde. Im Vertrag war festgelegt, daß die Programmverantwortung künftig in meinen Händen liegen sollte.

Leider nahm die weitere Entwicklung einen unangenehmen Verlauf. Der vereinbarte Kaufpreis wurde nicht entrichtet, die festgelegte prozentuale Beteiligung an den Umsätzen nicht gezahlt und, was vielleicht noch ärgerlicher war, nach dem Transfer verschwand das äußerst wertvolle Verlagsarchiv, das nicht nur die Verlagskorrespondenzen, sondern auch in rotem Safranleder aufgebundene Einzelexemplare des Verlagsprogramms enthielt. Ich sehe diese prachtvollen Bände noch heute vor mir und bedauere, nicht genügend getan zu haben, um das Archiv zu sichern.

Es dauerte nicht lange, bis Dietrich Pinkerneil das Handtuch warf und es Anfang der achtziger Jahre zu einem Wechsel der Besitzverhältnisse kam. Axel und Irmela Rütters übernahmen die Athenäum-Verlagsgruppe und somit auch den Jüdischen Verlag. Der Beratervertrag, den ich mit Axel Rütters abschloß, verpflichtete mich, mit der für den Jüdischen Verlag zuständigen Lektorin Anna Viviani ein Programm zu entwickeln, das von wissenschaftlichen Büchern über populäre Sachbuchthemen bis hin zu der Erörterung aktueller Fragestellungen reichen sollte.

In den folgenden Jahren gelang es uns, mit einem in unseren Augen durchaus akzeptablen Programm auf uns aufmerksam zu machen. Wir legten alte Erfolgstitel neu auf, wie zum Beispiel Dubnows *Chassidismus*, das *Jüdische Lexikon* und Goldschmidts *Talmud*. Wir publizierten darüber hinaus aber auch Texte, von denen wir meinten, sie würden eine breitere Öffentlichkeit interessieren. So erschien erstmals ein Sammelband, der sich mit der Lage der Juden im Nachkriegsdeutschland befaßte. Er gab Anstoß zu einer ganzen Reihe einschlägiger Untersuchungen in den folgenden Jahren. Es erschienen darüber hinaus von mir edierte Texte wie Fritz Heymanns *Marranen-Chronik*, aber auch Briefwechsel wie der meines Vaters mit Max Brod und mit Schalom Ben Chorin. Der Briefwechsel Brod-Schoeps, der den Titel *Im Kampf um Kafka und das Judentum* trägt, ist insofern auch heute noch interessant, als er zum einen Brods und meines Vaters gemeinsame Bemühungen dokumentiert, Texte aus dem Nachlaß Kafkas gemeinsam zu edieren, zum anderen aber auch einiges Nachdenkenswerte über die Befindlichkeit des deutschen Judentums vor und nach dem Machtantritt Hitlers im Jahre 1933 aussagt.

Einen Titel konnte ich damals zu meinem großen Bedauern nicht plazieren. Irgend jemand hatte mir Anfang der achtziger Jahre ein Päckchen aus der DDR zugesandt, das feinsäuberlich ausgeschnittene Zeitungsartikel enthielt. Es war, wie sich herausstellte, eine Fortsetzungsgeschichte, die die Dresdener Zeitung *Die Union* abgedruckt hatte. Das beiliegende Schreiben, das die Bedeutsamkeit des Textes erläuterte, enthielt die Anfrage, ob ich nicht vielleicht für eine Publikationsmöglichkeit im Westen sorgen könnte. Es handelte sich bei dem Päckchen mit den Zeitungsausschnitten um die Tagebücher Viktor Klemperers, die zehn Jahre später, vom Aufbau-Verlag in eine Buchfassung gebracht, ein Welterfolg wurden. Wenn ich richtig informiert bin, hat der Verlag allein für die amerikanischen Übersetzungsrechte eine halbe Million Dollar erzielt. Damals jedoch lehnte die Beraterkonferenz des Jüdischen Verlages die Aufnahme der Klemperer-Tagebücher ins Programm ab, weil man meinte, es würden nicht genügend Exemplare über den Buchhandel abgesetzt werden können.

Die glücklichen Zeiten waren vorbei, als die Athenäum-Verlagsgruppe Anfang der achtziger Jahre in den Konkurs steuerte. Zu meiner großen Überraschung setzte daraufhin eine heftige Rangelei um den Jüdischen Verlag ein. Ignatz Bubis, zu dieser Zeit bereits in den Startlöchern, um Vorsitzender des Zentralrates der Juden in Deutschland zu werden, bemühte sich, gemeinsam mit Siegfried Unseld, den Verlag aus dem bevorstehenden Konkursverfahren herauszulösen. Bubis sah in dem Verlag wohl ein Instrument, um seine Position im jüdischen Milieu der alten Bundesrepublik zu festigen. Da in den Übergabeverhandlungen zwischen Ilse Walter und Dietrich Pinkerneil einst festgelegt worden war, daß der Verlag, sollte er – aus welchen Gründen auch immer – veräußert oder eingestellt werden, zunächst mir zum Kauf angeboten werden müßte, beauftragte ich einen Düsseldorfer Anwalt mit der Wahrung meiner Interessen. Wie sich bald herausstellen sollte, war das jedoch vergebliche Liebesmüh', denn das Gespann Bubis/Unseld dachte nicht daran, sich seine Pläne von mir und einem kleinen Düsseldorfer Rechtsanwalt durchkreuzen zu lassen. Gespräche, die ich in der Angelegenheit mit Bubis führte, blieben ergebnislos.

So ging der Verlag in andere Hände über. Ilse Walter, die mittlerweile an Altersdemenz litt und nicht mehr geschäftsfähig war, konnte sich nicht mehr wehren. Die Übernahme war formal zwar korrekt, aber moralisch bedenklich. Auf bestehende Verträge und die Wünsche der einstigen Besitzerin wurde keinerlei Rücksicht genommen. Es liegt mir bis heute schwer auf der Seele, daß ich dem Willen von Ilse Walter nicht habe entsprechen können.

Bibliotheken. Zeit meines Lebens haben Bibliotheken auf mich eine geradezu magische Anziehungskraft ausgeübt. Ich erkläre mir das damit, daß ich gewissermaßen in Bibliotheken und mit Büchern aufgewachsen bin. So hat sich mir bereits als kleiner Junge das Gebäude der Karolinska Bibliotheket im schwedischen Uppsala tief eingeprägt. Ich war zwar im Alter von fünf oder sechs Jahren kein Benutzer, aber doch so etwas wie ein regelmäßiger Besucher. Mein Vater nahm mich regelmäßig mit, wenn er dorthin ging, um etwas nachzulesen oder nachzuschlagen. Der Ablauf war dabei immer der gleiche. Wenn er mit mir an der Hand die Bibliothek erreichte, begab er sich schnurstracks in den Lesesaal, während ich bei freundlichen Aufsichtsdamen an der Garderobe abgegeben wurde. Dem kleinen Jungen, der auf dem Boden der Garderobe saß und mit rot-weißen Holzpferdchen spielte, prägte sich fest das Bild tropfender Regenmäntel ein.

Später habe ich jede sich bietende Gelegenheit genutzt, um Bibliotheken aufzusuchen. Gleichgültig, wohin ich kam oder wohin ich heute noch komme, in einer fremden Stadt ist eine meiner ersten Handlungen, daß ich nach der örtlichen Bibliothek frage. Wenn es sich irgendwie ermöglichen läßt, plane ich einen Besuch ein, studiere die Kataloge und erkundige mich bei den Bibliothekaren nach bestimmten Beständen. Nicht selten habe ich dabei interessante Entdeckungen gemacht.

So erinnere ich mich an einen Aufenthalt in der Public Library in der 42nd Street in New York. Dort, so war mir mitgeteilt worden, liege in den Magazinen eine deutschsprachige Zeitung des Revolutionsjahres 1848, die ich schon seit längerem suchte. Ich füllte die notwendigen Bestellscheine aus, gab sie einem der Bediensteten und wartete in der Vorfreude, daß mir nun Exemplare der bis dahin noch von keinem Historiker eingesehenen Zeitung vorgelegt würden. Für einen Wissenschaftler ist das in der Regel ein erhebender Moment. Wenig später wurde ein Karton gebracht und auf meinen Tisch gestellt. Ich öffnete den Karton und stellte zu meinem Erschrecken fest, daß die Zeitung zu Modder zerfallen war. Wie man mir sagte, war das darauf zurückzuführen, daß Mitte des 19. Jahrhunderts bei der Papierherstellung ein bestimmter Leim Anwendung gefunden habe, der den Zerfallsprozeß beschleunigte. Ich erinnere mich, daß ich an dem Lesetisch saß, enttäuscht vor mich hinblickte und darüber sinnierte, wie vergänglich doch alles ist.

Jede Bibliothek hat schon wegen ihres Standortes und ihrer Schwerpunktsetzungen einen eigenen Charakter. Je älter eine Bibliothek ist, desto mehr Würde und Ausstrahlung hat sie. Es gibt Bibliotheken, bei denen man unwillkürlich an Jahresringe denkt, die bekanntlich einiges über Alter und eventuelle Krankheiten eines Baumes aussagen. Die Herzog-August-Bibliothek in Wolfenbüttel zum Beispiel, als deren Gründungsdatum das Jahr 1572 genannt wird, ist solch eine Bibliothek, deren Bestände die Stationen und manche Aufgeregtheiten deutscher beziehungsweise europäischer Kulturgeschichte spiegeln.

Eine der Bibliotheken, die es mir besonders angetan hat, ist die Bibliotheca Bodleiana, kurz Bodleian Library genannt. 1592 durch den englischen Diplomaten und Gelehrten Sir Thomas begründet, wird sie heute in Oxford als Universitätsbibliothek genutzt. Als ich mich während meines Fellow-Aufenthalts in den siebziger Jahren am Center for Postgraduate Hebrew Studies in Yarnton als Nutzer anmelden wollte, hatte ich ein eigenartiges, wie mir damals schien mittelalterliches Ritual abzuleisten. Ein Bibliothekar nahm zunächst meine Daten auf, dann bat er mich in eine dunkle Ecke, wo er mir zu meinem Erstaunen einen förmlichen Eid abnahm. Demnach hatte ich ihm, wenn ich mich recht erinnere, in die Hand zu versprechen, daß ich keine Bücher stehlen, keine Bemerkungen in diese schreiben und keinesfalls ein Buch oder Dokument beschädigen würde, das sich im Besitz der Bodleian befinde. So weit, so gut. Einigermaßen befremdet, ja geradezu irritiert war ich jedoch bei der Eideszeremonie angesichts einer etwas merkwürdigen Formulierung, die ich nachzusprechen hatte. Verstand ich die hingenuschelten, altertümlichen Redewendungen richtig, dann nahm mir der Bibliothekar das Versprechen ab, die Bibliothek nicht in Brand zu stecken. Mag sein, daß in früheren Zeiten so mancher Benutzer diesen Wunsch verspürte. Ich jedenfalls bin nicht auf diese Idee gekommen und habe mich während meines Oxford-Aufenthaltes an das abgelegte Versprechen gehalten.

Im Laufe meines Berufslebens hatte ich immer wieder den Ankauf von Spezial-Bibliotheken zu tätigen. Beim Aufbau des Steinheim-Instituts in Duisburg zum Beispiel sorgte ich für die Übernahme einiger kleinerer Büchersammlungen in Israel, die den späteren Grundstock der Institutsbibliothek bildeten. Mit Ankäufen war ich auch befaßt in den Anfängen meiner Potsdamer Zeit, wo es zu meinen Aufgaben im Gründungssenat der Universität gehörte, mich um den Aufbau der Universitätsbibliothek zu kümmern.

Eine der Spezialsammlungen, die ich mithalf zu erwerben, war ein bestimmter Teil der Bibliothek des Konservativismus-Experten Armin Mohler. Dieser hatte im Verlauf der letzten Jahrzehnte neben einer so gut wie vollständigen Konservativismus-Bibliothek auch eine wertvolle Sammlung von Büchern zur französischen Rechten zusammengetragen, die Schriften von Charles Maurras, Maurice Barrès, George Sorel und Charles Pèguy enthält, um nur einige der Namen zu nennen, die man gemeinhin als »Theoretiker« der französischen Rechten kennt. Was mich an diesem Teil der Mohlerschen Bibliothek seinerzeit besonders faszinierte, war die weitgehende Vollständigkeit der zusammengetragenen Werke. Weltweit, wenn ich richtig informiert bin, gibt es nichts Vergleichbares. Aus diesem Grund empfahl ich mit Nachdruck den Erwerb der Mohlerschen Bibliothek durch die Universität Potsdam und setzte ihn gegen manche Bedenken durch. Es ist einer der Ankäufe, auf die ich heute noch stolz bin.

1992 setzte ich alles daran, die Bibliothek meines einige Jahre zuvor verstorbenen väterlichen Freundes Alex Bein nach Potsdam zu holen. Mit seinem Sohn Jochanan, der einige Jahre zuvor israelischer Gesandter in Bonn, dann in leitender Funktion in der Jerusalemer Gedenkstätte Yad Vashem tätig war, vereinbarte ich für die Übernahme einen moderaten Preis. Erleichtert wurde das dadurch, daß ich mich im Zuge der Unterhandlungen bereiterklärte, Beins auf hebräisch erschienene Erinnerungen zu bearbeiten und in der deutschen Originalfassung herauszugeben. Das Buch ist unter dem Titel *Hier kannst Du nicht jeden grüßen ...* in der Reihe »Haskala« im Hildesheimer Olms-Verlag erschienen.

Ohne daß wir es direkt thematisierten, wußten Jochanan Bein und ich, daß der Überführung der Bibliothek nach Potsdam auch eine gewisse symbolische Bedeutung zukam. Alex Bein war bis 1934 als Archivar im Potsdamer Reichsarchiv tätig gewesen, bevor er nach Palästina auswanderte. Ob er selbst damit einverstanden gewesen wäre, daß nach seinem Tod seine Bibliothek nach Deutschland zurücktransportiert wurde? Beins 1934 gegebenes Versprechen, er werde Deutschland für immer den Rücken kehren – »Ich schüttele den Staub Deutschlands von meinen Füßen« –, verkehrte sich jedenfalls, so paradox das klingt, dadurch, daß Beins Bücher nach seinem Tod den Weg nach

Alex Bein

Ernst Simon

Deutschland zurückfanden, ins Gegenteil. In gewisser Weise ist mit dieser Transaktion Beins Geist nach Potsdam zurückgekehrt. Fest steht, daß in den Jahrzehnten unmittelbar nach 1945 die Übernahme einer solchen Bibliothek in das Nachkriegsdeutschland nicht möglich gewesen wäre.

Die Nachlaßbibliothek von Alex Bein, die zirka 6000–7000 Bände enthält, ist eine der vielen typischen »Jeckes«-Bibliotheken, wie man sie noch vor ein paar Jahren in Israel häufig antreffen konnte, eine Bibliothek also, die durch ihren Buchbestand deutlich erkennen läßt, daß sie von einem aus Deutschland stammenden Juden angelegt wurde. Der Umfang dieser Bibliotheken ist meist derselbe, was damit zusammenhängt, daß der Schnitt der Wohnungen in Jerusalem und Tel Aviv nur eine bestimmte Anzahl von Regalen zuließ. Das gilt auch für die Beinsche Büchersammlung. Eine »Jeckes«-Bibliothek beinhaltet in der Regel eine ganz spezifische Mischung aus Literatur, Geschichte und Philosophie; es finden sich nicht nur Werke der deutschen Literatur wie etwa von Heine, Börne, Uhland, Schiller und Goethe, sondern auch die Texte deutscher Philosophen wie Immanuel Kant, Johann Gottlieb Fichte, Friedrich Wilhelm Joseph Schelling, Georg Friedrich Wilhelm Hegel und Hermann Cohen. Es ist auffallend, daß die Bibliotheken deutscher Juden, was die Titelzusammenstellung betrifft, sich oft nur unmerklich voneinander unterscheiden. Die Beinsche Bibliothek macht hier keine Ausnahme, vielleicht nur insofern, als Zionistica überproportional vertreten sind und einen besonderen Schwerpunkt bilden. Bein hat alles gesammelt, was von und über Theodor Herzl erschienen ist. Darüber hinaus hat er aber auch all jene Manifeste, Texte und Bücher zusammengetragen, die dem Zionismus im Verlauf seiner Geschichte ihren Stempel aufgedrückt haben. Das macht die Bibliothek einzigartig. Wer sich in Deutschland heute über den Zionismus und seine Geschichte genauer informieren will, kann die Bibliothek des Potsdamer Mendelssohn-Zentrums nicht außer acht lassen.

Von ähnlicher Bedeutung wie die Beinsche Bibliothek sind die Nachlaßbibliotheken des 1988 verstorbenen Pädagogen und Philosophen Ernst Akiba Simon und des Kölner Soziologen

Alphons Silbermann. Die Bibliothek Silbermanns, mit einem Schwerpunkt in der Kommunikationswissenschaft und in der Antisemitismusforschung, kam durch testamentarische Verfügung in den Besitz des Zentrums, während die Bibliothek Simons, eine ausgesprochene Gelehrtenbibliothek, die etwa 6000 Bände umfaßt und in 171 Kisten aus der Sderot Ben-Maimon 35 in Jerusalem nach Deutschland geschickt wurde, käuflich erworben wurde.

Die Übernahme der Simonschen Bibliothek vermittelte der Jerusalemer Philosoph Paul R. Mendes-Flohr, der mich mit Ernst Simons Witwe Toni zusammenbrachte. Sie war zwar mit dem Verkauf nach Deutschland einverstanden, äußerte aber den Wunsch, die Bibliothek bis zu ihrem Tod behalten zu dürfen. Sie war davon überzeugt, dadurch ihrem verstorbenen Mann nahe zu sein. Ich hatte für diesen Wunsch, eine Art Liebesbeweis, großes Verständnis. Ernst Simon, der wie Bein zum deutsch-jüdischen Urgestein in Jerusalem gehörte, war ein Schüler Hermann Onkkens, bei dem er mit einer Arbeit über Ranke und Hegel »summa cum laude« promoviert hatte. Simon, ein Freund Franz Rosenzweigs, Martin Bubers und Gerhard (Gerschom) Scholems, besaß in seiner Bibliothek zahlreiche ihm zugedachte Widmungsexemplare. Die Bände sind Kostbarkeiten schon wegen der handschriftlichen Einträge. Liest man, was dort auf den Vorsatz- oder Titelblättern geschrieben steht, dann schimmert ein höchst interessantes Beziehungsgeflecht auf, das von einer Welt kündet, die nicht mehr existiert.

Als wir die Kisten nach der Ankunft in Deutschland auspakkten und die Bücher in die Regale stellten, fiel uns auf, daß viele der Bücher Seiten hatten, die mit Eselsohren (sie dienten Simon offensichtlich als Lesezeichen) versehen waren. Uns wurde schmerzlich bewußt, daß auch Bücher ihre Schicksale haben und Geschichten über Lebensverläufe erzählen können – Geschichten, die häufig spannender sind als die Inhalte der Bücher selbst.

Die Jahre am Niederrhein

Im Juni 1970 erhielt ich über Umwege die Anfrage, ob ich an einer Stelle an der Pädagogischen Hochschule Ruhr in Duisburg interessiert sei. Vermittelt hatte die Anfrage Joko Knoll, damals Ordinarius für Pädagogik in Bochum, der zu dieser Zeit einigen Einfluß in der Wissenschaftslandschaft Nordrhein-Westfalens hatte. Es war keine Traumstelle, aber immerhin. Der Politikwissenschaftler Horst E. Schallenberger, der gerade von Siegen nach Duisburg gewechselt war, suchte für den weiteren Ausbau der politikwissenschaftlichen Abteilung einen jungen Dozenten, der in der Lage sein sollte, das Fachgebiet Politische Theorie beziehungsweise Politische Ideengeschichte zu vertreten. Ich zeigte mich, obgleich ich von der Materie nur wenig verstand, interessiert und wurde eingeladen. Es war das übliche Ritual. Ich mußte mich einer Berufungskommission stellen, die mich auf Herz und Nieren prüfte. Zu meinem eigenen Erstaunen erhielt ich den Zuschlag. Wahrscheinlich hatte ich das Glück, zur richtigen Zeit am richtigen Ort zu sein.

Als ich einige Wochen später das Berufungsschreiben des Düsseldorfer Wissenschaftsministeriums in Händen hielt, setzte ich mich in meinen alten klapprigen Volkswagen und fuhr an den Rhein, gespannt auf das, was auf mich zukommen würde. Freunde überredeten mich, nicht in Duisburg, sondern in Köln eine Wohnung zu suchen. Irgend jemand schwatzte mir in der Kölner Innenstadt eine kleine Wohnung auf, die zwar zentral gelegen war, sich aber als Alptraum erweisen sollte. Sie war klein, unbequem und lag an einem Bahndamm. Jedesmal, wenn ein Zug vorbeidonnerte, und das geschah alle zehn Minuten, klirrten die Fensterscheiben und Gespräche waren so gut wie nicht mehr möglich. Bereits kurz nach meinem Einzug war ich auf der Suche nach einer anderen Behausung. Karina Raeck, eine Künstlerfreundin, die zu jener Zeit aus Hühnerköpfen, Muscheln und zerbrochenen Stühlen phantasievolle Objekte komponierte, war die Rettung, denn sie überredete mich, Köln zu verlassen und nach Düsseldorf zu ziehen. Karina verschaffte mir in der Düsseldorfer Altstadt hoch über den Dächern eine Wohnung, von der sie meinte, sie sei auf meine Bedürfnisse geradezu ideal zugeschnitten. Ich würde mich dort wohlfühlen, meinte sie. Sie sollte recht behalten.

Wie zuvor in Berlin und Köln führte ich auch in Düsseldorf das ungebundene Leben eines Junggesellen. Auch in dieser Wohnung war ich einem erhöhten Lärmpegel ausgesetzt, nur waren es nicht wie in Köln monotone Eisenbahngeräusche, sondern das Geschrei und das bierselige Krakelen von Menschen, die sich nächtens an der »längsten Theke der Welt« in der Düsseldorfer Altstadt vergnügten. Es war ein Lärm, der störte, aber nicht wirklich unangenehm war. Mit der Zeit gewöhnte man sich an ihn wie an etwas Unvermeidliches.

Duisburger Lehrjahre. Anfang Oktober 1970 trat ich meinen Dienst an der Duisburger Hochschule an. Dem Semesterbeginn sah ich einigermaßen zaghaft entgegen. Bis zu diesem Zeitpunkt hatte ich weder irgendwo eine Vorlesung gehalten, noch hatte ich Erfahrung darin, verantwortlich ein Seminar mit Studenten durchzuführen. Horst Schallenberger, mit dem mich sehr bald mehr als eine kollegiale Freundschaft verband, bedeutete mir, daß das alles gar nicht so schwer sei, auch er hätte einmal zum ersten Mal vor einem Auditorium gestanden. Ich würde das schon schaffen. Er habe volles Vertrauen zu mir und meinen Fähigkeiten. Ich hatte dieses Vertrauen zu mir nicht.

In die erste Vorlesung, die in einem vollbesetzten Hörsaal stattfand, ging ich mit einer Mischung aus Erwartung und Angst. Das Thema meiner ersten Veranstaltung war, wenn ich mich recht erinnere, »Anfänge und Grundlagen des Konservativismus« in Deutschland. Ich weiß noch, daß ich sehr aufgeregt war und am Ende den Raum schweißgebadet verließ. Den Vorlesungstext hatte ich Wort für Wort vom ersten bis zum letzten Satz vorbereitet, von der Anrede »Meine Damen und Herren« bis hin zu der Schlußformel »Vielen Dank für Ihre Aufmerksamkeit«.

Der Umgang mit den Studenten machte mir bald großen Spaß. Mit meinen 28 Jahren war ich nicht sehr viel älter als die Studenten, die ich zu unterrichten hatte. Die meisten von ihnen waren Lehramtsstudenten, die Politische Wissenschaft für das Fach »Sozialkunde« studierten. In der Regel kamen sie vom linken Niederrhein und wohnten zu Hause bei ihren Eltern. Frühmorgens reisten sie an, besuchten die im Studienplan festgelegten Vorlesungen und Seminare und fuhren anschließend in ihre Heimatorte zurück. Am Spätnachmittag wirkte die Hochschule wie ausgestorben.

Blättere ich in alten Vorlesungsverzeichnissen, dann fällt mir auf, daß ich in den ersten Semestern Vorlesungen zum Thema »Politische Ideengeschichte seit 1789« anbot, also mich insbesondere mit den verschiedenen Erscheinungsformen des Konservativismus, des Liberalismus und des Sozialismus beschäftigte. In den Seminaren behandelte ich in Varianten die 1848er Revolution, die Zeit der Weimarer Republik und die Ideologie des Nationalsozialismus. Jede dieser Veranstaltungen hatte regen Zulauf.

Bereits sehr früh fing ich an, mich in Seminaren dem Zionismus und dem Nahostkonflikt zuzuwenden. Auch diese Seminare stießen auf großes Interesse. Der Sechs-Tage-Krieg 1967 hatte eine Welle der Sympathie für Israel ausgelöst. Die Studenten zeigten sich wißbegierig und waren an den Hintergründen des Konfliktes interessiert. Sie wollten erfahren, was der einst von Theodor Herzl propagierte Zionismus für den Staat Israel bedeutet und welche Motive die Palästinenser hatten, sich gegen Israel und den Zionismus zu stellen.

Linke Studentengruppen agitierten gegen den Zionismus, der als imperialistische Ideologie, schlimmer noch als kolonialistisches Unternehmen der USA, interpretiert wurde. Es war die Zeit, in der alles, womit man nicht einverstanden war, mit der Totschlagbezeichnung »faschistisch« belegt wurde. Wer hören wollte, der konnte hören. Antisemitische Untertöne waren unverkennbar, wenn zum Beispiel das »jüdische Kapital« beschuldigt oder der Zionismus als Rassismus gebrandmarkt wurde. Doch diejenigen, denen man vorwarf, sie würden antisemitische Stereotypen benutzen und damit bestehende Vorurteile der Rechtsradikalen bedienen, reagierten mit Entrüstung. Mitunter wurde mir das Argument entgegengehalten, häufig in geradezu anklägerischer Manier, in Ruhrpott-Idiom oder rheinischem Tonfall: »Schoeps, was wollen Sie eigentlich? Wir stehen doch mit unserer Position nicht allein. Es gibt doch auch Juden, die sich kritisch bis ablehnend gegenüber dem Zionismus und der Politik gegenüber den Palästinensern äußern. Ihr Vorwurf, wir würden mit unseren Argumenten das antisemitische Vorurteil bedienen, geht an der Sache vorbei.«

So rabulistisch der Einwand war, er hatte etwas für sich. Seit Ende der sechziger Jahre mehrten sich in der Debatte die Stimmen im jüdischen Lager, die eine Umkehr in der Nahost-Politik und den Ausgleich mit den Palästinensern forderten. Ich erinnere mich in diesem Zusammenhang noch sehr plastisch an eine Solidaritätsveranstaltung für die Palästinenser 1968 oder 1969 in der Freien Universität, in der der Schriftsteller Erich Fried als Redner auftrat und gegen den Zionismus und für die Rechte der Palästinenser agitierte. Er verstand es meisterhaft, auf den Wellen der Sympathie und des Beifalls zu reiten. Mein vorsichtiger Versuch, um Verständnis für die zionistischen Positionen zu werben, ging im allgemeinen Getöse unter. Unter frenetischem Beifall wurde ich aus dem Hörsaal hinauskomplimentiert. Noch heute habe ich das spöttische Lächeln Frieds in Erinnerung und im Ohr das rhythmische Klatschen und die skandierenden Rufe der Versammlung: »Zionisten raus«, »Zionisten raus …«

Ein vergleichbares Erlebnis gab es in meiner Duisburger Zeit nicht. Studenten und die Mehrzahl der Lehrenden verstanden sich zwar als »links«, wie das in den Siebzigern üblich war, aber sie agierten im Gegensatz zu Berlin oder Frankfurt vergleichsweise harmlos. In den mehr als zwanzig Jahren, die ich in Duisburg lehrte, gab es kein einziges Mal eine brenzlige Situation, die dazu geführt hätte, daß ich den Hörsaal hätte verlassen müssen. Mit den Vertretern der Duisburger Studentenschaft konnte man im allgemeinen reden. Etwas schwieriger war das mit den K-Gruppen, die es auch an der Duisburger Hochschule gab, doch sie führten mehr oder weniger ein Sektiererdasein am Rande des Hochschullebens.

Erste Israelerfahrungen. Das erste Mal nach Israel kam ich im Sommer 1972. Das geschah im Zusammenhang einer Reise mit Studenten, die ich organisiert hatte. Ich war der Überzeugung, daß ich die Studenten am besten »bekehren« könnte, wenn sie mit der israelischen Wirklichkeit konfrontiert würden. Wir reisten damals nicht mit dem Flugzeug, sondern bestiegen in Venedig ein griechisches Schiff, einen »Seelenverkäufer«, wie manche meinten. Das Schiff, das pünktlich auslief, war fast hundert Jahre alt und wirkte wenig vertrauenswürdig. Die Tage und Nächte, die sehr heiß waren, verbrachten wir zumeist auf Deck. Die Weinflaschen kreisten, und wir freuten uns auf die Ankunft in Haifa.

Zunächst war es eine der üblichen Bildungsreisen mit Besichtigungen historischer Stätten und Besuche von Universitätsinstituten. In Tel Aviv und Jerusalem wurden Begegnungen und Vorträge organisiert. Ich erinnere mich, daß der Religionswissenschaftler Schalom Ben-Chorin in das in der arabischen Neustadt gelegene Jerusalemer Hotel kam, in dem wir uns einquartiert hatten, und über sein Leib- und Magenthema »Jerusalem. Die Stadt der drei Weltreligionen« sprach. Die Studenten waren gebührend beeindruckt, und Ben-Chorin bat mich, meinem Vater, mit dem er seit den frühen dreißiger Jahren befreundet war, Grüße zu übermitteln.

Mit einem Bus machten wir dann die übliche Tour. Zunächst in den Norden an den Kinneret-See, dann in den Galil und auf die Golan-Höhen. Dort erhielten die Studenten ein Lehrstück in angewandter Geopolitik vermittelt. Der Reisebegleiter zeigte ihnen, wo bis zum Juni 1967 die Stellungen der Syrer gewesen waren und daß die jüdischen Siedlungen unterhalb des Golans im Schußfeld der Artillerie der Syrer gelegen hatten. Bei den Studenten stellte sich Verständnis für das Wort »Bitachon« ein, das in Israel tagtäglich zu hören ist und das Bedürfnis nach Sicherheit meint. Manches mitgebrachte Vorurteil wurde so im Verlauf der Reise korrigiert.

Die überwiegende Zeit unseres Israel-Aufenthaltes verbrachten wir in dem in der Nähe von Hadera gelegenen Kibbuz Givat Chaim. Wir waren dort in Baracken untergebracht und arbeiteten in den Plantagen, wo wir die Aufgabe zugewiesen bekamen, Äpfel von den Bäumen zu pflücken und in Kisten zu verstauen. Es war eine schwere, weil ungewohnte Arbeit. Die Arbeitszeit begann kurz nach dem Hellwerden, weil es später am Tag so gut wie unmöglich war, sich in der Plantage aufzuhalten. Die Hitze erreichte mittags mehr als 40 Grad im Schatten. Gearbeitet wurde aus diesem Grund nur sechs Stunden. Gegen Mittag kehrten wir in der Regel in den Kibbuz zurück, wo wir im Gemeinschaftssaal zu Mittag aßen. Den Rest des Tages verbrachten meist am Swimming-Pool.

Die Kibbuz-Mitglieder in Givat Chaim, die zumeist aus Österreich und der Tschechoslowakei stammten, zeigten sich den Studenten gegenüber aufgeschlossen und luden uns in ihre im Kibbuzgelände gelegenen Häuser ein. Bei Kaffee und Kuchen erzählten sie von ihrem Schicksal – unter welchen Umständen sie einst ihre Heimatorte verlassen hatten, wie schwer es für sie gewesen war, in Palästina Fuß zu fassen, und welche Gefühle sie gegenüber dem heutigen Deutschland hatten. Die Studenten begegneten zum ersten Mal Menschen, die auf ihren Unterarmen eintätowierte Nummern trugen. Für einige von ihnen war das geradezu ein Schock.

Zurück im Duisburger Alltag war ich neben meinen Habilitationsvorbereitungen bemüht, die Israel-Erfahrungen in pädagogische Arbeit und in entsprechende Forschungsprojekte umzusetzen. Zusammen mit meinen Kollegen Horst Schallenberger und dem Theologen Heinz Kremers, die beide den Krieg noch als Wehrmachtsoldaten miterlebt hatten und denen die Aufarbeitung der NS-Vergangenheit ein echtes Anliegen war, gründete ich an der Duisburger Hochschule ein interdisziplinäres Forschungszentrum, das den etwas umständlich klingenden Namen »Forschungsschwerpunkt zur Erforschung der Religion und Geschichte des Judentums« trug.

Der »Forschungsschwerpunkt« erwarb sich sehr bald den Ruf, neben dem von Georg Eckert in Braunschweig gegründeten Schulbuch-Institut der Ort in Deutschland zu sein, wo an der Revision von Schulbüchern und ihren Aussagen hinsichtlich der Darstellung des Judentums gearbeitet wurde. Die damals in

Duisburg in Gang gebrachten Untersuchungen zum Judenbild in den Religions- und Schulgeschichtsbüchern der Bundesrepublik Deutschland waren bahnbrechend und lösten eine Reihe pädagogisch-politischer Aktivitäten aus, so unter anderem die Deutsch-Israelische Schulbuchkommission, die seit 1981 abwechselnd in Deutschland und Israel tagte und deren Empfehlungen sich inzwischen in der Schulbucharbeit beider Länder niedergeschlagen haben. Die wohl wichtigste Empfehlung dieser Konferenzen war, daß künftig in den Geschichtsbüchern vermieden werden sollte, Juden ausschließlich als Opfer der Geschichte erscheinen zu lassen. Selbstverständlich sollten Luthers antijüdische Polemiken oder der Antisemitismus eines Stoecker oder Treitschke Erwähnung finden, doch sollten – und das war das Neue an diesen Empfehlungen, die in Deutschland und Israel veröffentlicht wurden – künftig insbesondere verstärkt Einsichten in die Zusammenhänge jüdischen Lebens und jüdischer Kultur vermittelt werden.

Im »Forschungsschwerpunkt« befaßten wir uns des weiteren auch mit einer Neubestimmung des Verhältnisses von Christen und Juden. Ich habe mich diesen Bemühungen nicht verschlossen, jedoch stets betont, daß unverzichtbare Vorbedingung für ein Gespräch die Absage der Christen an die Judenmission ist. Das ist für viele Christen schwer zu akzeptieren. Heinz Kremers, ein evangelischer Theologe, der sich in den siebziger und achtziger Jahren große Verdienste um das christlich-jüdische Gespräch erwarb, hatte begriffen, daß es notwendig war, mit manchen christlichen Traditionen zu brechen, um dem Gespräch eine andere Grundlage zu geben.

Die Duisburger Vorarbeiten in Form von Konferenzen und Stellungnahmen haben wesentlich zu dem bekenntnisartigen Beschluß »Zur Erneuerung des Verhältnisses von Christen und Juden« der Rheinischen Landessynode vom 11. Januar 1980 beigetragen. Unter den 18 Mitgliedern der vorbereitenden Konferenz waren sechs Mitarbeiter des Duisburger »Forschungsschwerpunktes«. Der Beschluß, der nicht nur die Mitverantwortung und Schuld der Christenheit am Holocaust und die Ablehnung der Judenmission beinhaltete, wurde weltweit beachtet. Der Theologe Eberhard Bethge war damals der Ansicht, daß der Synodalbeschluß »einen bis dahin nicht vorhandenen Willen zu wesentlichen Korrekturen der Fundamente« offenbare. Obgleich der Beschluß von 13 Theologieprofessoren der Bonner Evangelischen Fakultät heftig attackiert wurde (die sehr wohl verstanden hatten, daß dieser Beschluß eine Bedrohung der Christologie wie auch eine Relativierung neutestamentlicher Zeugnisse zur Folge haben könnte), ist er in ähnlicher Form in den folgenden Jahren auch von anderen Landessynoden gefaßt worden und läßt hoffen, daß ein Prozeß des Umdenkens in Gang gekommen ist, der zur allmählichen Abwendung von den schlimmsten Antijudaismen im christlichen Glauben führt. Ob das tatsächlich gelingt, wird die Zukunft zeigen.

Die Geliebte, die Ehefrau. Auf einem Fest bei Freunden in Düsseldorf begegnete ich zum ersten Mal meiner späteren Ehefrau Uschi. Es war, wie es so schön heißt, Liebe auf den ersten Blick. Ich erinnere mich noch genau, was sie bei unserer ersten Begegnung trug: Hosen und eine rote Leinenjacke. Sie wirkte klein, zierlich und mit ihren roten Haaren äußerst reizvoll. Sie zeichnete sich durch Witz, Charme und Lebendigkeit aus. Wir tanzten, sprachen miteinander und hatten beide das Gefühl, als ob wir uns schon seit langem kennen würden.

Ich weiß, daß es Uschi unangenehm ist, wenn ich öffentlich über persönliche Angelegenheiten spreche. Aber ich meine doch und habe es ihr gegenüber immer wieder versucht zu erklären, daß ich es für legitim halte, sich über die Herkunft und den Hintergrund des Partners, mit dem man zusammenlebt, zu äußern. Sie lehnt es ab, die Privatsphäre öffentlich zu machen. Ich akzeptiere das und beschränke mich deshalb bei meinen Bemerkungen über das Leben mit Uschi nur auf das Nötigste.

Uschi, die aus dem böhmischen Trautenau stammt, war in einem Dorf bei Leipzig aufgewachsen, wo sich ihre Familie nach Vertreibung und Flucht niedergelassen hatte. Wenige Tage vor dem Mauerbau 1961 floh sie mit ihrer Mutter in den Westen. Zunächst lebte sie in Stuttgart, dann, nach einem längeren Zwischenaufenthalt in Hamburg, in Düsseldorf. Als wir uns ken-

Ursula Schoeps, geborene Pradler

nenlernten, hatte sie eine Ehe hinter sich und war bemüht, in der Werbebranche Fuß zu fassen. Bereits wenige Tage nach unserem ersten Kennenlernen zog sie mit ihrem Kater Moritz zu mir in meine Düsseldorfer Altstadtwohnung. Gemeinsam begannen wir unser weiteres Zusammenleben zu planen.

Ein Glücksfall war, daß Karina Raeck, die nach Kreta übersiedelte, uns anbot, ihre Wohnung in Meerbusch zu übernehmen, denn diese Wohnung gehörte zu der Scheune eines Gutshofes. Der Dyckhof, von dem die Werhahns, die rheinische Magnatenfamilie, abstammten, in die Konrad Adenauer eingeheiratet hatte, wird in den Chroniken bereits im 14. Jahrhundert erwähnt. Von weitem war der Gutshof bereits durch den Turm zu erkennen, dessen eigenartige Form nicht so recht in die Landschaft zu passen schien. Es hieß, er stamme aus dem 16. Jahrhundert und sei von einem holländischen Schiffsbauzimmermann gebaut worden. Wie wir später feststellten, existierten eine Anzahl ähnlicher Türme auf anderen Höfen am Niederrhein.

Wir verbrachten den Sommer 1974 mit Umbauarbeiten, bei denen wir, obgleich Uschi und ich im Praktischen nicht sehr veranlagt sind, selbst Hand anlegten. Die Wohnung, in der in früheren Zeiten angeblich der Melker des Gutshofes gehaust haben soll, war nicht sehr groß, der Zustand derart, daß immer wieder Reparaturen notwendig waren. Wir fingen jedoch an, Geschmack am Hof und seiner Umgebung zu finden. Intensiv begannen wir darüber nachzudenken, ob wir nicht eine Terrasse bauen und die Wohnung in die leerstehenden Teile der Scheune hinein vergrößern sollten. Es gelang uns, die Besitzerin von der Notwendigkeit unseres Anliegens zu überzeugen. Sie gab unserem Drängen nach und stimmte dem Ausbau der Scheune wie auch dem Abschluß eines langfristigen Mietvertrages zu. Mit Feuereifer stürzten wir uns in das Vorhaben. Zunächst bauten wir eine sehr geräumige Terrasse, dann dehnten wir den Wohnraum in die Scheune aus.

Als mein Vater im Juli 1980 starb und wir seine Bibliothek übernahmen, bauten wir den ehemaligen Schweinestall aus, der Bibliothek und Arbeitszimmer zugleich wurde. Der Raum von mehr als 120 qm, ringsum standen Regale, von oben bis unten ge-

Der Dyckhof, auf dem wir von 1974 bis 1992 lebten

füllt mit Büchern, hatte eine ganz spezifische Aura. Einige der Bücher, die ich veröffentlichte, habe ich dort geschrieben.

Wir hatten im Düsseldorfer Raum zahlreiche Freunde. Da war einmal Claus E. Bärsch, ein kluger, aber etwas chaotischer Kollege. Da waren Ludger Heid und seine Frau Elisabeth, mit denen wir einige Jahre eng befreundet waren, aber die Erfahrung machen mußten, daß Freundschaften ihre Zeit haben. Da waren Wieland König, der Direktor des Düsseldorfer Stadtmuseums, und Joseph A. Kruse, der Leiter des Heinrich-Heine-Instituts, beide engagierte Zeitgenossen, die ebenso zu unserem Kreis gehörten wie Anja Bagel, von der noch zu reden sein wird, die Publizistin Helen von Ssachnow sowie die Schriftstellerin Ingrid Bachér und die Künstlerfreunde Friedrich Werthmann, Maren Heyne und Heinz Mack. Wir trafen uns regelmäßig und haben manche Nacht zusammen auf der Terrasse sitzend oder in der Küche bei Essen und Trinken verbracht.

Eine besondere Freundschaft verband Uschi und mich mit dem Publizisten und Schriftsteller Hans Schwab-Felisch (1918–1989), der mit seiner Frau Eva nicht weit von uns entfernt in Meerbusch wohnte. Hans, oder »Schwab«, wie er genannt wurde, war eine Institution im bundesdeutschen Kulturleben. Als Feuilletonist hatte er sich einen Namen gemacht, aber auch als Herausgeber des *Merkur* und als Studioleiter beim WDR. Wir genossen es, mit ihm nächtelang über seine Artikel zu diskutieren, die meist in der *Frankfurter Allgemeinen Zeitung* erschienen und sich häufig mit den traumatischen deutschen Erfahrungen des 20. Jahrhunderts beschäftigten. Unseren Duisburger Bemühungen, dem Wie und Warum des Scheiterns der sogenannten deutsch-jüdischen Symbiose nachzugehen, stand Schwab mit großer Sympathie und Anteilnahme gegenüber. Den Fall der Mauer in Berlin hat er noch miterlebt, die deutsche Einheit nicht mehr. Ein Traum wäre für ihn in Erfüllung gegangen. Unheilbar an Krebs erkrankt, ahnte oder besser wußte er wohl, daß seine Tage gezählt waren. In einem seiner letzten Briefe, der mich im Sommer des Jahres 1989 aus Bad Aussee erreichte, gab er heiter und gelassen zu erkennen, daß es mit ihm bald zu Ende gehen würde. Es war der Blick auf den herannahenden Tod, der ihn bemerken ließ: »Ist alles schon ein seltsame Sache. Alles verändert sich.«

Israel und England. Die Jahre, die Uschi und ich auf dem Dyckhof verbrachten, waren ausgefüllt mit Reisen und Auslandsaufenthalten. Gastdozenturen in New York, Tel Aviv und Oxford wechselten mit Forschungsaufenthalten in Jerusalem, Berlin und London. Uschi begleitete mich meist, so zum Beispiel nach Tel Aviv, wohin ich 1976 eine Einladung zu Forschungszwecken für ein Jahr an die dortige Universität angenommen hatte. Ich beschäftigte mich damals mit der Frühgeschichte des Zionismus in Deutschland, also mit der Periode von 1882 bis 1897, in der erste nationaljüdische Bestrebungen insbesondere in Berlin eine Rolle spielten. Ein Buch zu diesem Thema, wie zunächst geplant, ist aus dieser Beschäftigung nicht erwachsen, nur einige kleinere Aufsätze, die in Zeitschriften und Jahrbüchern erschienen sind.

Wir wohnten in diesem Jahr zunächst bei den Cymbergs in Herzlia-Pituach, die dort eine kleine Pension führten. Fanny Cymberg stammte aus Sachsen, ihr Ehemann Boris aus Rußland. Wir saßen oft mit den beiden zusammen, und Boris erzählte von seinen Erlebnissen während der Oktoberrevolution und davon, unter welch schwierigen Umständen er einst nach Palästina gekommen war. Mitunter tauchte zum Kaffeetrinken eine Bekannte von ihm auf, die angeblich einst mit Lenin Umgang hatte und, wie uns zugeflüstert wurde, mit diesem auf den Barrikaden gestanden habe. Wir wußten nie so recht, ob die Geschichten, die erzählt wurden, tatsächlich stimmten, aber wir hatten bei diesen Treffen das Gefühl, daß uns der Atem der Geschichte streifte.

Später zogen wir in Herzlia-Pituach einige Straßen weiter, wo der Historiker Walter Laqueur eine kleine Strandwohnung besaß, die er uns für den Rest unseres Aufenthaltes kostenfrei zur Verfügung stellte. Laqueur, der an der Universität in Ramat Aviv lehrte und zwischen Tel Aviv, London und Washington hin- und herpendelte, war Uschi und mir gegenüber sehr entgegenkommend. Der Grund dafür dürfte wohl gewesen sein, daß wir ihn irgendwie an seine deutsch-jüdische Herkunft erinnerten und daß er meinen Vater schätzte, vielleicht gerade wegen der Positionen, die dieser in den dreißiger Jahren vetreten hatte.

Wir verbrachten die Tage damit, am Vormittag einen Sprachkurs, einen so genannten Ulpan, zu besuchen und uns am Nachmittag am Strand in der Sonne zu aalen. Wenn es allzu heiß war, blieb ich entweder in der Wohnung und transkribierte die Kopien, die ich im zionistischen Zentralarchiv in Jerusalem gemacht hatte, oder fuhr in die Bibliothek der Tel Aviver Universität, wo ich Bücher einsah oder auslieh. Marianne Koppel, die langjährige Sekretärin des Instituts für Deutsche Geschichte, und ihr Mann Leo Koppel, der die Geschäfte des Instituts führte, halfen mir, den einen oder anderen hebräischen Text zu entziffern.

Unsere Bemühungen, Hebräisch zu lernen, waren nicht von sonderlichem Erfolg gekrönt. In einem Supermarkt, in dem wir in Herzlia einzukaufen pflegten, bemerkte eines Tages ein hinter uns stehender, offensichtlich aus Deutschland stammender älterer Kunde, der Uschis und mein Hebräisch-Kauderwelsch an der Kasse amüsiert verfolgte: »Lassen Sie das doch. Ich lebe seit 1934 im Lande, habe aber immer noch nicht gelernt, Hebräisch korrekt zu sprechen. Für eine deutsche Zunge ist es sehr schwer, diese Sprache zu erlernen.« Der Kunde im Supermarkt von Herzlia-Pituach war keine Ausnahme. Es gibt zahlreiche Geschichten über die Schwierigkeiten, die manche »Jeckes« mit dem Erlernen der hebräischen Sprache hatten. Alex Bein, über den ich noch berichten werde, erzählte mir, er habe einmal Sammy Gronemann gefragt, ob Martin Buber eigentlich genügend Hebräischkenntnisse besitze, um seine Ansichten und Gedanken einem jüdisch-palästinensischen Publikum zu vermitteln. Gronemann, der laut Bein eine »rauhe und etwas bedächtige Stimme« hatte, antwortete: »Die Frage ist falsch gestellt. Es muß heißen, kann Buber so viel Hebräisch, um die Unklarheiten seines philosophischen Denkens dem hebräisch sprechenden Publikum deutlich zu machen.«

In den Siebzigern, ich glaube, es war der Sommer 1977 oder 1978, hielten wir uns in Yarnton bei Oxford auf, wo wir uns in David Pattersons »Center for Postgraduate Hebrew Studies« einquartierten. Ich fuhr von dort in die Bodleian nach Oxford, studierte Nachlässe und sah seltene Bücher ein. In der Bibliothek des Yarnton-Center fand ich manches, was mir bei meinen Frühzionismus-Studien weiterhalf. Während unseres Yarnton-Aufenthaltes war auch Michael Naumann in Oxford, damals noch Assistent bei den Politikwissenschaftlern an der Bochumer Ruhr-Universität. Der spätere Kulturminister und jetzige Herausgeber der *Zeit* verbrachte wie wir den Sommer in England. Wir sahen uns ab und zu. Bei einem dieser Zusammentreffen, so ich mich recht erinnere, diskutierten wir, ob es nicht möglich sei, die einige Zeit zuvor eingestellte Zeitschrift *Der Monat* wieder zum Leben zu erwecken. Michael Naumann nahm später diese Idee auf und reaktivierte das Blatt 1978. Es hatte aber leider nur eine kurze Lebensdauer.

Jener Sommer in England war sehr verregnet. Das im englischen Landhaus-Stil gehaltene Backsteinhäuschen, in dem wir in Yarnton untergebracht waren, hatte zwar seine angenehmen Seiten, doch das naßkalte Klima sagte uns nicht zu, und so beschlossen wir, den Aufenthalt vorzeitig abzubrechen und in den Süden zu reisen.

Wenige Tage später bestiegen wir ein Flugzeug nach Israel, nahmen, dort angekommen, am Ben Gurion Airport Tel Aviv einen Mietwagen und befanden uns ein paar Stunden später bereits im tiefsten Sinai. In Dahab, einer Oase an der Küste des Roten Meeres, die Ziel unserer Fahrt war, mieteten wir uns im Gästehaus des dortigen Moschaw ein und waren bemüht, das regnerisch-dunkle England-Klima so schnell wie möglich zu verdrängen. Es brauchte nicht lange, bis sich das Gefühl einstellte, in einer anderen Welt angekommen zu sein. Als 1982 der Sinai im Zuge des Friedensabkommens von den Israelis an die Ägypter zurückgegeben wurde, war Dahab, wohin wir seit Mitte der siebziger Jahre immer wieder gefahren waren, zu unserem großen Bedauern nur noch unter großen Schwierigkeiten zu erreichen. Wir haben es nach der Übergabe des Sinai an Ägypten vermieden, noch einmal dorthin zu reisen. Wir wollten den Ort so in Erinnerung behalten, wie wir ihn bei unseren früheren Aufenthalten erlebt hatten. Irgendwie ahnten wir, daß nach dem Abzug der Israelis »unsere« Wüsten-Oase nicht mehr das sein würde, was sie einmal gewesen war.

Die »Gesellschaft für Geistesgeschichte«. Im Herbst 1984 wählte mich die Mitgliederversammlung der »Gesellschaft für Geistesgeschichte« (GGG) zu ihrem neuen Vorsitzenden. Ich nahm das Amt gerne an, denn ich war seit ihren Anfängen mit der GGG verbunden. Mein Vater, der die Gesellschaft gegründet hatte, legte großen Wert darauf, daß ich an den Jahrestagungen teilnahm, die anfangs in der Evangelischen Akademie Hofgeismar jeweils Ende Oktober eines jeden Jahres stattfanden. Bis auf die Gründungstagung 1958 im hessischen Herborn habe ich denn auch alle Tagungen besucht.

Was ist die GGG? Welche Aufgaben stellt sie sich? In aller Kürze läßt sich das vielleicht folgendermaßen beschreiben: Die Gesellschaft, der nie mehr als 150 Mitglieder angehörten, setzt sich aus Historikern, Pädagogen, Theologen, Medizinern und Kunsthistorikern zusammen. Auf ihren Jahrestagungen bemüht sie sich, den Geist einer Zeit, den sogenannten »Zeitgeist«, zu erfassen, wie er in den Manifestationen des geistigen Lebens - Philosophie, Kunst, Religion, Politik, Wirtschaft, Recht und so weiter – zum Ausdruck kommt. Die Arbeit der Gesellschaft ist entsprechend dieser Programmatik interdisziplinär ausgerichtet. Die Jahrestagungen beschäftigen sich mit Themen, die von den »Wandlungen des Lebensgefühls« über »Sexualmoral und Zeitgeist« bis hin zu den »Geistesgeschichtlichen Grundlagen der Geopolitik« reichen. Im Verlauf der letzten Jahrzehnte gab es kaum eine Fragestellung der neueren Geistesgeschichte, die nicht im Rahmen einer Jahrestagung verhandelt worden wäre.

Schon für Hegel war bekanntlich die gesamte Weltwirklichkeit der Stoff, an dem er die Selbstbewegungen des Geistes zu demonstrieren unternahm. Aber es ist Wilhelm Dilthey, der als der eigentliche Vater der Geistesgeschichte im Sinne der Zeitgeistforschung gilt. Dilthey ging es darum, das geschichtliche Leben aus sich selbst heraus zu verstehen und den geistigen Gehalt einer Zeit aus allen überhaupt erschließbaren Quellen zur Darstellung zu bringen. Seinem Bemühen, eine »Erfahrungswissenschaft der geistigen Erscheinungen« (1910) aufzubauen und methodisch zu sichern, fühlt sich die GGG seit ihrem Bestehen verpflichtet.

In seinem 1959 erschienenen Buch *Was ist und was will die Geistesgeschichte? Theorie und Praxis der Zeitgeistforschung* plädierte mein Vater für eine stärkere Berücksichtigung bisher meist vernachlässigter Quellengattungen in der geistesgeschichtlichen Forschung. Entsprechend diesem Ansatz war es auf den Jahrestagungen der Gesellschaft üblich, Spezialthemen zu behandeln wie etwa »Der Quellenwert der Autobiographie für die Zeitgeschichtsforschung« (Hans Heinrich Muchow), »Zeitgeist in Zigarettenbildersammelalben der Weimarer Republik« (Horst E. Schallenberger) oder »Science Fiction und Geschichte« (Michael Salewski). Diese Themen lassen erkennen, daß die Gesellschaft sich lange vor dem Aufkommen von Disziplinen wie »Mentalitäts-« beziehungsweise »Bewußtseinsgeschichte« mit Methoden beschäftigt hat, die erst in letzter Zeit in Mode gekommen sind. Im Unterschied zu diesen Disziplinen ist die Zeitgeistforschung vielleicht noch etwas origineller, was die Auswahl der aussagekräftigen Quellen angeht. Zu ihnen gehören Leichenpredigten, Kaufhauskataloge, Werbeanzeigen und ähnliches.

Die Hofgeismarer Tagungen waren insbesondere in den Anfängen ein Treffpunkt interessanter Zeitgenossen. Das hing damit zusammen, daß mein Vater es verstand, Freunde und Weggefährten für die Gesellschaft zu »keilen«, wie es im jugendbewegten Jargon heißt. Einige seien genannt, die Mitglieder der Gesellschaft wurden und immer wieder im Herbst ihren Weg nach Hofgeismar fanden: Da war Friedrich Kreppel, ein Bündischer der Vorkriegszeit, der von seiner äußeren Erscheinung her wie ein Georgianer wirkte, aber auch Herbert Bahlinger, ein SWF-Rundfunkmann und begnadeter Geschichtenerzähler. Und unvergessen schließlich bleibt Fritz (»Fritze«) Bolle, Cheflektor des Droemer-Verlags, der von seinen Erlebnissen schwadronierte und Mittelpunkt von manchem nächtlichen Trinkgelage war.

Mitunter kam es zu denkwürdigen Auftritten. Ich erinnere mich an eine Jahrestagung, die sich mit dem Zeitgeist der Weimarer Republik befaßte und bei der hitzig darüber diskutiert wurde, welche Rolle Hindenburg beim Aufstieg Hitlers und des Nationalsozialismus tatsächlich gespielt habe. In dieser Auseinandersetzung meldete sich ein älterer Tagungsteilnehmer zu Wort, seines Zeichens ein pensionierter Generalstabsoffizier der Reichswehr, der bislang in der Debatte geschwiegen, nun aber offensichtlich den Drang hatte, sich zu äußern. Alles sei ganz anders gewesen, erklärte er, das könne er beweisen, weil er aus eigener Erfahrung spreche. Hindenburg habe ihm bei einem der gemeinsamen Ausritte im Berliner Tiergarten seine geheimsten Ansichten über Hitler und die Nazis anvertraut. Die Tagungsteilnehmer wußten nicht so recht, was sie darauf antworten sollten. Stimmte dieser Bericht oder war mit dem einstigen Generalstabsoffizier die Phantasie durchgegangen? Man war ratlos. Einen Wahrheitsbeweis konnte man schlecht fordern, denn die Tagungsteilnehmer ahnten, daß er von dem älteren Herren nicht geliefert werden konnte. Um aus der Zwickmühle herauszukommen, beschloß man, den Bericht als persönliches Bekenntnis eines Zeitzeugen zu werten.

Unbestrittener Höhepunkt der Hofgeismarer Tagungen waren die mit Spannung erwarteten Auftritte des in Erlangen lehrenden Staats- und Kirchenrechtlers Alfred Voigt, der über Jahrzehnte das Amt des Schatzmeisters der Gesellschaft auf ausgesprochen kauzige Art und Weise wahrnahm. Bei den Mitgliederversammlungen, die nach festem Ritual immer am Freitagabend stattfanden, verstand er es, aus dem kurzen Bericht des Schatzmeisters einen dramatischen Auftritt zu machen. Auf einer Tagung zum Beispiel, die bemüht war, dem Zeitgeist der Wilhelminischen Epoche auf die Spur zu kommen, zog Voigt zur allgemeinen Verwunderung aus seiner Aktentasche ein kleines Fläschchen hervor, entkorkte es und ließ es in der Runde kreisen mit der Aufforderung, an diesem zu schnuppern. Den Geruch, der entfernt an mit Lysol oder ähnlichem geschrubbte Gänge in Gefängnissen oder Krankenhäusern erinnerte, kommentierte er unter dem Beifall und dem Gelächter der Tagungsteilnehmer folgendermaßen: »Sehen Sie, meine Damen und Herren, den Zeitgeist des Wilhelminismus können wir vermutlich nicht beschreiben oder erfassen – aber zumindest können wir ihn heute noch riechen.«

Die Institutsgründung. Mitte der achtziger Jahre reiften die Pläne, in Duisburg ein Institut zur Erforschung der deutsch-jüdischen Geschichte einzurichten. Mit einstigen Schülern wie Ludger Heid und Margret Heitmann, aber auch mit Anja Bagel, einer Freundin, hatten sich Mitstreiter eingefunden, die von Anfang an an der Realisierung des Vorhabens mitwirkten.

Wir saßen manchen Nachmittag in der Universität oder auf dem Dyckhof in Meerbusch zusammen und diskutierten, was getan werden müßte, um das Projekt Wirklichkeit werden zu lassen. Wir waren uns alle mehr oder weniger einig, daß es Aufgabe des zu gründenden Instituts sein mußte, sich nicht mit der Geschichte der Juden in Deutschland, sondern mit der deutsch-jüdischen Beziehungsgeschichte von der Aufklärung bis zur Gegenwart in ihrer Facettenvielfalt zu beschäftigen. Bei unseren Konzeptüberlegungen gingen wir davon aus, daß Schwerpunkt der künftigen Arbeit die Untersuchung all jener Probleme sein sollte, die mit der gesellschaftlichen Integration und Akkulturation der Juden zu tun haben. In dem zu gründenden Institut sollten nicht nur das »Trauma Auschwitz«, sondern auch die »Phasen der Normalität« erforscht werden, die Zeiten der »deutsch-jüdischen-liberalen Weggemeinschaft« also, um eine Beschreibung des Historikers Jacob Toury aufzunehmen, der einer der Nestoren der deutsch-jüdischen Geschichtsschreibung in jenen Jahren war.

Nach wem das Institut benannt werden sollte, darüber zerbrachen wir uns lange den Kopf. Ich favorisierte zunächst den Namen des 1848er-Demokraten und Schriftstellers Johann Jacoby (1805–1877), der es mir seit jeher angetan hat. Von Jacoby stammt die berühmte Formulierung: »Wie ich selbst Jude und Deutscher zugleich bin, so kann in mir der Jude nicht frei werden ohne den Deutschen, und der Deutsche nicht ohne den Juden.«

Schließlich wählten wir jedoch als Namensgeber den Arzt, Philosophen und Theologen Salomon Ludwig Steinheim (1789–1866). Mit ihm, einem »Polyhistor«, der eine Lehre entwickelt hatte, die bemüht war, Offenbarung und moderne Aufklärung miteinander zu verknüpfen, hatte sich bereits mein Vater beschäftigt. Für unsere Zwecke war sein Name insofern geeignet, als er im Gegensatz zu Jacoby aus Westfalen stammte und die Institutsbenennung dadurch besser begründet werden konnte. Wir konnten uns bei unserer Entscheidung im übrigen auf keinen geringeren als den Jerusalemer Kabbala-Forscher Gershom Scholem berufen, der die Werke Steinheims kannte und davon überzeugt war, er werde einst aus der Vergessenheit wieder auftauchen. »Es gibt gar keinen Zweifel«, so heißt es in Scholems Gedenkrede auf Franz Rosenzweig, »daß der Tag noch kommen wird, da man das verborgene Leben des Denkens in vergessenen und geschmähten Büchern wie [Salomon] Ludwig Steinheims (Die Offenbarung nach dem Lehrbegriff der Synagoge) wiederentdecken wird.«

Mich selbst hat an Steinheim nicht seine für meinen Geschmack etwas verquere Lehre fasziniert, die auf Offenbarungsglauben und Vernunftdenken aufbaute, sondern mehr sein Bemühen um die Verbesserung der rechtlichen und gesellschaftlichen Verhältnisse der Juden im Deutschland der ersten Hälfte des 19. Jahrhunderts. Als wir anläßlich des 200. Geburtstages Steinheims zusammen mit der Schleswig-Holsteinischen Landesbibliothek im Oktober 1989 im Kieler Schloß einen internationalen Kongreß organisierten, war das auch der Grund, warum ich einen Vortrag hielt, der sich mit »Steinheim als Emanzipationspolitiker« befaßte.

Im April 1986 eröffneten wir im Rahmen der »Duisburger Akzente« das Institut mit einer internationalen Konferenz »Juden als Träger bürgerlicher Kultur in Deutschland«. Das drängendste Problem, geeignete Arbeits- und Büroräume zu finden, war zuvor dank der flexiblen und unbürokratischen Hilfe der Stadt Duisburg gelöst worden. Wir erhielten den als Folge des damaligen Schülerrückgangs freiwerdenden Trakt der universitätsnahen Annette-von-Droste-Hülshoff-Schule mietfrei zur Verfügung gestellt. Das war ein Entgegenkommen, das nicht selbstverständlich war und das wir sehr zu schätzen wußten. Als weitere großzügige Geste war ein Mitarbeiter der Stadt freigestellt worden, um im Institut als Geschäftsführer tätig zu werden.

Die Konferenz, die zusammen mit dem Leo Baeck Institute, London, und der Landeszentrale für politische Bildung NRW ausgerichtet wurde, stand unter der Schirmherrschaft von Johannes Rau, dem damaligen Ministerpräsidenten des Landes Nordrhein-Westfalen. In seiner Begrüßungsansprache betonte Rau, daß »Lasten der Erinnerung« auf uns allen lägen und daß es darauf ankomme, den »Abbau von Befangenheiten« voranzutreiben. »Es gibt«, so schloß Rau seine Rede, »eine Art von Geschichte, die macht den anderen nicht arm, sondern sie macht den reicher, der sich öffnet, zuwendet, den, der zuhört, und den, der auch den alten Klang der Botschaft Abrahams, Isaaks und Jakobs hört.« Den Eröffnungsvortrag hielt der Kultursoziologe Nicolaus Sombart, der die These von der »Begegnung« zwischen Deutschen und Juden entwickelte, die seiner Ansicht nach an der Wende zu einer neuen Gesellschaft gestanden hätte. Das »Bündnisangebot« sei jedoch von den Deutschen ausgeschlagen worden.

Der Erfolg des Kongresses und das befürwortende Votum von Johannes Rau führten dazu, daß mit Erlaß vom 15. Juli 1988 das Steinheim-Institut vom Minister für Wissenschaft und Forschung des Landes Nordrhein-Westfalen als wissenschaftliche Einrichtung an der Universität Duisburg anerkannt wurde. Mit der Universität wurde ein Kooperationsvertrag geschlossen. Ein Freundes- und Fördererkreis wurde gebildet und mit dem *Dialog* ein Mitteilungsblatt geschaffen, das über Ziele und Entwicklungen der Institutsarbeit und damit zusammenhängender Themen unterrichtete.

Das Echo, das die Institutsgründung in der Öffentlichkeit fand, war enorm. Die Medien berichteten ausführlich. Diese Öffentlichkeitswirksamkeit war es denn wohl auch, die den weiteren Ausbau begünstigte und Politiker von der Wichtigkeit der Duisburger Aktivitäten überzeugte. Es gelang nicht nur, die institutionelle Förderung durch das Land zu erreichen, sondern auch in der internationalen Wissenschaftslandschaft in relativ kurzer Zeit als gleichwertiger Partner akzeptiert zu werden. Ebenfalls ein Erfolg war, daß reputierliche Persönlichkeiten als Mitglieder für das Kuratorium des Instituts gewonnen werden konnten. In das Gremium wurden Kurt H. Biedenkopf, Horst Ehmke, Joseph Krings, Heinz Galinski und Heinz Mack berufen. Im Wissenschaftlichen Beirat wirkten mit Micha Brumlik, Saul Friedländer, Walter Grab, Arno Herzig, Peter Hüttenberger, Joachim H. Knoll, Werner E. Mosse, Shlomo Na'aman, Alphons Silbermann, Guy Stern, Jacob Toury, Monika Richarz und Rachel Salamander.

Unter meiner Leitung als Institutsdirektor wurden eine Reihe vielbeachteter Konferenzen organisiert. Thematisch reichten sie vom »Nationalsozialismus im Bewußtsein der Gegenwart« über »Juden und deutsche Arbeiterbewegung bis 1933« bis hin zu »Jüdische Identität im Nachkriegseuropa« und »Jüdische Frauen im 19. und 20. Jahrhundert«. Wir waren stolz darauf, daß es uns gelang, zu diesen Konferenzen bekannte Wissenschaftler nach Duisburg zu holen wie etwa Christian Meier, Jost Hermand, Rita Thalmann, Hans Keilson, Robert Wistrich oder Susanne Miller.

Im März 1988 war das Institut mitbeteiligt an der Organisation eines Kurt-Weill-Festivals in Nordrhein-Westfalen. In Guy Stern, der für den Board der Kurt Weill Foundation for Music in New York sprach, hatten wir einen Partner, mit dem wir erste Pläne entwickelten. Die Zusammenarbeit mit dem ursprünglich aus Hildesheim stammenden Guy Stern, einem umtriebigen und phantasievollen Kopf, machte großen Spaß. Es gab zu keinem Zeitpunkt irgendwelche Mißtöne. Im Rahmen der verschiedenen Festivalaktivitäten, die in verschiedenen Städten Nordrhein-Westfalens stattfanden, wurde nicht nur eine konzertante Welturaufführung der satirischen Operette *Der Kuhhandel* realisiert, sondern auch Weill-Kompositionen bisher unbekannter Synagogal-Musik vorgestellt. Zu einem internationalen Kurt-Weill-Symposium, zu dem das Steinheim-Institut nach Duisburg lud, reiste eine so große Teilnehmerzahl aus dem In- und Ausland an, daß die in Duisburg vorgesehenen »Tagungskapazitäten« bis an ihre Grenzen ausgeschöpft wurden.

In den regelmäßig veröffentlichten Tätigkeitsberichten, in denen die Publikationen des Institutes aufgelistet und die Aktivitäten der Mitarbeiter dokumentiert wurden, ist nachzulesen, daß unsere Arbeit sich nicht nur darauf beschränkte, Konferenzen und Tagungen zu organisieren, sondern daß wir bemüht waren, auch mit anderen Initiativen in der Öffentlichkeit zu wirken. So sind dem Institut nicht nur eine Reihe spektakulärer Ausstellungen zu danken, sondern auch die Tatsache, daß das von dem Künstler Heinz Mack geschaffene Anne-Frank-Mahnmal 1988 in Duisburg aufgestellt wurde.

Zu den herausragenden Ereignissen in der Gründungsphase

Anja E. Bagel-Bohlan

des Instituts zählt die Übernahme des rund 4000 historische Dokumente umfassenden Bildarchivs zur Geschichte der Juden in Deutschland des Jerusalemer Fotografen Nachum T. Gidal. Das Archiv, dessen Erwerb mit Hilfe des Bundesinnenministeriums ermöglicht wurde, stellt eine in der Welt einzigartige Ikonographie des deutschen Judentums dar. Unser Ziel, abgesprochen mit »Tim«, wie Gidal von seinen Freunden genannt wurde, war, dieses Archiv in Deutschland einer kulturell interessierten Allgemeinheit zugänglich zu machen.

Nicht alles gelang. Ein Projekt zum Beispiel, in das wir große Hoffnungen gesetzt hatten, zerschlug sich: die Herausgabe der Tagebücher des Kafka-Freundes Max Brod. Der Grund für das Scheitern lag in dem eigenartigen Verhalten der Nachlaßverwalterin Ilse Esther Hoffe, der Sekretärin und einstigen Lebensgefährtin Brods. Sie unterschrieb zwar einen Vertrag, nahm auch einen Vorschuß entgegen, weigerte sich dann aber, die Tagebücher herauszugeben. Alle Versuche, sie umzustimmen, blieben erfolglos.

Anja E. Bagel-Bohlan. Wenn ich mich recht erinnere, stieß Anja zu unserem Kreis bei der Tagung »Juden im Vormärz und in der Revolution 1848«, die der Forschungsschwerpunkt »Religion und Geschichte des Judentums« in Verbindung mit dem Institut für Deutsche Geschichte der Universität Tel Aviv im Februar 1982 in der Evangelischen Akademie in Mühlheim/Ruhr veranstaltete. Anja, eine hochgewachsene, gutaussehende Frau, die in die Henkel-Familie in Düsseldorf eingeheiratet hatte, zeigte sich von Anfang an interessiert an allen Fragen, die das deutsch-jüdische beziehungsweise das deutsch-israelische Verhältnis betrafen. In Bonn hatte Anja, die 1938 in Potsdam geboren worden war, Geschichte, Romanistik, Politikwissenschaft, Soziologie und Volkswirtschaftslehre studiert. Mit ihrer Dissertation zum Thema »Die industrielle Kriegsvorbereitung in Deutschland 1936–1939« hatte sie sich in einen wehrwissenschaftlichen, wirtschafts- und zeitgeschichtlichen Kontext implementiert, der national und international Beachtung fand.

Zwischen Anja, Uschi und mir entwickelte sich eine Freundschaft, wie sie nur selten ist. Wir machten gemeinsame Reisen an die französische Küste, nach Israel und trafen uns in Italien. Es herrschte zwischen uns ein grundlegendes Einvernehmen in allen wichtigen Fragen des Lebens. Anja, die einem preußisch-konservativen Elternhaus entstammte, war ein Mensch, der radikale Fragen an sich selbst und an andere stellen konnte. Sie tat das auf eine ausgesprochen charmante Art und Weise, so daß ihr niemand ihre Direktheit übelnahm. Als sie im Mai 1996 an Knochenkrebs starb, hatten wir das Gefühl, als ob nicht nur eine Freundin, sondern jemand aus der Familie von uns gegangen war.

Anja war nicht nur Gründungsmitglied des Steinheim-Instituts, sondern nahm intellektuell-inspirierend Anteil an seinen Aktivitäten. Daß wir die institutionelle Förderung des Instituts erreichten, ist insbesondere ihrem Engagement zu verdanken. Gemeinsam machten wir Besuche bei Politikern und sprachen in den Amtsstuben der Ministerien vor. Mehr als einmal habe ich dabei gehört: »Ihrer Überredungskunst kann man sich nur schwer entziehen.« Wir waren ein ideales Gespann. Anja ironisierte unsere Aktivitäten, indem sie in Anspielung auf eine Hollywood-Klamotte meinte, wir würden unsere Auftritte wie »Bonnie und Clyde« inszenieren.

Es gelang uns auch, einen Nachkommen Steinheims für unsere Aktivitäten zu gewinnen. Franz D. Lucas, der in Bolivien ein beachtliches Vermögen gemacht hatte und unserem Anliegen mit einer gewissen Sympathie gegenüberstand, unterstützte Anjas und meine Bemühungen. Wir trafen uns regelmäßig in Duisburg und in London, wo wir mit ihm die Probleme der Institutsgründung besprachen. Es war eine Kooperation auf Gegenseitigkeit. Er unterstützte uns, während wir sein Anliegen, eine Geschichte der Juden seiner Heimatstadt Glogau zu schreiben, im Rahmen unserer Möglichkeiten förderten.

Später überwarfen wir uns mit Lucas in einer eigentlich banalen Angelegenheit. Er monierte, daß das Institut im Hildesheimer Olms-Verlag eine wissenschaftliche Buchreihe mit dem Namen »Haskala« plaziert hatte, in der unter anderem der von Jutta Dick und mir herausgegebene Briefwechsel Steinheims veröffentlicht worden war. In zahlreichen Briefen versuchte er, Anja und mich immer wieder davon zu überzeugen, teilweise unter Drohungen und Einschaltung eines Rechtsanwaltes, den Reihentitel »Haskala« nicht mehr zu verwenden. Steinheim, so Lucas, habe mit der »Haskala« rein gar nichts zu tun gehabt; sie sei nichts anderes als ein zionistisches Projekt, von dem ein anständiger Mensch sich nur distanzieren könne. Unseren Einwand, daß die »Haskala« doch etwas Ehrenwertes sei und, wie in jedem Lexikon nachzulesen, nichts anderes als Aufklärung bedeute, wollte er nicht gelten lassen. Ich lernte damals, daß, wenn ein Vorurteil sich bei einem Menschen im Kopf festgesetzt hat, Vernunftargumente keine Rolle mehr spielen. Bei dem von mir sonst durchaus geschätzten Lucas war das ganz offensichtlich der Fall.

In regelmäßigen Abständen lud Anja mit ihrem Lebensgefährten Horst Christiani in ihr geräumiges Haus in der Rotterdamer Straße in Düsseldorf ein. Medienleute, Künstler und Politiker wie zum Beispiel Horst Ehmke, Rita Süßmuth, Irmgard Schwaetzer oder Kurt Biedenkopf gaben sich in gelöster Atmosphäre ein Stelldichein. Es wurden Kontakte gestiftet, die für die Arbeit des Instituts von großem Nutzen waren. Wenn sich die Gelegenheit bot, gab Anja auch Essen für Personen, die ihr persönlich nahestanden. Das konnte ein Abend für den Literaturkritiker Marcel Reich-Ranicki sein, der sich gerade zu einem Heine-Vortrag in Düsseldorf aufhielt. Oder Anlaß war die Vernissage eines mit ihr befreundeten Künstlers. Heinz Mack und Konrad Klapheck zum Beispiel gingen bei ihr ein uns aus. Anja besaß vorzügliche Gastgeberqualitäten, und ihr unkomplizierter Umgang mit den Gästen war wohl auch der Grund, daß diese immer wieder kamen, wenn eine Einladung in ihrem Hause anstand.

Mehr als einmal machte sich Anja auf den Weg, um einen ein von mir geschriebenen Bittbrief bei irgendeinem offiziellen Anlaß persönlich zu übergeben. Wir haben häufig gemeinsam gelacht, wenn sie anschließend erzählte, wie sie es fertiggebracht hatte, sich an den jeweiligen Adressaten heranzupirschen. Es gelang ihr so, mit dem Bundespräsidenten oder mit dem Bundeskanzler zu reden oder den Ministerpräsidenten des Landes Nordrhein-Westfalen davon zu überzeugen, sich in unserer Angelegenheit zu engagieren. Meist hatte sie mit ihren Interventionen Erfolg.

Duisburger Verwerfungen. Einer der Gründe, weshalb es 1986 zur Gründung des Steinheim-Institutes kam, war, daß die Universität nicht wirklich an Forschungsaktivitäten zur deutsch-jüdischen Geschichte interessiert war. Die Universität/Gesamthochschule Duisburg, 1972 im Zuge der Regionalisierung der nordrhein-westfälischen Hochschullandschaft aus der Pädagogischen Hochschule Ruhr hervorgegangen, war auf den Ausbau der Natur- und Ingenieurwissenschaften zugeschnitten. Die Geistes- und Sozialwissenschaften spielten im Konzept der Hochschulverantwortlichen eine nur untergeordnete Rolle.

In den mehr als zwanzig Jahren, in denen ich zunächst als Dozent, dann seit 1974 als Professor für Politische Wissenschaft an der Duisburger Universität lehrte, ist es mir nicht gelungen, wenigstens in Ansätzen das mich beschäftigende Thema der deutsch-jüdischen Beziehungsproblematik in der Lehrplanung zu verankern. Seitens der Kollegenschaft gab es dagegen einen deutlich spürbaren Widerstand. Jedes Semester mußte ich darum kämpfen, daß meine Themen bei der Veranstaltungsplanung berücksichtigt wurden. Die Fachkollegen waren ganz offensichtlich der Ansicht, daß die Probleme der deutsch-jüdischen Beziehungsgeschichte mit der Disziplin Politische Wissenschaft nichts zu tun hätten. Themen der Antisemitismusforschung wurden gerade noch, wenn auch mit Zähneknirschen, akzeptiert, weil man meinte, diese hätten irgendwie mit dem Phänomen Rechtsradikalismus zu tun, ergo gehöre die Thematik in das Lehrgebiet »Innenpolitik«. Wirkliche Schwierigkeiten machten meine Kollegen jedoch, wenn es um die Zuordnung von Veranstaltungen ging, die sich zum Beispiel mit der politisch-philosophischen Gedankenwelt Moses Mendelssohns, Martin Bubers oder Franz Rosenzweigs befaßten. Ich hatte den begründeten Verdacht, daß diese Namen der Mehrzahl meiner Kollegen nichts sagten.

Einer der wenigen, der in Duisburg Interesse an meinen Themen hatte, war Claus E. Bärsch, der Politische Theorie lehrte und ein Schüler Eric Voegelins war. Bärsch und ich hatten die Außenseiterrolle in Duisburg geradezu gepachtet. In jenen Jahren, in denen es als chic oder modern galt, links zu denken und halbrechts zu handeln, war Bärschs und meine Denkweise nicht sehr gefragt. Man lehnte uns ab. Das zeigte sich insbesondere bei den Abstimmungen, die in den Fachsitzungen stattfanden. In der Regel war das Abstimmungsergebnis 18:2 – und das über die Jahre hinweg. Es waren bittere Erfahrungen.

Obgleich Bärsch und ich uns mitunter heftig in die Haare gerieten, einte uns die Ablehnung marxistischer beziehungsweise neomarxistischer Positionen. Immer wieder mußten wir uns gegenüber unseren Kollegen verteidigen, die uns für bourgeoise Reaktionäre und Spinner hielten. Unsere Überlegungen, die immer wieder um die Probleme der jüngeren deutschen Geschichte kreisten, um Hitler, Goebbels und den Nationalsozialismus also, sahen sie als abwegig an. Sie redeten über Adorno und Horkheimer, diskutierten Luhmanns Systemtheorie und lächelten herablassend, wenn wir unsere Zweifel an der Veränderbarkeit der Welt äußerten.

Bärsch und ich hatten zwar ähnliche Überzeugungen, aber das hieß nicht, daß wir immer einer Meinung waren. An einem Beispiel mag das illustriert sein. Irgendwann Ende der siebziger, Anfang der achtziger Jahre leiteten wir gemeinsam ein Seminar zu einem Thema, das mir entfallen ist, aber vermutlich etwas mit dem Nationalsozialismus zu tun hatte. In einer der Seminarsitzungen begannen wir uns zu streiten, aber nicht in der Sache, sondern wegen eines eigentlich lächerlichen Sachverhaltes. In der Veranstaltung saß eine Reihe von Studentinnen, die den Eindruck machten, als ob sie den Referaten aufmerksam zuhörten, gleichzeitig aber, was damals Mode war, auf dem Schoß Wollknäuel liegen hatten und hingebungsvoll vor sich hin strickten. Als Bärsch das registrierte, bekam er einen unkontrollierten Wutanfall und erklärte, die strickenden Studentinnen hätten den Raum umgehend zu verlassen. Es kam zu heftigen Tumulten. Das Seminar spaltete sich. Ein Teil solidarisierte sich mit den Strikkenden und äußerte die Ansicht, deren Verhalten sei zwar nicht gutzuheißen, aber das Stricken sei so wichtig auch wieder nicht und würde den Seminarablauf nicht stören. Bärsch blieb hart. Stricken im Seminar, meinte er, sei eine Mißachtung des akademischen Geistes und gegen alle akademischen Gepflogenheiten. Auch ich ließ mich zur Parteinahme hinreißen. Wutschnaubend zog ich mit denjenigen aus, denen die strickenden Studentinnen nichts ausmachten. Wir suchten uns einen anderen Seminarraum, um die begonnene Veranstaltung in anderer Form fortzusetzen. Der ganze Vorgang wirkte absonderlich, und das war wohl auch der Eindruck der regionalen Presse. In einer Zeitung erschien zur allgemeinen Erheiterung am nächsten Tag ein Artikel, der sich in süffisanten Formulierungen über den »Duisburger Strickstreit« lustig machte.

Meine Versuche, die Steinheim-Aktivitäten zu erweitern und in Duisburg einen Studiengang »Jüdische Studien« zu etablieren, stießen auf Widerstand. Es dauerte einige Zeit bis ich begriff, daß meine Kollegen alle Aktivitäten blockierten. In den Kommissionen, in denen der Antrag auf die Errichtung eines Studienganges »Jüdische Studien« eingebracht werden mußte, erklärte man, ein solcher benötige Stellen. Sollten der Universität zusätzliche Finanzen zur Verfügung gestellt werden, wäre es weitaus sinnvoller, diese anderweitig zu verwenden. Bei manchen dieser Äußerungen war ein leicht antisemitischer Unterton unüberhörbar, etwa nach dem Motto: »Gibt es kein wichtigeres Thema als die Juden?« oder »Sollen die Juden das doch selbst bezahlen«. Man gab mir zu verstehen, daß man einen solchen Studiengang nicht wolle und auch nicht für notwendig ansehe. Erst einige Jahre nach meinem Weggang aus Duisburg kam in der Frage des Studiengangs »Jüdische Studien« wieder etwas in Bewegung, aber nicht, weil die Duisburger Universität es so wollte, sondern weil die Politik Druck machte und das zuständige Ministerium in Düsseldorf per Erlaß die Einführung des Studiengangs anordnete.

Geradezu ein Schock in der Duisburger Zeit war für mich die Erfahrung, daß auch Kollegen, von denen ich es nicht gedacht hätte, sich zu unpassenden Äußerungen hinreißen ließen. Die meisten taten es vermutlich, ohne daß ihnen vermutlich bewußt war, was sie sagten. Das zeigte sich zum Beispiel im Verlauf eines Verfahrens zur Besetzung einer Judaistik-Professur. Für diese Professur hatten sich ausgewiesene Wissenschaftler aus aller

Welt beworben, unter anderem ein renommierter Philosophieprofessor und Rabbiner von der Bar Ilan Universität in Tel Aviv, ein intimer Kenner der Werke Salomon Ludwig Steinheims. Sein Manko war nur, daß er kein geborener Jude, sondern durch Übertritt Jude geworden war. Der Vorsitzende der Berufungskommission, ein damals einflußreicher evangelischer Theologe, erklärte bei Beginn der Beratungen zu meinem Erstaunen, ein Konvertit komme für die ausgeschriebene Stelle keinesfalls in Betracht. Auf meine verdutzte Nachfrage, wieso nicht, antwortete er, ein Konvertit sei nicht geeignet, Studenten Judentum authentisch zu vermitteln. Als ich daraufhin erwiderte, diese Art der Argumentation höre sich so an, als käme sie direkt aus Streichers *Stürmer*, war der Konflikt vorprogrammiert. Es kam zu lautstarken Auseinandersetzungen. Mein Einwand, daß es letztlich gleichgültig sei, ob jemand durch Geburt Jude ist oder durch Konversion zum Juden wird, wurde nicht akzeptiert. Die Diskussion machte deutlich, daß es dem Vorsitzenden der Berufungskommission und den meisten der Mitglieder gar nicht darauf ankam, ob jemand ein guter oder schlechter Wissenschaftler war, sondern daß es in erster Linie darum ging, einen »authentischen« Juden auf die ausgeschriebene Stelle zu berufen – und für »authentisch« hielt besagter Vorsitzender nur, wer Kind einer jüdischen Mutter ist. Meine Proteste nutzten wenig. Mir blieb deshalb nichts anderes übrig, als mich aus der Berufungskommission zurückzuziehen. Unnötig zu sagen, daß der Bewerber aus Israel bei der Besetzung der Stelle nicht berücksichtigt wurde.

Es war nicht zu übersehen, daß bei einigen meiner Kollegen Obsessionen und verquere Bilder die Argumentation bestimmten. Ein Graben tat sich auf, den ich nie und nimmer vermutet hätte. Die »Jüdischen Studien«, wie sie mir vorschwebten, waren in diesem Klima nicht oder nur unter Schwierigkeiten zu realisieren. Letzteres war wohl auch der Grund, daß ich darüber nachzudenken begann, ob es für mich nicht doch sinnvoller wäre, Duisburg und dem Niederrhein den Rücken zu kehren.

Theodor Herzl, der Zionismus und Israel

Ab wann ich mich für Theodor Herzl und die Anfänge des Zionismus zu interessieren begann, kann ich nicht mit letzter Bestimmtheit sagen. Mir ist, als sei das Ende der sechziger beziehungsweise Anfang der siebziger Jahre gewesen, und zwar im Zusammenhang mit meiner Beschäftigung mit den Ursachen und Hintergründen des Nahost-Konfliktes. Damals fing ich an, mich mehr und mehr dafür zu interessieren, was Herzl und der Zionismus damit zu tun haben könnten und wie es zu dieser weltgeschichtlich einmaligen Situation gekommen ist, daß im Nahen Osten zwei Völker ihre Ansprüche auf ein Territorium erheben.

Eine der zentralen Fragestellungen, denen ich mich damals zuwandte, war, inwieweit das jüdisch-zionistische Erbe für den Nahost-Konflikt teilweise oder ganz verantwortlich gemacht werden kann. Um das besser begreifen zu können, stellte ich einen Reader mit Texten nationaljüdischer beziehungsweise zionistischer Theoretiker wie Moses Hess, Leon Pinsker, Nathan Birnbaum, Achad Haam, Theodor Herzl und Martin Buber zusammen. Mit der 1973 publizierten Textsammlung hoffte ich, nicht nur für meine Duisburger Studenten einen Beitrag zum besseren Verständnis der Hintergründe des israelisch-arabischen Konfliktes leisten zu können.

Bei der Beschäftigung mit der Frühgeschichte des Zionismus stieß ich geradezu zwangsläufig auf die 1896 veröffentlichte Broschüre *Der Judenstaat*, die den Untertitel »Versuch einer modernen Lösung der Judenfrage« trägt und als eine Art Gründungsmanifest der zionistischen Bewegung gilt. Die in dieser Broschüre Ende des 19. Jahrhunderts beschworene Vision einer unabhängigen Heimstätte aller Juden an einem noch unbestimmten Territorium faszinierte mich und löste bei mir den Drang aus, mehr über den Autor der Broschüre in Erfahrung zu bringen.

Theodor Herzl (1860–1904), der Autor dieser Schrift, ein Wiener Journalist und Bühnenschriftsteller, sollte mich die nächsten drei Jahrzehnte wissenschaftlich beschäftigen. Seine in der Judenstaat-Broschüre in aller Prägnanz vorgetragene Überzeugung, die Emanzipation als Integrationsmaßnahme habe versagt und das Streben der Juden nach Akkulturation und Assimilation sei ein zum Scheitern verurteilter Irrweg, empfand ich zunächst als eine unglaubliche Provokation, dann jedoch als einen Gedanken, von dem ich zugeben muß, daß er mich bis zum heutigen Tag fasziniert.

Der Prozeß der nationalen Selbstbesinnung und das von Herzl propagierte Programm, einen möglichst großen Teil der Juden in einem eigenen Land zu konzentrieren (»wo wir krumme Nasen haben können, ohne schon darum verächtlich zu sein, wo wir als freie Männer auf eigener Scholle leben können, wo der Spottruf ›Jude‹ zu einem Ehrenwort wird wie Deutscher, Engländer, Franzose …«) führte nicht nur zum Umdenken, sondern leitete eine geradezu revolutionäre Entwicklung ein, an deren Ende eine Staatsgründung stehen sollte – die 1948 erfolgte Gründung des Staates Israel.

Herzls Schockerfahrung. Vieles, was Theodor Herzl als Journalist und Dramatiker zu Papier brachte und was er später als zionistischer Politiker in die Tat umzusetzen versuchte, ist nach meiner Ansicht nur verständlich, wenn man seine Herkunft und den Wiener Hintergrund seines Wirkens berücksichtigt. Das Theatralische seines Auftretens, seine Freude am Spiel und an der Inszenierung, die schon den Zeitgenossen auffiel, findet zweifellos seine Erklärung im Wiener Milieu der Jahrhundertwende. Diese Welt hat ihn geprägt, und zwar unverwechselbar.

Herzls Lebensstil, der als »echt wienerisch« bezeichnet worden ist, war derjenige der tonangebenden Schichten der Stadt. Mit diesem Stil ist eine gewisse spielerische Leichtigkeit gemeint, die Herzl in vieler Hinsicht ausgezeichnet hat. Dazu gehörte die gewählte Art des Sprechens, sein sprichwörtliches Dandytum und die damit verbundenen großen Gesten. In diesem Zusammenhang muß auch seine Bewunderung für die aristokratische Lebensform gesehen werden. Sie war ihm nicht nur Vorbild, sondern faszinierte ihn derart, daß er sogar von einer »jüdischen Aristokratie« in seinem zu errichtenden »Judenstaat« träumte.

Den Wiener Hintergrund Herzls einzufangen, war Ziel eines Symposiums, das mein Wiener Kollege Norbert Leser und ich anläßlich von Herzls 125. Geburtstag organisierten. Das Symposium, das Anfang Mai 1985 stattfand, beschäftigte sich mit Herzl und dem Wien des Fin de Siècle. Als Tagungsort hatten wir uns für den Sitzungssaal im Wiener Alten Rathaus in der Wipplinger Gasse entschieden. Der Ort war von uns nicht beiläufig gewählt worden, sondern entsprang der Überlegung, daß wir einen würdigen Rahmen benötigten, der auch vom Genius loci her eine Brücke zu Theodor Herzl schlagen würde.

Der einzige Schönheitsfehler war, daß das Symposium unter einem riesenhaften Gemälde des berüchtigten Karl Lueger stattfand, des Wiener Bürgermeisters um 1900, der bekanntlich eine judenfeindliche Note in die Politik getragen hatte. Hätte ich vorher gewußt, daß dieses Gemälde im Sitzungssaal hing, hätte ich vielleicht Leser gebeten, einen anderen Tagungsort zu beschaffen. Benno Weiser-Varon, ein einstiger israelischer Diplomat, der an dem Symposium teilnahm, nahm den Fauxpas belustigt zur Kenntnis und kommentierte unser Problem folgendermaßen: Den »schönen Karl«, wie Lueger genannt wurde, hätte ganz sicher der Schlag getroffen, wenn er gewußt hätte, daß unter seinem Bildnis einst ein Herzl-Symposium stattfinden würde.

Das Symposium hat unter diesem Schönheitsfehler nicht gelitten. Wir besorgten ein kleines Herzl-Bildnis, das wir am Rednerpult anbrachten, um somit unserem Protest angesichts der allzu präsenten »Anwesenheit« Luegers Ausdruck zu verleihen. Im Rückblick habe ich den Eindruck, als hätte Norbert Leser den Tagungsort ganz bewußt gewählt, um eine ganz bestimmte Botschaft zu verkünden: Es sei nicht statthaft, Luegers sozialreligiösen Antisemitismus mit Georg Ritter von Schönerers rassistischem Antisemitismus in einen Topf zu werfen. Eine Herzl-Symposium zur Ehrenrettung Luegers also? Eine absurde Vorstellung, aber es ist eine Geschichte, wie sie für Wien und das Wiener Denken typisch ist.

Bereits sehr früh beschäftigte mich die Frage, wieso aus dem jungen Herzl, der ein typischer Wiener Jude war und zunächst der Assimilation zuneigte, ein Zionist werden konnte. In einem 1995 erschienen Büchlein *Theodor Herzl und die Dreyfus-Affäre* bin ich dieser Frage nachgegangen und habe mich bemüht nachzuweisen, daß Herzl bis zur Wende des Jahres 1894/95 noch unterschiedliche Lösungsmodelle für die »Judenfrage« in Betracht gezogen hat. Diese Lösungsmodelle haben sich nicht sehr von den Vorschlägen unterschieden, die in jüdisch-intellektuellen Kreisen jener Zeit erörtert wurden. Zeitweise meinte Herzl, die »Judenfrage«, die er wie den Antisemitismus als gegeben hinnahm, sei vielleicht über den Weg des Sozialismus zu lösen, dann wiederum versprach er sich die Lösung des Problems von einer Massentaufe. Letzteres erscheint uns Heutigen als eine skurrile Idee, aber damals glaubte Herzl und nicht nur er tatsächlich daran, daß mittels einer Massentaufe die Juden zu anerkannten Staatsbürgern gemacht werden könnten.

Herzl selbst hat von einer Entwicklung geschrieben, die zwölf Jahre gedauert und im Dreyfus-Prozeß ihren Abschluß gefunden hat. Das entscheidende Erlebnis war zweifellos neben dem Prozeß die öffentliche Degradierung des Hauptmann Dreyfus, an der Herzl als Korrespondent der *Neuen Freien Presse* teilgenommen hatte. Sie wirkte auf ihn nicht nur wie ein Schock, wie er selbst berichtet hat, sondern muß geradezu eine kathartische Wirkung bei ihm ausgelöst haben. Daß einem »jüdischen« Offizier die Epauletten abgerissen und der Säbel zerbrochen wurde, war für Herzl und manchen seiner Zeitgenossen gleichbedeutend mit einer Absage an die jüdischen Bemühungen um Akkulturation und Assimilation. Die Zeremonie der Degradierung ist denn auch nicht nur von Herzl als ein Hinweis darauf verstanden worden, daß die herrschenden Schichten nicht bereit waren, die Juden gesellschaftlich als gleichwertig anzuerkennen. Die Umstände der Zeremonie auf dem Hof der École militaire in Paris wurden jüdischerseits vielfach als eine Absage an das Ideal des »jüdisch«-französischen Offiziers empfunden. So mancher Jude hat mit diesem Ideal einen Traum verbunden und sich von dessen Verwirklichung die Anerkennung der Juden als gleichberechtigte

Bürger erhofft. Enttäuschung war zu spüren. Manchen französischen Juden ergriff Verzweiflung.

Für Herzl war die »Judenfrage« nicht zuletzt durch den Dreyfus-Prozeß und dessen Begleitumstände zu einer politische Frage geworden, von der er meinte, sie könne nur mit den Mitteln der Politik gelöst werden. Diese Erkenntnis wurde Ausgangspunkt für alle weiteren Überlegungen. In dem berühmten Gespräch mit Baron Hirsch, das im Frühjahr 1895 in dessen Palais in der Pariser Rue d'Élysée stattfand, finden sich bereits die Grundzüge seines späteren zionistischen Programms. Unmittelbar nach diesem Gespräch, das Herzl in seinem Tagebuch festgehalten hat, begann er mit den Vorarbeiten zu seiner Schrift *Der Judenstaat*, ein Text, der die Welt verändern sollte.

Alex Bein. Bereits wenige Jahre nach Herzls Tod 1904 erschienen erste biographische Darstellungen, die sich Herzls Leben und Wirken annahmen. Häufig stammten sie von Weggefährten oder zumindest Zeitgenossen wie Adolf Friedmann, Baruch Hagani, Leon Kellner, Ruben Brainin oder Adolf Böhm. Jeder von ihnen war Herzl persönlich begegnet und konnte so eigene Erfahrungen in seine Biographie einbringen.

Den ersten Versuch, eine ausführlichere Lebensbeschreibung auf breiterer Quellengrundlage zu verfassen, unternahm der Londoner Journalist und Schriftsteller Jacob de Haas (1872–1937), der in den Jahren 1896–1900 Herausgeber des Wochenblattes *Jewish World* war und zu den ersten Unterstützern Herzls in England gehört hatte. Seine Herzl-Biographie ist spürbar unter dem Eindruck der persönlichen Begegnung geschrieben, und genau das macht ihre Schwäche aus. Es fehlt die notwendige Distanz, die eine Lebensbeschreibung zu einer Biographie werden läßt.

Die nach wie vor zuverlässigste, weil umfassendste und gründlichste Darstellung über Leben und Werk Herzls stammt aus der Feder des Historikers Alex Bein. Diese fast schon legendäre in deutscher Sprache verfaßte Herzl-Biographie ist bereits 1934 erschienen. Später folgten Übersetzungen ins Hebräische und Englische. Das Buch, das insbesondere in den dreißiger Jahren viel gelesen wurde, eroberte sich sehr schnell seinen Platz als Standardwerk über den modernen Zionismus.

Bei einem meiner Forschungsaufenthalte in Israel erfuhr ich zu meiner großen Überraschung, daß Alex Bein noch am Leben war. Bei einem Besuch im Zionistischen Zentralarchiv, das damals noch im Keller eines Hinterhauses der Jewish Agency untergebracht war, bei dem ich irgendetwas Bein Betreffendes fragte, teilte man mir mit: »Fragen Sie ihn doch selbst.« Wie das? Bein sei doch längst tot. Nein, Bein erfreue sich bester Gesundheit, habe das Archiv aufgebaut, sei dessen langjähriger Direktor gewesen, lebe aber mittlerweile im Ruhestand. Er komme, so sagte mir Michael Heymann, der damals Beins Nachfolger im Amt war, jeden Tag ins Archiv, so daß ich ihn ohne Schwierigkeiten treffen und sprechen könne.

Gesagt, getan. Bein hatte ein kleines Zimmer im Archiv, wohin man mich führte und wo ich diesen auch antraf. Nach dem Austausch der üblichen Artigkeiten setzten wir uns. Wir sahen uns an und begannen miteinander zu sprechen, wobei ich sehr schnell bemerkte, daß er an meiner Person vor allem deshalb interessiert war, weil ich für ihn etwas verkörperte, was es aus seiner Sicht eigentlich nicht mehr geben durfte, nämlich den Typus des deutschen Juden. Ich hatte den Eindruck, daß ihn das faszinierte, nicht weil er die Existenz eines deutschen Juden abgelehnt hätte, sondern weil er sich auf bestimmte Weise in mir wiedererkannte. Er hatte zahllose Fragen, kannte die Schriften meines Vaters und wollte hören, wie ich das Nach-Hitler-Deutschland von heute beurteilte.

Alex Bein, der zur Gründergeneration des israelischen Staates gehörte, war 1903 als Sohn eines Lehrers in Steinach an der Saale geboren worden, ein Umstand, der ihn immer mit besonderem Stolz erfüllt hat. Es ist deshalb nicht ganz zufällig, daß in den von mir nach Beins Tod herausgegebenen Erinnerungen gerade die Passagen einen größeren Raum einnehmen, die sich mit seiner Herkunft, den Eltern und dem jüdischen Alltagsleben auf dem Land befassen. Wenn er sich von eitlen Selbstdarstellern und hochgestochenen Reden absetzen wollte, pflegte er mit einem Augenzwinkern zu sagen: »Ich stamme aus dem Fränkischen und bin ein schlichter Landjude.« Geschichtswissenschaften hatte Bein in den zwanziger Jahren studiert, erst in Erlangen, dann in Berlin an der Friedrich-Wilhelm-Universität. Er war, und das hat er immer wieder betont, sehr stolz darauf, einer der Schüler Friedrich Meineckes gewesen zu sein. Meinecke war es im übrigen, der ihm nach seiner 1927 eingereichten Dissertation über die Staatsidee Alexander Hamiltons eine Stellung am Reichsarchiv in Potsdam vermittelte. Sehr wohl hat Bein sich dort nicht gefühlt. Einige seiner Kollegen ließen ihn spüren, daß sie ihn als Fremdkörper, nicht als einen der ihren ansahen.

Als 1933 Hitler und die Nazis an die Macht kamen, kündigte Bein seine Stellung im Potsdamer Archiv. »Ich werde den Staub Deutschlands von meinen Schuhen abschütteln und nach Palästina gehen«, erklärte er dem Direktor des Archivs, der zwar einsah, daß Bein Deutschland verlassen wollte, es aber andererseits bedauerte, einen seiner besten Archivare zu verlieren. Ob er Beins Beweggründe, Deutschland zu verlassen, wirklich verstanden hat? Wahrscheinlich nicht. Mit Beins zionistischen Überzeugungen konnte er vermutlich nicht sehr viel anfangen.

Nach seiner Einwanderung nach Palästina hat Bein sich besondere Verdienste um den Aufbau des dortigen Archivwesens erworben. 1955 wurde er als Nachfolger von Georg Herlitz zum Direktor des Zionistischen Zentralarchivs bestellt, dem er durch den Aufbau neuer Abteilungen und durch eine systematische Erwerbungspolitik zu internationaler Reputation verhalf. David Ben Gurion, der erste Ministerpräsident des Staates Israel, der Bein sehr schätzte, ernannte ihn 1956 zum ersten Staatsarchivar des jungen Staates.

In der alten Bundesrepublik ist Bein vor allem durch sein 1980 erschienenes und inzwischen in verschiedene Sprachen übersetztes Werk *Die Judenfrage. Biographie eines Weltproblems* bekanntgeworden. In der Studie unternimmt Bein den Versuch, ein Problem, das seit mehr als zweitausend Jahren die Völker beschäftigt, dem Verständnis des Lesers nahezubringen: das Problem des Zusammenlebens der Völker mit den Juden und der Juden mit den Völkern. In diesem zweibändigen Werk, das ich zum Besten rechne, was ich auf dem Feld der deutsch-jüdischen Geschichtsschreibung bisher gelesen habe, kommt Bein zu dem Schluß, daß mit der Gründung und Existenz des Staates Israel die »Judenfrage« noch nicht gelöst worden sei. Die »Judenfrage«, meinte er, werde es solange geben, solange das tradierte historische Judenbild das Denken der Menschen bestimme. Seine Ausführungen schließen deshalb mit dem abgewandelten Satz des jungen Karl Marx: »Die gesellschaftliche Emanzipation der Juden ist die Emanzipation der Gesellschaft von ihrem Judenbild.«

Wie Uschi und ich immer gastfreundlich von Alex Bein in Jerusalem aufgenommen wurden, war er bei seinen Aufenthalten in Deutschland regelmäßig Gast bei uns. Es waren Treffen, die ich sehr genoß. Wir führten Gespräche über Gott und die Welt. So saßen wir an einem Abend, es war in unserer Berliner Wohnung, nachts zusammen am Küchentisch und diskutierten, was eigentlich den Unterschied zwischen einem Christen und einem Juden in der Moderne ausmache. Bein meinte damals, »daß das Dogma das Denken der Christen bestimme, die Tat hingegen für den Juden entscheidend sei«. Entzündet hatte sich unsere Diskussion an der Frage, ob für die Geschichtswissenschaft eigentlich Theorien nötig seien. Wir waren uns einig, daß das Sprechen über »Wissenschaftstheorie« und über »wissenschaftstheoretische Ansätze«, wie sie damals en vogue waren, typischer Ausdruck säkularisierten christlichen Denkens ist.

Das Editions-Projekt. Zusammen mit Alex Bein entwickelte ich den Plan, die Briefe und Tagebücher Theodor Herzls in der deutschen Originalsprache zu edieren. Bei einem unserer zahlreichen Gespräche im Sommer 1978, die wir in Beins Wohnung in der Rechov Benjamin Mitudela im Jerusalemer Stadtteil Rehavia führten, beschlossen und besiegelten wir per Handschlag, das Projekt zu realisieren. Ich bin mir nicht sicher, ob wir es tatsächlich begonnen hätten, wenn wir nur die leiseste Ahnung gehabt hätten, was alles dabei auf uns zukommen würde.

Die Vorbereitungsphase war bestimmt durch zahllose Konzeptentwürfe und Gespräche, die Bein und ich in Deutschland führten. Die Deutsche Forschungsgemeinschaft (DFG), an die wir uns gewandt hatten, zeigte sich nicht abgeneigt, das Projekt zu fördern. Gefordert wurde nur, daß wir einen weiteren deutschen Wissenschaftler an der Durchführung des Projektes beteiligen sollten. Seitens der DFG wurde der Kölner Judaist Hermann Greive als Projektverantwortlicher vorgeschlagen, was wir, um nicht das ganze Editionsvorhaben zu gefährden, akzeptierten.

Gemeinsam mit Bein handelte ich Anfang April 1981 mit den Verantwortlichen des Ullstein/Propyläen-Verlages in Berlin die Vertragsbedingungen für die Herzl-Edition aus. Vorbereitet hatte den Kontakt die Zürcher Literaturagentin Ruth Liepmann. Die Bedingungen, die wir erhielten, waren ausgezeichnet. Der Verlag zeigte sich einverstanden, die in sieben Bänden geplante Edition in das Verlagsprogramm aufzunehmen. Damals hatte ich den Eindruck, es sei von höchster Stelle im Konzern, das heißt also von Axel C. Springer persönlich, grünes Licht für das Vorhaben gegeben worden. Als ich Springer später in anderer Angelegenheit traf, bestätigte er mir das.

In Johannes Wachten, einem Schüler Greives, fanden wir den Mitarbeiter, der zur Realisierung des Editionsprojektes geeignet schien. Wachten, ein glänzender Judaist, besaß nicht nur die notwendigen historischen, sondern auch literaturhistorischen Kenntnisse, um die in Jerusalem lagernden Original-Tagebücher und rund 5000 Original-Briefe Herzls bearbeiten zu können. Der 1983 von ihm vorgelegte und mustergültig edierte erste Band der Herzl-Edition, der Briefe und autobiographische Notizen zwischen 1866 und 1895 enthält, stieß auf ein breites Medienecho und wurde allseits gelobt.

Auch das 1984 in zwei Bänden erschienene *Zionistische Tagebuch*, das Kernstück der Edition, war in bewährter Manier von Johannes Wachten bearbeitet worden. Dieses Tagebuch, das den Zeitraum von 1895 bis 1904 umfaßt und dem Herzl den Titel *Die Judensache* gegeben hatte, ist ein einzigartiges Dokument der Geschichte des frühen jüdischen Nationalismus. Es entstand, die inneren und äußeren Ereignisse begleitend, sozusagen als ein Teil des Geschichtsprozesses, vom Hauptakteur geschrieben, um sich und der Nachwelt von seinem Tun Rechenschaft abzulegen. Die Aufzeichnungen beginnen mit der psychischen Krisis, in die der Autor und spätere Führer des politischen Zionismus geriet, als ihn die irritierende Einsicht erschütterte, daß entgegen seinen früheren Überzeugungen die sogenannte »Judenfrage« nur nationalpolitisch zu lösen sein würde, das heißt nur mit und durch die Schaffung eines eigenen Staates für die Juden. Das Tagebuch, das Herzl Pfingsten 1895 begonnen und bis zu seinem Tod geführt hatte, beginnt mit den berühmtgewordenen Sätzen: »Ich arbeite seit einiger Zeit an einem Werk, das von unendlicher Größe ist. Ich weiß heute nicht, ob ich es ausführen werde. Es sieht aus wie ein mächtiger Traum. Aber seit Tagen und Wochen füllt es mich aus bis in die Bewußtlosigkeit hinein ... Was daraus wird, ist jetzt noch nicht zu ahnen.«

Am 25. Januar 1984, das *Zionistische Tagebuch* war gerade im Druck, geschah etwas, womit niemand von uns gerechnet hatte. Eine Studentin am Kölner Martin-Buber-Institut zog während einer Seminarveranstaltung eine Pistole aus einem mitgebrachten Plastikbeutel und schoß auf Hermann Greive und verletzte den durch den Lärm aufgeschreckt herbeigeeilten Institutsdirektor Johann Meyer durch einen Streifschuß. Die Schüsse auf Greive waren tödlich. Wenig später erlag er seinen Verletzungen.

Als ich die Nachricht von dem Anschlag auf Greive während einer Sitzung in Duisburg übermittelt bekam, war ich gleichermaßen entsetzt wie verstört. Ähnlich ging es allen, mit denen ich unmittelbar nach Erhalt der Nachricht telefonierte. Keiner verstand, wie es zu der Tat hatte kommen können. Niemand hatte eine Erklärung für den Anschlag. Johannes Wachten, den ich bei Greives Frau Gisela erreichte, war so schockiert, daß er angesichts des Geschehenen kaum sprechen konnte. Wie sich herausstellte, war die Täterin, eine gewisse Sabine G., 32 Jahre alt und hatte ein mit »sehr gut« abgeschlossenes Magisterdiplom in Judaistik; eine Konvertitin, eine Christin also, die zum Judentum übergetreten war. In den Gesprächen, die ich mit Wachten und anderen in den Wochen nach dem Anschlag führte, versuchte ich mir die Hintergründe der Tat zusammenzureimen. Es scheint, als ob die Studentin, die sich, wie man mir sagte, bis dahin durch Unauffälligkeit auszeichnete, auf Greive und seinen Kollegen Johann Meyer deshalb geschossen hatte, weil sie es in ihrer neuen

Rolle als Jüdin nicht ertrug, daß Christen Judaistik unterrichten. Es war zweifellos die Tat einer Geistesgestörten.

Später habe ich mir die »Theorie« zu eigen gemacht, daß die Täterin ihre antisemitischen Haßgefühle dadurch sublimierte, daß sie zum Judentum übertrat. Ihr Haß konnte sich jetzt gegen Christen wenden. Ich weiß, daß dies eine höchst spekulative Überlegung ist, meine aber, daß, will man eine Erklärung für die blutige Tat suchen und sie nicht als schicksalhaft und nicht erklärbar begreifen, in eine solche Richtung gedacht werden muß. Seit dem Kölner Fall bin ich äußerst mißtrauisch, wenn ich höre, jemand wolle zum Judentum übertreten. Werde ich gefragt, dann rate ich in der Regel von einem solchen Schritt ab.

Hermann Greive wurde am 1. Februar 1984 auf dem Kölner Friedhof Melaten eingeäschert. Nur durch Zufall hatte ich von dem Termin der Trauerfeier gehört. Ich sagte alle Termine ab und fuhr nach Köln, um meine Verbundenheit mit Greive auch vor seiner Frau zu dokumentieren. Die katholische Verwandtschaft Greives war anwesend, ließ aber Distanz zu dem Verstorbenen erkennen. In mein Tagebuch notierte ich: »Äußerst kalte Atmosphäre. Die Trauerfeier wirkt unpersönlich. Bernd Ginzel mit Mutter, Jutta Bohnke, Barbara Suchy, Peter Schäfer u. a. sind anwesend. Sie haben alle über Umwege erfahren, wo und wann die Trauerfeier stattfindet. Alles äußerst seltsam.«

Für den Fortgang der Herzl-Edition hatte der Tod Greives insofern Folgen, als die Deutsche Forschungsgemeinschaft als neuen Verwalter der bewilligten Mittel den Bonner Historiker und Katholizismus-Forscher Konrad Repgen einsetzte. Wir hatten dagegen nichts einzuwenden und meinten, daß wir uns mit Repgen schon irgendwie arrangieren würden, zumal er erklärt hatte, daß er nur die Verantwortung für die Mittel übernehmen, sich aber nicht in die Inhalte einmischen wolle. In Erinnerung ist mir eine Besprechung, zu der mich Konrad Repgen in sein Dienstzimmer in der Bonner Universität bestellt hatte, um mit mir den Fortgang der Editionsarbeiten zu besprechen. Damals sagte er zu mir (ich hatte noch die Klinke der Tür zu seinem Zimmer in der Hand): »Herr Kollege Schoeps, bevor wir unser Gespräch beginnen, lassen Sie mich, um keine Mißverständnisse aufkommen zu lassen, klarstellen: Ich bin ein Gegner der Aufklärung. Ich bin Katholik.« Eine solche Äußerung hatte ich nicht erwartet. Ich war so verblüfft, daß ich nur irgendetwas Unzusammenhängendes vor mich hin stammelte. Eine intelligente Antwort fiel mir leider nicht ein. Noch heute ärgere ich mich darüber.

Der Historikerstreit. Das Projekt der Herzl-Edition ist unglückseligerweise, oder besser fatalerweise, auch in den sogenannten »Historikerstreit« hineingezogen worden, der Ende der achtziger Jahre im intellektuellen Milieu der alten Bundesrepublik hohe Wellen schlug. Als Konrad Repgen aus dem Herzl-Projekt ausschied, wurde der Berliner Historiker Ernst Nolte seitens der Deutschen Forschungsgemeinschaft als sein Nachfolger bestellt. Die Herausgeber sowie die Mitarbeiter erklärten sich zunächst mit dieser neuen Konstellation einverstanden, betonten jedoch, sie würden nur dann der neuen Lösung zustimmen, wenn sich Nolte wie sein Vorgänger Repgen auf die Verwaltung der DFG-Mittel beschränkte und nicht den Anspruch erhob, sich in die Inhalte einzumischen.

Zum Problem wurde die neue Konstellation, als Noltes berühmt-berüchtigter Artikel »Das Vergehen der Vergangenheit« am 6. Juni 1986 in der *Frankfurter Allgemeinen Zeitung* erschien. Nolte hatte in diesem Artikel die Frage gestellt, ob nicht der Archipel Gulag »ursprünglicher« als Auschwitz gewesen ist. Was in der Öffentlichkeit, besonders aber in Israel und bei einer Reihe von Historikern in den Vereinigten Staaten einiges Kopfschütteln hervorrief, war Noltes verquere Konstruktion von Auschwitz als einer »asiatischen« Tat und seine Spekulation, ob nicht ein »kausaler« Nexus bestünde, ein ursächlicher Zusammenhang zwischen dem »roten und dem braunen Terror«.

Bezogen auf das Herzl-Projekt waren Noltes Äußerungen ausgesprochen konfliktträchtig. Bein bat mich, nach Bonn zu fahren, um mit Repgen zu sprechen. Dieser eröffnete mir: »Entweder Sie akzeptieren Nolte oder das Projekt ist beendet.« Meine Bitte, ob es nicht möglich sei, Nolte durch einen anderen deutschen Historiker zu ersetzen, war Repgen nicht bereit zu diskutieren. Deprimiert verließ ich ihn. Mein damaliger Eindruck war,

Repgen und mit ihm einflußreiche deutsche Historikerkreise könnten bemüht sein, auszutesten, wie weit sie mit ihren Vorstellungen von der »Entsorgung« der deutschen Geschichte gehen könnten, bis es jüdischerseits zu Protesten kommt.

Diese sollten nicht lange auf sich warten lassen. Anfang Dezember 1986 kam es zu einem Treffen der bisher an der Herzl-Edition Beteiligten in Jerusalem, bei dem über die Auswirkungen der Nolte-Affäre auf das Projekt beraten wurde. Alle Teilnehmer waren der Ansicht, es sei notwendig, auf Distanz zu gehen, selbst dann, wenn dadurch die weitere Fortführung des Editionsvorhabens gefährdet würde. Der Beschluß wurde gefaßt, Nolte als Kooperationspartner abzulehnen. Michael Heymann, Moshe Schaerf und ich waren dafür, ebenfalls Saul Friedländer, der als Berater hinzugezogen worden war; nur Alex Bein signalisierte, daß er mit einer Ablehnung Noltes Probleme habe, denn er favorisiere eine Lösung, die allen am Projekt Beteiligten die Chance eröffne, das Gesicht zu wahren.

Die Angelegenheit war jedoch nicht mehr unter der Decke zu halten. Ein bevorstehender Staatsbesuch des israelischen Präsidenten Chaim Herzog in der Bundesrepublik schien durch die ganze Angelegenheit gefährdet. Von israelischer Seite wurde unmißverständlich erklärt, der schon terminierte Staatsbesuch würde abgesagt, wenn die Deutsche Forschungsgemeinschaft weiterhin auf Nolte als Kooperationspartner im Herzl-Projekt bestehe. Gespräche, die ich mit israelischen Diplomaten in Bonn führte, machten mir deutlich, daß man es seitens des israelischen Außenministeriums ernst meinte.

Angesichts der zunehmenden internationalen Proteste blieb der Deutschen Forschungsgemeinschaft damals nichts anderes übrig, als jemand anderen mit der Federführung des Projekts zu betrauen. Man entschied sich für Herbert A. Strauss, den Leiter des Berliner Zentrums für Antisemitismusforschung. Nolte und seine Anhänger akzeptierten die Entscheidung zwar, gaben sich aber nicht geschlagen. Es war eine gewisse Chuzpe, daß sie, unterstützt von der *Frankfurter Allgemeinen Zeitung*, an diesem Fall zu beweisen versuchten, daß die Prinzipien der Wissenschaftsfreiheit in Deutschland bedroht seien.

In den durch Nolte ausgelösten Historikerstreit mischte ich mich mit einer Stellungnahme ein, die unter der Überschrift »Treitschke redivivus? Ernst Nolte und die Juden« im Berliner *Tagesspiegel* am 10. Januar 1988 erschien. In diesem Aufsatz, der unbestritten polemisch gehalten war, warf ich die Frage auf, ob die Behauptungen, die Nolte in seinem Buch »Der europäische Bürgerkrieg« aufgestellt hatte, nur Ausrutscher gewesen seien oder ob er ganz bewußt hart am Rand des Akzeptablen Thesen formuliert habe, von denen er gewußt hatte, daß sie einen Skandal auslösen würden. »Was«, so fragte ich in dem Aufsatz, »geht in diesem Mann vor, der sich als Ideenhistoriker einen Namen gemacht und einen Ruf zu verlieren hat?« Besonders verwundert, oder sagen wir besser empört, war ich über Noltes eigenartige »These«, ob nicht Hitler vielleicht berechtigt gewesen sein könnte, die Juden als Kriegsgefangene zu »internieren«, und zwar deshalb, weil Chaim Weizmann, der einstige Vorsitzende der »Jewish Agency«, in einem offenen Brief 1939 erklärt habe, die Juden stünden im Krieg an der Seite Englands und der westlichen Demokratien. Ernst Nolte bestritt zwar nicht die Massentötungen in den Vernichtungslagern, suggerierte aber durch geschicktes Verweisen auf rechtsradikale Autoren (Paul Rassinier, Robert Faurisson, Wilhelm Stäglich), ob nicht Zweifel an der Echtheit von zentralen Dokumenten der Judenvernichtung angebracht seien wie etwa dem Protokoll der Wannseekonferenz vom 20. Januar 1942 oder ob Massenvergasungen technisch überhaupt möglich gewesen seien. Er selbst, so schrieb ich, würde den Verdacht des Revisionismus von sich weisen und behaupten, »das seien alles bösartige Unterstellungen irgendwelcher Spinner oder in der Wolle gefärbter Linker«. Sei es nicht so, gab ich zu bedenken, daß rechtsradikale Kreise in der Bundesrepublik händereibend mitansähen, wie ihnen das Geschäft von Ernst Nolte, dem »großen Eigenbrötler der Zeitgeschichte« (Martin Broszat), abgenommen würde? »Wer die einschlägige Literatur kennt, weiß, daß schon seit Jahrzehnten versucht wird, Einfluß auf das bundesdeutsche Geschichtsbild zu nehmen, und zwar dadurch, daß durch Lügen und Falschbehauptungen die Ergebnisse der zeitgeschichtlichen Forschung in Frage gestellt werden. Ernst Nolte, das ist schon jetzt sicher, hat dazu einen Beitrag geleistet, der sich sehen lassen kann.«

Ich hatte mir vorgenommen, Nolte zu demaskieren und auf die Tradition aufmerksam zu machen, in die er sich ganz bewußt gestellt hatte. »Nein«, so formulierte ich, »die Juden wissen sehr wohl, wen sie in Ernst Nolte vor sich haben. Seine Bemerkungen, so wie er auf Kritik antwortet oder wie er bemüht ist, anderen seine Ansichten aufzuzwingen, lösen Erinnerungen aus wie zum Beispiel an den Historiker Heinrich von Treitschke seligen Angedenkens.« Auch Treitschke, »wie Nolte ein angesehener Professor an einer Berliner Universität«, so bemerkte ich – zugegeben vielleicht etwas zu direkt, aber, wie ich heute noch meine, zutreffend -, »hätte es sicherlich abgelehnt, als Antisemit zu gelten. Es galt nicht als fein, sich mit dem Radau-Antisemitismus einzulassen. Dennoch bleibt festzuhalten, daß Treitschke durch sein in weitesten Kreisen mit Bewunderung gelesenes Geschichtswerk 'Deutsche Geschichte im 19. Jahrhundert' wahrscheinlich mehr zur Verbreitung antijüdischer Tendenzen beigetragen hat als die radikal-antisemitische Literatur der Zeit.«

Schon als ich mich daransetzte, den Anti-Nolte-Text zu schreiben, ahnte ich, daß es Unannehmlichkeiten geben würde. Verschärft wurde die Wirkung meiner Ausführungen allerdings dadurch, daß irgendwelche Chaoten in der Nacht nach Erscheinen meines Artikels im *Tagesspiegel* den vor seinem Haus geparkten PKW Noltes in Brand setzten. Der damalige Berliner Wissenschaftssenator Turner verurteilte in scharfen Tönen diesen Übergriff, machte aber zugleich die Kritiker Noltes verantwortlich für das, was geschehen war. Turner verstieg sich zu der Behauptung, daß »Schreibtischtäter« am Werk gewesen seien – und meinte damit sicher mich und andere, die sich mit den Thesen Noltes kritisch auseinandergesetzt hatten.

Des Kanzlers Gastgeschenk. Eines Tages klingelte in der Hochschule in Duisburg das Telefon. Am anderen Ende meldete sich eine männliche Person, die sich als Protokollchef des Bonner Auswärtigen Amtes ausgab. »Herr Professor Schoeps«, fing er etwas umständlich an, »Sie haben vielleicht gehört, daß Bundeskanzler Kohl vorhat, einen Staatsbesuch in Israel zu machen.« »Ja«, sagte ich. »Das habe ich gehört. Aber was habe ich damit zu tun?« Der Protokollchef: »Wir sind auf der Suche nach einem geeigneten Gastgeschenk. Haben Sie vielleicht eine Idee?« »Wie kommen Sie gerade auf mich?« Der Protokollchef darauf: »Uns ist da etwas zu Ohren gekommen …«

In der Tat gab es da etwas, was mir während des Telefongespräches einfiel. Der Protokollchef hatte erwähnt, als Gastgeschenk könne er sich ein wertvolles Buch, eine Landkarte oder vielleicht, und das betonte er, auch einen interessanten Autographen vorstellen. Das war es also. Der Hinweis bezog sich auf einen Vorgang, mit dem ich gerade befaßt war. Kurz zuvor waren mir drei Herzl-Briefe zum Kauf angeboten worden. Der Verkäufer, den ich, wie sich bald herausstellte, aus anderen Zusammenhängen kannte, wollte diese Briefe, die sich im Besitz seiner Familie befanden, meistbietend an den Mann bringen. Ernst J. Cramer, der Vertraute Axel C. Springers, hatte von diesen Herzl-Briefen erfahren und mich umgehend darüber verständigt, daß diese zum Kauf stünden. Ich war für diese Information äußerst dankbar. In den letzten Jahren waren auf dem Autographenmarkt Herzl-Briefe so gut wie nicht mehr angeboten worden. Ich ahnte, bevor ich mich überhaupt beim Verkäufer erkundigt hatte, daß der Preis für die Briefe gepfeffert sein würde.

Die Anfrage kam also wie gerufen. Da das Zionistische Zentralarchiv nicht die notwendigen Mittel hatte, um die Briefe anzukaufen, mußte nach anderen Geldquellen und Wegen gesucht werden, um in den Besitz dieser Briefe zu kommen, die wir zur Vervollständigung unserer Edition benötigten. Um das zu erreichen, war uns jedes Mittel recht, auch der Ankauf über Dritte, wenn sie nur für das Archiv gesichert würden und nicht in den Tresoren privater Autographensammler verschwanden. Durch die Anfrage eröffnete sich die Möglichkeit, einerseits dem Auswärtigen Amt einen Gefallen zu tun, andererseits über einen kleinen Umweg in den Besitz der Briefe zu kommen. Letzteres konnte gelingen, falls das Auswärtige Amt sie ankaufte, Bundeskanzler Kohl mit den Briefen im Gepäck nach Israel reiste und der israelische Ministerpräsident sie nach Erhalt an das Archiv weitergab. Das Ganze war um drei Ecken gedacht, hatte aber, wie sich zeigen sollte, einen durchaus realistischen Hintergrund.

Die Herzl-Briefe, um die es ging, waren nicht nur inhaltlich von einigem Interesse, sondern auch ein ideales Gastgeschenk. Sie waren gerichtet an einen gewissen Carl Eduard (»Maxim«) Zöge von Manteuffel (1864–1950), einen »christlichen Zionsfreund«. Später erfuhr ich, daß mein Vater Zöge von Manteuffel noch gekannt hatte, wenngleich mir bisher niemand sagen konnte, es zu wie dieser Bekanntschaft kam. So viel wissen wir immerhin, daß Zöge von Manteuffel ein großer Verehrer Herzls war und als offizieller Gast am ersten Zionisten-Kongreß 1897 in Basel teilgenommen hat. Liest man den Briefwechsel zwischen Herzl und Zöge von Manteuffel, der aus eben diesem Jahre 1897 stammt, wird deutlich, daß beide nicht nur ähnliche Ansichten gehabt, sondern sich auch gegenseitig sehr geschätzt haben. Herzl (»Das Ziel ist hoch, der Weg ist weit«) hielt auf Zöge von Manteuffel große Stücke, weil dieser mit eigenen Mitteln in San Michele all'Adige (Trentino) junge Juden an der dortigen Landesanstalt für Acker- und Weinbau ausbilden ließ. Es war eine Art christlicher Philozionismus, der zu dieser Zeit noch eine Seltenheit war. Herzls Briefe lassen erkennen, daß er sich etwas davon versprach, Zöge von Manteuffel in seine Aktivitäten einzubeziehen. Einmal hat er vermutlich gehofft, daß dieser ihm die Türen zu einflußreichen Persönlichkeiten öffnen würde, zum anderen dürfte er auch gemeint haben, daß es im innerjüdischen Interesse liege, Nicht-Juden für die Ideen der zionistischen Bewegung zu gewinnen. Bezeichnend ist die Tagebucheintragung vom 12. April 1897, in der es heißt: »Leider ist es so, daß die Angaben eines arischen Barons die upper Jews stärker beeinflussen als was immer unsereiner sagen könnte.«

Die Geschichte mit den schließlich durch das Auswärtige Amt angekauften Herzl-Briefen hat noch eine überraschende Pointe. Ende Januar 1984 reiste Bundeskanzler Kohl nach Israel, im Gepäck Ledermappen mit den Herzl-Briefen. Er überreichte sie dem israelischen Ministerpräsidenten Schamir und erhielt beim Besuch des Herzl-Museums im Gegenzug Kopien der Briefe Zöge von Manteuffels, die im Original im Zionistischen Zentralarchiv aufbewahrt werden. So weit, so gut. Wir hatten damit gerechnet, daß das Archiv diese Briefe unmittelbar nach Ende des Staatsbesuches zugestellt bekäme. Aber weit gefehlt. Ministerpräsident Schamir hatte Gefallen an ihnen gefunden und wollte diese zunächst nicht herausgeben. Angeblich soll er sie sogar mit nach Hause genommen und, wie boshafte Stimmen damals bemerkten, unter sein Bett geschoben haben. Sei es, wie es wolle. Wir warteten noch ein ganzes Jahr, bis wir in den Besitz der Briefe gelangten. Es war ausgesprochen peinlich, daß seitens des Archives die Herausgabe der Briefe angemahnt werden mußte.

Herzls Nachwirkungen. Trotz der Stürme des Historikerstreites sind die Arbeiten an der Herzl-Edition weitergegangen – man hätte es wohl politisch kaum verantworten können, die Edition abzubrechen. Es wäre geradezu eine Ironie gewesen, ein Treppenwitz der Weltgeschichte, wenn der »Historikerstreit« eine Beendigung der Editionsarbeiten zur Folge gehabt hätte. Als die Wellen hochschlugen und nicht klar war, ob und wie es weitergehen sollte, dachte ich damals: »Armer Herzl, sei froh, daß du das nicht miterleben mußt.« Hätte Herzl Noltes Versuch der Relativierung der Nazi-Greuel erlebt, er hätte das vermutlich als eine späte Bestätigung seiner Überzeugungen angesehen.

Die Edition der Briefe und Tagebücher hat 15 Jahre in Anspruch genommen. Der letzte, siebte Band erschien 1995. Daß alles reibungslos klappte, war insbesondere Barbara Schäfer zu verdanken, die nach dem Ausscheiden von Johannes Wachten, der den Posten eines Kurators am Jüdischen Museum der Stadt Frankfurt übernahm und in das Herausgebergremium überwechselte, als Bearbeiterin gewonnen werden konnte. Sie entwickelte sich zu einer veritablen Herzl-Expertin, die es verstand, das Team zusammenzuhalten und das Projekt mit Umsicht zu einem Ende zu bringen.

Die Gestalt Theodor Herzls fasziniert mich heute noch genauso wie vor 20 Jahren, als Alex Bein und ich begannen, über eine Edition der Briefe und Tagebücher nachzudenken. Der Grund für diese Faszination scheint mir zu sein, daß selbst noch der tote Herzl etwas ausstrahlt, was die Menschen (und ich mache da keine Ausnahme) nach wie vor in Bann schlägt. Es sind zahlreiche Belege überliefert, die nicht nur spannend zu lesen sind, sondern darüber hinaus auch deutlich machen, daß manche von Herzls Zeitgenossen davon überzeugt waren, in ihm den leibhaftigen Messias vor sich zu haben. Auf dem Basler Kongreß 1897 zum Beispiel haben eine Reihe von Teilnehmern Herzls Auftritt als Erscheinen des Messias wahrgenommen. Noch Jahre später erinnerte man sich, daß bei der Eröffnung des Kongresses und bei der ersten Rede Herzls vor den Delegierten der Ruf ertönte: »Jechi Hamelech! Lang lebe der König!« Überliefert ist auch der Ausspruch des Schriftstellers Mordechai Ben Ami [»Rabinowicz«] (1854–1932): »Es ist nicht mehr der elegante Dr. Herzl aus Wien, es ist ein aus dem Grab erstandener königlicher Nachkomme Davids, der vor uns erscheint, in der Größe und Schönheit, mit der Phantasie und Legende ihn umwoben haben.« Ähnlich emphatisch äußerte sich im Rückblick auch der aus Czernowitz stammende Mayer Ebner (1872–1955), ein anderer Teilnehmer des Basler Kongresses. Überwältigt von Herzls bühnenreifem Auftritt glaubte er noch Jahre später, den Messias in persona vor sich gehabt zu haben: »Als ich ihn in seiner vollkommenen Schönheit sah, als ich in seine Augen blickte, die mir ein mystisches Geheimnis zu verbergen schienen, da jauchzte es in meiner Seele auf. Das ist ER, der Ersehnte, der Heißgeliebte, der Gesalbte des Herren, der Messias.«

Herzl wußte um die Wirkung, die von ihm ausging, hat aber nichts getan, diese abzuschwächen. Im Gegenteil. Er inszenierte seine Auftritte und legte großen Wert darauf, in den Augen seiner Anhänger wie eine Art ungekrönter König der Bewegung dazustehen. Es sind Äußerungen überliefert, die über seinen Tod hinaus zu Spekulationen reizen. Hat er sich vielleicht selbst als eine Art Messias gesehen? In einem seiner letzten, auf dem Krankenbett geschriebenen Briefe heißt es: »Macht keinen Unsinn, während ich tot bin.« Alex Bein, mit dem ich wenige Wochen vor seinem Tod ein Gespräch über das Messianische bei Herzl hatte, zitierte mit großem Vergnügen diese ominöse Stelle, von der er meinte, die Formulierung »während ich tot bin« lasse eine Reihe von Interpretationen zu. In der Tat. Dieser Satz klingt so, als ob mehr hinter ihm steckt, mehr jedenfalls als sich das Herzl beim Niederschreiben vielleicht gedacht hat.

Zionismus und Araberfrage. Zwischen dem Basler Kongreß 1897 und der Gründung des Staates Israel liegt gerade mal ein halbes Jahrhundert. In diesem Zeitraum ging Europa durch zwei Weltkriege, Revolutionen erschütterten den Kontinent, und Diktaturen lösten in einigen Ländern die Demokratien ab. Nichts war mehr so, wie es zu Anfang des Jahrhunderts gewesen war. Das galt auch für die europäisch-jüdische Beziehungsgeschichte, die durch den von Hitler und den Nazis organisierten Judenmord auf eine grauenhafte Weise beendet wurde.

So paradox es klingt, das Ende des europäischen Judentums hatte eine Konsequenz, mit der niemand gerechnet hatte, nämlich die Gründung des Staates Israel am 14. Mai 1948. Für viele ging an diesem Tag ein Traum in Erfüllung. Manche der damals bei der Zeremonie Anwesenden ahnten jedoch, daß durch die ungelöste arabisch-jüdische Frage schwere Belastungen auf den jungen Staat zukommen würden. So zum Beispiel David Ben Gurion, der, stolz und glücklich über das Erreichte, die heraufziehenden Gefahren erkannte. Er fühle sich, so notierte er in sein Tagebuch, als ein »Trauernder unter Frohlockenden«.

Mir hat die Kritik derjenigen stets eingeleuchtet, die behaupten, in der Anfangsgeschichte des Zionismus seien schwerwiegende Fehler gemacht worden, was das Araber- beziehungsweise Palästinenserproblem angehe. Theoretisch, so wird gesagt, hätten sich die zionistischen Pioniere der Frühzeit mit den in Palästina lebenden Arabern im Sinne einer friedlichen Koexistenz arrangieren können. Das ist sicherlich zutreffend, allerdings muß einschränkend eingewandt werden, nur dann, wenn sie die Notwendigkeit eines Ausgleichs wirklich eingesehen hätten. Viele Konflikte wären dadurch vermieden worden und manche Probleme gar nicht erst entstanden. Die zumeist aus Europa stammende zionistische Führung war jedoch, das wird in den gegenwärtigen Debatten leider allzuoft übersehen, von der illusionären Vorstellung bestimmt, in einem politischen Vakuum zu agieren. Sie dachten in europäischen Kategorien, der Nahe Osten war ihnen fremd. Bezeichnend ist der Ausspruch, den Max Nordau, einer der führenden Vertreter der Bewegung, 1897 gegenüber Theodor Herzl getan haben soll: »In Palästina gibt es ja Araber! Das wußte ich nicht! Wir begehen also ein Unrecht!«

Die Geschichte mag erfunden sein, doch charakterisiert sie die Einstellung der zionistischen Führung, die in den Anfängen der Kolonisation Palästina tatsächlich für ein leeres Land hielt, das nur darauf wartete, von jüdischen Siedlern kultiviert zu werden, etwa nach dem Motto: »Ein Land ohne Volk für ein Volk ohne Land«. Das Problem einer einheimischen Bevölkerung, die für sich Rechte reklamierte, wurde völlig übersehen. In den Schriften, Tagebüchern und Reden von Moses Hess, Hirsch Kalischer, Leo Pinsker, Theodor Herzl und anderen ist nur wenig über die palästinensischen Araber zu finden. Und wenn einmal von ihnen die Rede ist, dann nicht von ihren historischen Ansprüchen und ihrem Lebensrecht in Palästina. Nicht zu Unrecht hat deshalb der jüdische Staatsmann Nahum Goldmann in seinen Erinnerungen geschrieben, »daß es einer der großen Denkfehler des Zionismus« gewesen sei, »daß er den arabischen Aspekt bei der Gründung des jüdischen Heimatlandes nicht ernsthaft genug zur Kenntnis genommen« habe.

In der Zeit zwischen den beiden Weltkriegen hat es durchaus Ansätze und Möglichkeiten gegeben, die Ziele der jüdischen und der arabischen Nationalbewegung zu koordinieren. So ist beispielsweise die Ende 1925 in Jerusalem geschaffene Bewegung »Brit Schalom« (Friedensbund) zu nennen, gegründet von einer Reihe westeuropäischer Intellektueller, der auch der Religionsphilosoph Martin Buber angehörte. »Brit Schalom« hatte sich zur Aufgabe gemacht, »das Problem der jüdisch-arabischen Beziehungen zu erforschen und auf Mittel und Wege zu sinnen, das Verhältnis der beiden Völker zu verbessern«. Vorschläge wurden damals erarbeitet, die die ökonomische und kulturelle Kooperation festlegten. Der Grundgedanke aber war der, daß Palästina weder ein jüdischer noch ein arabischer, sondern ein bi-nationaler Staat sein sollte, in dem Juden und Araber gleiche staatsbürgerliche, politische und soziale Rechte ohne Unterschiede hinsichtlich Mehrheit oder Minderheit genießen sollten.

Die Idee des Zweinationalitätenstaates, die mich zeitweilig geradezu fasziniert hat, konnte nicht gegen die Opposition der Mehrheit der zionistischen Organisation und gegen die Vorstellungen der Araber durchgesetzt werden. Der Historiker Aharon Cohen hat zu Recht konstatiert, daß diese Ideen »wenig mehr als fromme Wünsche waren, die nicht in die praktische Politik überführt wurden«. Martin Buber und die Vertreter des »Brit Schalom« stießen mit ihren Auffassungen, die in der Tat manchmal mehr idealistischer als realpolitischer Natur waren, auf wütenden Widerspruch; sogar Defätismus warf man ihnen vor.

Alle Ausgleichsversuche zwischen Arabern und Juden wurden nebensächlich, als in Deutschland 1933 Hitler und die Nazis an die Macht kamen. Der Zionismus erhielt durch die in Mitteleuropa entfesselte Pogromstimmung den endgültigen und entscheidenden Auftrieb. Gegen den Widerstand der englischen Mandatsmacht wurde die illegale Einwanderung nach Palästina betrieben. Jedes Nachgeben in der jüdischen Einwanderung – diese war die Hauptursache für die wiederholten arabischen Unruhen in den zwanziger Jahren – wurde für die Zionisten undenkbar.

Auch wenn man von einem moralischen und historischen Anrecht der Juden auf Palästina ausgeht, heißt das nicht im Umkehrschluß, daß die Palästinenser keine Ansprüche auf das Land haben. Schon Martin Buber hat es geschmerzt, mit ansehen zu müssen, welches Unrecht den palästinensischen Arabern durch die zionistische Besiedlung zugefügt worden ist. Die Bemühungen Bubers und seiner Freunde, einen Ausgleich der Interessen herbeizuführen, scheiterten.

Mit Buber, einem einsamen Rufer in der Wüste, bin ich jedoch davon überzeugt, daß nach wie vor eine Annäherung zwischen Juden und Arabern möglich ist. Voraussetzung ist allerdings, daß die Streitparteien vorbehaltlos aufeinander zugehen. An überkommenen historischen und moralischen Ansprüchen festzuhalten führt nicht weiter. Beide Parteien müssen, auch wenn es schwerfällt, künftig Realpolitik betreiben und sich bemühen, nach vorne zu blicken. Das ist unter den gegebenen Umständen schwierig, aber nach wie vor nicht unmöglich.

Der Wechsel in den Osten

Nach dem Fall der Mauer am 9. November 1989 zog es mich geradezu unwiderstehlich in den Osten. Dafür gab es eine Reihe von Gründen. Einmal waren es die familiären Bindungen an das Land jenseits der Elbe, aber auch eine gewisse Vertrautheit mit der DDR, die sich in den vergangenen Jahren durch Reisen dorthin eingestellt hatte. Mehrfach war ich in Ost-Berlin, Leipzig, Dresden und Chemnitz, dem damaligen Karl-Marx-Stadt, und hielt dort Vorträge zu Fragen und Problemen der deutsch-jüdischen Geschichte. Die Einladungen erfolgten zumeist durch Peter Kirchner oder Hermann Simon, der eine Vorsitzender, der andere stellvertretender Vorsitzender der Ost-Berliner Jüdischen Gemeinde, oder durch Vertreter kirchlicher Kreise wie den Leipziger Pfarrer Siegfried Theodor Arndt und den Berliner Humboldt-Theologen Heinrich Fink. Ich nahm diese Einladungen gerne an, nicht weil ich den anderen deutschen Staat sonderlich geschätzt hätte, sondern weil mich die Lebenssituation der Menschen in der DDR beschäftigte und ich davon angetan war, daß man sich auch jenseits der Mauer für Probleme der deutsch-jüdischen Beziehungsgeschichte zu interessieren begann.

Die Veranstaltungen Mitte der achtziger Jahre fanden meist vor einem großen Auditorium statt. Die mir zuhörten, waren überwiegend Studenten und bekennende Christen. In der Regel war es das Thema »Zionismus«, über das ich zu sprechen hatte, damals ein Tabu-Thema in der DDR. Israel galt als der ideologische Feind, seitens der DDR-Führung wurde Arafats Palästinapolitik massiv unterstützt. Ob in Dresden oder in Leipzig, die Situation war stets die gleiche. Während des Vortrages saßen in den ersten beiden Reihen des Raumes Zuhörer, die aufmerksam meinen Ausführungen folgten. Irritierend war nur, daß einige von ihnen Aufnahmegeräte auf den Knien hatten und eifrig Notizen machten. Die eine Hälfte nahm, wie man mir zuflüsterte, den

Vortrag und die Diskussion auf Band oder Kassette auf, um diese später nach russischem Vorbild als Samisdat in oppositionellen Kreisen kursieren zu lassen; die andere Hälfte, allem Anschein nach Agenten der Staatssicherheit, hatten von der »Firma« den Auftrag, zu dokumentieren, was der Referent aus dem Westen von sich gab. Darüber hinaus waren sie gehalten festzustellen, ob vielleicht seitens der Zuhörer Systemkritisches oder gar Abfälliges über die DDR geäußert wurde. Es waren geradezu unwirkliche Situationen, die aber typisch für das von Mißtrauen bestimmte DDR-Klima jener Jahre waren.

Bezeichnend war, daß in den anschließenden Diskussionen keine direkten Fragen gestellt wurden. Das galt als zu gefährlich. Der Ausweg beziehungsweise das Mittel, doch noch etwas zu einem Thema zu erfahren oder sich zu einem Problem zu äußern, war die Möglichkeit, auf einen Zettel Fragen zu notieren, die zum Rednerpult gebracht wurden. Ich las die Fragen durch und war bemüht, meine Antworten sorgfältig zu wägen. Das lief etwa nach folgendem Muster ab: Ein Zuhörer, der mehr über den Zionismus und seine ideologischen Grundlagen wissen wollte, fragte per Zettel, ob der Zionismus nicht eine imperialistische Bewegung sei, wie die DDR-Propaganda behaupte. Ich entzog mich nicht der Antwort, aber formulierte so, daß auch offiziell nichts zu beanstanden war: »In der DDR gilt in der Tat der Zionismus als eine imperialistisch-faschistische Bewegung, die den Weltfrieden stört. Das sieht man in der Bundesrepublik jedoch anders. Dort wird der Zionismus als Befreiungsbewegung des jüdischen Volkes interpretiert.«

Ich kam damals von meinen Reisen in die DDR zurück, und wußte nicht recht, was ich von all dem halten sollte, was ich gesehen und gehört hatte. Dieses Gefühl der Unsicherheit veranlaßte mich, mit der »Gesellschaft für Geistesgeschichte« und dem Duisburger Steinheim-Institut am 9. November 1986 im Westberliner »Haus der Kirche« eine Tagung zum Thema »Juden in der DDR« zu organisieren. Aus der DDR reisten der schon genannte Leipziger Pfarrer Siegfried Theodor Arndt und der Historiker Helmut Eschwege an. Beide waren Rentner und hatten vermutlich deshalb die Genehmigung zur Ausreise erhalten. Sie scheuten sich nicht, dem anwesendem Publikum bereitwillig Rede und Antwort zu stehen.

Die Tagung befaßte sich nicht nur mit der staatlichen DDR-Außenpolitik, soweit sie die Juden und das Verhältnis der DDR zu Israel betraf. Wichtiger war die Diskussion darüber, warum seitens der DDR bis dahin an NS-Opfer keine Wiedergutmachungszahlungen geleistet worden waren. In diesem Zusammenhang wurde auch die Frage aufgeworfen, ob es künftig möglich sein werde, über den christlich-jüdischen Dialog nicht vielleicht doch so etwas wie ein Nachdenken über die Lage der Juden in der DDR in Gang zu bringen.

Hätten wir damals von der IM-Tätigkeit des zuständigen Studienleiters Peter Heilmann gewußt, der seitens des »Hauses der Kirche« die Tagungsteilnehmer betreute, dann hätten die Anwesenden vermutlich nicht so offen geredet, wie sie es getan haben. Ich denke oft an diesen Fall, der mir deswegen in Erinnerung geblieben ist, weil er eine tragische Komponente hatte. Peter Heilmann, den ich noch von meinem Studium an der FU-Berlin her kannte, war der Sohn des SPD-Politikers Ernst Heilmann, der 1940 im KZ Buchenwald von den Nazis ermordet wurde.

Der Fall der Mauer am 9. November 1989 machte allen Debatten ein Ende, wie die Situation in Honeckers DDR zu beurteilen sei. Als ich erfuhr, daß die Menschen aus Ost und West auf der Berliner Mauer tanzten und sich in die Arme fielen, hielt ich mich auf dem Dyckhof in Meerbusch auf und sah die Bilder im Fernsehen. Sonderlich berührt war ich von den Fernsehbildern nicht. Ich weiß noch, daß ich das Gefühl hatte, daß ein neues Kapitel der deutschen Geschichte aufgeschlagen wurde. Aber ich wußte auch, daß Willy Brandts »Jetzt wächst zusammen, was zusammengehört« nicht für mich formulierte Worte waren.

Wenige Tage nach dem Fall der Mauer reiste ich nach Toronto, wo der Soziologe Michal Bodemann eine Konferenz zum Thema »How to live as a Jew in Germany today?« organisiert hatte. An der Tagung, die durch die jüngsten Entwicklungen eine besondere Aktualität erfuhr, nahmen Micha Brumlik, Cilly Kugelmann, Frank Stern, Ruth Beckermann, Jack Zipes, Moishe Postone und Andy Markowicz teil. Uns war klar, daß die Ereignisse in Deutschland eine Stellungnahme erforderten. In der Debatte waren sich alle einig, daß mit dem Fall der Mauer die Nachkriegsgeschichte endgültig zu Ende gegangen sei. Wir ahnten, daß für die Juden schwerere Zeiten beginnen würden. Bis dahin hatte man als Jude in den Provisorien Bundesrepublik und DDR halbwegs geschützt gelebt. Die eingeschränkte Souveränität der beiden Staaten forderte von den Juden kein wie auch immer geartetes Bekenntnis zu Deutschland.

Noch in Toronto notierte ich in mein Tagebuch: »Alle sind skeptisch, was die grassierende Einheitseuphorie angeht. Die Bilder in den Zeitungen und in den Fernsehsendungen sehe ich mit gemischten Gefühlen. Es ist richtig, daß die Mauer gefallen ist. Aber, was heißt das? Wie soll es weitergehen?«

»Jüdische Lebenswelten«. Im Wintersemester 1990 übernahm ich eine Gastprofessur an der Theologischen Fakultät der Humboldt-Universität. Eingeladen hatte mich Heinrich Fink, der zu dieser Zeit noch als Rektor amtierte. Später, als man ihn als Informellen Mitarbeiter der Staatssicherheit mit dem Decknamen »Heiner« enttarnte, wurde eine beispiellose Kampagne gegen ihn inszeniert. Er mußte von seinem Rektorenamt zurücktreten, verlor seine Professur und wurde schließlich auch von der Kirche fallengelassen. Die Art, wie man ihn abservierte, war ausgesprochen unappetitlich.

Im Winter 1990/1991 war Fink aber noch wohlgelitten; so fungierte er als allseits geachtetes Mitglied des Beirats der Ausstellung »Jüdische Lebenswelten«, dem als Schirmherr Bundespräsident Richard von Weizsäcker und als Vorsitzende Eberhard Diepgen und Heinz Galinski angehörten. Mitglieder des Beirats waren neben Heinrich Fink u. a. Judith Belinfante, Michael Brocke, Gottfried Korff, Joan Rosenbaum, Reinhard Rürup, Herrmann Simon und Rachel Salamander. In diesem Ausstellungsprojekt, das auf Initiative von Andreas Nachama zustande gekommen war, hatte ich zusammen mit der Berliner Judaistin und Mittelalter-Historikerin Marianne Awerbuch auf Bitten von Ulrich Eckhardt, dem damaligen Intendanten der Berliner Festspiele GmbH, die wissenschaftliche Leitung übernommen. Es war eine

Aufgabe, die zunächst reizvoll erschien, sich aber als hochkompliziert erweisen sollte, weil unterschiedliche Interessenlagen eine Rolle spielten und unterschiedliche Sichtweisen unter einen Hut gebracht werden mußten.

Die Ausstellung wurde im Januar 1992 mit großem Pressegetöse eröffnet und entwickelte sich zu einem beachtlichen Erfolg. Mehr als 350 000 Besucher kamen im Verlauf der folgenden drei Monate in den Martin-Gropius-Bau, wo sich täglich lange Schlangen vor den Kassen bildeten. Es war zwar nicht die erste Ausstellung in Deutschland, die sich mit der Welt der Juden befaßte, aber es war die erste Ausstellung, die Objekte aus aller Welt zusammenführte, wie sie in dieser Umfassendheit noch in keinem Museum oder Ausstellung vorgestellt worden waren.

Vorrangiges Anliegen des ehrgeizigen Projektes war es, die Komplexität des jüdischen Lebens in den verschiedenen Kulturen der Welt darzustellen und damit landläufige Klischees und Vorurteile, das eindimensionale Bild »des Juden« also, zu widerlegen. Uns ging es darum, mit der Ausstellung zu zeigen, daß es nicht »den« Juden, sondern daß es unterschiedlichste Formen jüdischer Existenz gibt, die von den unterschiedlichen sozialen und gesellschaftlichen Rahmenbedingungen geprägt sind. Darüber hinaus sollten dem Ausstellungsbesucher Denken und Glauben der Juden erklärt und deren Arbeit, Kunst und Handwerk gezeigt werden. Nicht die jahrhundertelange Geschichte der Verfolgung und auch nicht der Massenmord an den europäischen Juden sollten in der Ausstellung thematisiert, sondern der jüdische Alltag vorgestellt werden, und zwar von Berlin bis Saloniki, von Wilna bis Tel Aviv und von Kaifeng bis New York.

In der Vorbereitungsphase, die bereits Anfang 1989 einsetzte, unternahm ich, teilweise zusammen mit Andreas Nachama, einige Recherche-Reisen, die mich in die Ukraine und nach Rußland, in die USA und nach Israel führten. Einige dieser Reisen fanden unter abenteuerlichen Umständen statt, so zum Beispiel der Besuch in Moskau und Lemberg im Dezember 1990. Es war die Zeit des Umbruchs; das Sowjetsystem war am Ende. In den Läden nur leere Regale und in den Hotels kaum oder nichts zu essen. Nach dem Besuch in Lemberg notierte ich in mein Tagebuch: »Besuch im Lemberger Ethnographischen Museum. Judaica sind nicht vorhanden, nur einige Kultgegenstände und etwas Porzellan und Kleidung – alles in sehr schlechtem Zustand. Die Stadt erinnert noch sehr an KuK-Zeiten. Kaum etwas ist zerstört. Viele Kirchen im Stadtbild. Daß es einst einen starken jüdischen Bevölkerungsanteil in Lemberg gab, ist nicht mehr zu erkennen. Überall gelb-blaue Fahnen. Ukrainischer Nationalismus ist allenthalben spürbar. Beim Abriß des vor der Lemberger Oper stehenden Lenin-Denkmals, so erzählte man mir, habe sich herausgestellt, daß das Fundament aus jüdischen Grabsteinen bestand.«

Der Fall der Mauer ließ auch unser Ausstellungskonzept nicht unberührt. Die Ausstellung war dadurch nicht mehr eine Ausstellung im alten West-Berlin, sondern eine Ausstellung des vereinten Berlin. Organisatorische Veränderungen wurden notwendig, der Gropius-Bau zum Beispiel, der bis dahin nur von der West-Berliner Seite begehbar war, mußte auf die neuen Verhältnisse eine Antwort finden. Das war insofern nicht ganz einfach, als auch der Eingang geöffnet werden mußte, der dem Preußischen Landtag, dem heutigen Berliner Abgeordnetenhaus, gegenüberlag. Das bedeutete auch ein konzeptionelles Umdenken.

Trotz aller Schwierigkeiten, die sich aus der Veränderung der Zeitläufte ergaben, gelang es den Kuratoren der Ausstellung, mehr als 300 Leihgeber zu gewinnen, die sich mit mehr als 2500 Exponaten beteiligten. Der Struktur des Martin-Gropius-Baus folgend, war die Ausstellung in 20 Räume mit 20 unterschiedlichen Themenbereichen gegliedert. Mittelpunkt war der Lichthof, der wiederum in elf Themen-Inseln unterteilt war. Besonderen Wert hatten wir darauf gelegt, die »Geschichte des jüdischen Volkes in der Antike« mit Objekten zu illustrieren. Dazu hatten wir aus Israel selten verliehene Exponate herbeigeschafft wie zum Beispiel ein Skriptorium aus Qumran und eine Rekonstruktion der berühmten Synagoge von Dura-Europos mit ihren Freskenzyklen zu biblischen Themen.

Im Mittelpunkt der Ausstellung stand die Aussage, daß die Juden das Volk des Buches sind. Um das dem Besucher zu verdeutlichen, hatten wir eine Bücherlandschaft inszeniert, die vermitteln sollte, was Juden im Laufe der Jahrtausende geschrieben hatten, sei es zu religiösen, sei es zu säkularen Themen. Der Besucher wurde konfrontiert mit Werken und Worten von Philosophen und Rabbinern, Dichtern und Wissenschaftlern, Politikern und Theoretikern.

Unter den Exponaten hatte es mir besonders ein kleiner unscheinbarer Zettel angetan, den wir in der Bibliothèque Nationale in Paris aufgetrieben hatten. Es handelte sich um ein Manuskriptblatt Heinrich Heines, auf dem der berühmte Ausspruch »Der Taufschein ist das Entré Billet zur Europäischen Kultur« zu lesen war. Dieser Aphorismus Heines, von dem jedermann dachte, es gebe für ihn keinen Beleg, war für die Besucher, die stehenblieben und lasen, ein Aha-Erlebnis. Die Notiz auf dem Zettel sagt mehr über das deutsch-jüdische Verhältnis im 19. Jahrhundert als lange gelehrte Abhandlungen.

Ins Zentrum der Bücherlandschaft hatten wir ein Zelt gestellt, das dem Stiftszelt der Bibel nachempfunden war. In diesem zeigten wir kostbare mittelalterliche hebräische Handschriften. Es war vermutlich die bedeutendste Zusammenstellung illuminierter Handschriften aus Deutschland, Frankreich, Spanien, Portugal, Italien und Osteuropa, die jemals zusammengeführt worden ist. Die Besucher standen staunend vor den zahlreichen Bibeln, Machsorim, Haggadot und anderen religiösen Handschriften.

Die Universität Potsdam. Nach der Vereinigung der beiden deutschen Staaten – ich war noch mit der Ausstellung »Jüdische Lebenswelten« in Berlin beschäftigt – wechselte ich von Nordrhein-Westfalen in das 1990 neu geschaffene Bundesland Brandenburg. Durch Vermittlung von Wolfgang Hempel, einem Bündischen, der den FDP-Minister Hinrich Enderlein in Brandenburg beriet, kam es zu einem Treffen im Potsdamer »Haus der Kulturschaffenden«. Enderlein, damals in Brandenburg zuständig für Wissenschaft und Kultur, fragte mich nach kurzem Beschnuppern, ob ich nicht Lust hätte, beim Aufbau der geplanten neuen Universität in Potsdam mitzuhelfen.

Ich zögerte nicht lange. Zum einen reizte mich die angebotene Aufgabe, zum anderen machte Enderlein den verlockenden Vorschlag, ob ich nicht neben der Übernahme eines Lehrstuhls für deutsch-jüdische Geschichte etwas dem Steinheim-Institut in Duisburg Vergleichbares in Potsdam gründen wolle. Beide waren wir der Meinung, sollte ein solches Institut in Potsdam entstehen, müßte es eine europäische Ausrichtung haben. Potsdam und die Region Berlin-Brandenburg könnte künftig auch auf dem Feld der jüdischen Studien eine Brücke zwischen West- und Osteuropa bilden.

Da das Land Nordrhein-Westfalen Amtshilfe für Brandenburg leistete, war es kein Problem, eine Abordnung im Zuge der Aufbauhilfe Ost seitens des zuständigen Ministeriums in Düsseldorf herbeizuführen. Mit dem Schreiben in der Tasche, das mich nicht nur mit Sitz und Stimme in den Gründungssenat berief, sondern auch zum Gründungsbeauftragten für das aufzubauende Historische Institut bestellte, machte ich mich alsbald auf den Weg nach Potsdam. Als erstes hatte ich vor, mir ein Bild zu machen und vor allem mit den bereits dort lehrenden Kollegen und Mitarbeitern der »Brandenburgischen Landeshochschule« zu sprechen, die 1990 im Zuge der »Wende« aus der Pädagogischen Hochschule Karl Liebknecht hervorgegangen war.

Als ich im Frühjahr 1991 mit dem PKW in die Stadt hineinfuhr, sah ich zu meiner Überraschung auf einer Hauswand das in roter Farbe hingepinselte Graffiti: »Ausländer rein, Rheinländer raus«. Es schien so, als ob die abgeordneten Nordrheinwestfalen, die in den Ministerien, den kommunalen Verwaltungen und Hochschulen des Landes Aufbauhilfe leisteten, von den Brandenburgern als Eindringlinge und Besatzer angesehen wurden. Eingestimmt durch diese »Begrüßung«, war ich gespannt, was noch alles auf mich zukommen würde.

Zunächst wurde ich jedoch durch erfreulichere Eindrücke abgelenkt. Das Dienstzimmer, das ich in einem der beiden Communs im Park von Sanssouci bezog, hatte einen märchenhaften Ausblick, und zwar direkt auf das von Friedrich II. gebaute Neue Palais. In Erinnerung ist mir, daß ich am Fenster meines Zimmers stand, zur »Fanfaronnade«, der großen »Prahlerei«, hinübersah und dabei daran denken mußte, daß Geschichtsverläufe mitunter doch sehr merkwürdige Wege nehmen. Einen Augenblick lang

Der Flügel der Communs im Park von Sanssouci, in dem das Historische Institut untergebracht ist

Der Gründungssenat der Universität Potsdam, 1991 (v.l.n.r., obere Reihe: Gert Kaiser, Gerhard Kempter, Julius H. Schoeps, mittlere Reihe: Brigitte Krüger, Monika Kramme, Manfred Kujawa, Rudolf Mitzner, Josef Molsberger, Ulrich Hermann, untere Reihe: Wolfgang Edelstein, Anke Fratz, Gisa Rauh, Rolf Grawert)

hatte ich sogar das Gefühl, nicht ich stünde am Fenster und blicke auf das Neue Palais, sondern mein Vater, der immer davon geträumt hatte, noch einmal durch die Straßen Potsdams zu gehen und vom Turm der Garnisonkirche das Glockenspiel »Üb' immer Treu und Redlichkeit« zu hören.

In den Räumen, die ich bezog, hatte ich zunächst Schwierigkeiten, mich zurechtzufinden. Probleme bereitete vor allem, daß man nicht ohne weiteres telefonieren konnte. Hatte ich wichtige Gespräche zu führen, setzte ich mich in mein Auto und fuhr zur Glienicker Brücke, wo auf Westberliner Seite die gelben Telefonzellen der Bundespost standen. Aber es waren nicht nur die nicht funktionierenden Telefone, an deren Wählscheiben man sich die Finger wund wählte. Es gab auch sonst kaum etwas, auf das man sich verlassen konnte. Wie alle anderen Neu-Potsdamer mußte ich mich auf Improvisieren einstellen. Auffallend war insbesondere, daß sich in den Räumen, die ich bezog, kein einziger Aktenordner befand. In den Regalen gähnende Leere. Es schien so, als ob es die PH Karl Liebknecht, die immerhin 40 Jahre existiert hatte, nie gegeben habe; nichts erinnerte mehr an die Geschichte dieser Einrichtung. Alle Spuren waren sorgfältig getilgt worden. Ins Auge fiel, daß vor den Communs am Neuen Palais Müllcontainer standen, die bis an den Rand mit Akten und Büchern gefüllt waren. Ich wollte damals meinen Augen nicht trauen, als ich sah, was alles entsorgt worden war – unter anderem die berühmten blauen Bände der Marx-Engels-Werke, im Jargon der Sozialwissenschaftler kurz MEW genannt. Es war ein Stück weggeworfene DDR-Vergangenheit. Ich krempelte die Ärmel hoch, griff beherzt in die Container und kam so zu einer Reihe von Büchern, über die ich heute froh bin, daß sie nicht auf der Müllhalde landeten.

Eine Begebenheit ist mir noch in lebhafter Erinnerung. Als ich mich das erste Mal hinter dem Schreibtisch meines neuen Dienstzimmers niederließ und Überlegungen anzustellen begann, was zu tun sei, klopfte es. Eine Mitarbeiterin der Verwaltung steckte den Kopf zur Tür herein, und fragte: »Herr Professor, darf ich Ihnen die Kaderakten bringen?« Im ersten Schreck wußte ich nicht, was ich antworten sollte. Dann begriff ich, daß mit »Kaderakten« Personalakten gemeint waren. Mit der Übergabe der »Kaderakten« wollte man mir signalisieren, daß man das mir übertragene Amt akzeptierte und bereit war, mit mir zusammenzuarbeiten.

Überhaupt wurde mir bald klar, daß bestimmte Begriffe hier eine ganz andere Bedeutung als in der alten Bundesrepublik hatten. Modulation und Klang der DDR-Sprache erschienen mir härter, die Worte und Begrifflichkeiten wie einem Kompendium der Naturwissenschaften entnommen. »Das ist nicht meine Strecke«, war eine der Äußerungen, die ich zu hören bekam, als ich jemanden fragte, ob er mir zu dieser oder jener Angelegenheit Auskunft geben könne. Ich wunderte mich über die Formulierung und begriff zunächst nicht, was man mir damit sagen wollte. Ähnliche, mich verwirrende Formulierungen gab und gibt es eine ganze Reihe. Wenn sich ein Student beispielsweise um einen Sprechstundentermin bemühte, dann hieß es nicht, er bitte um eine »Gespräch« oder ähnliches, sondern es war eine »Konsultation« erwünscht. Bis heute habe ich gewisse Schwierigkeiten, mir den aus DDR-Zeiten überkommenen naturwissenschaftlich-technischen Jargon anzueignen.

Der Gründungssenat, in den Hinrich Enderlein mich mit einigen anderen Wissenschaftlern aus den alten und neuen Bundesländern berief, trat zum ersten Mal am 20. Juni 1991 zusammen. Die konstituierende Sitzung fand am 2. Juli 1991 statt. Neben Rolf Mitzner und Gerhard Kempter (beide Potsdam) gehörten dem Gründungssenat die Hochschullehrer Josef Molsberger (Tübingen), Rolf Grawert (Bochum), Wolfgang Edelstein (Berlin-West), Ulrich Herrmann (Tübingen), Gert Kaiser (Düsseldorf), Gisa Rauh (Wuppertal) und Manfred Kujawa (Potsdam) an. Mitglieder des Gründungsgremiums waren des weiteren Monika Kramme, die den notwendigen Sachverstand aus dem Düsseldorfer Wissenschaftsministerium mitbrachte, sowie Brigitte Krüger (Potsdam) als Mittelbauvertreterin und in der ersten Phase Anke Fraatz als Vertreterin der Studentenschaft.

Das Konzept, das wir in monatlichen Sitzungen erarbeiteten, war der Versuch, eine Universität mit traditionellen Strukturen zu begründen. Keiner der Gründungssenatoren wollte die Zustände der siebziger und achtziger Jahre an den Universitäten der alten Bundesrepublik fortgeschrieben wissen. Anstelle der Fachbereichsstruktur, die sich überall eingebürgert, aber nicht bewährt hatte, beschloß der Gründungssenat, eine Grundstruktur mit fünf Fakultäten und kollegialer Rektoratsverfassung vorzuschlagen. Bei der Festlegung der Fakultäten und der Fachgebiete hatte sich die Auffassung durchgesetzt, wegen der bereits im benachbarten Berlin existierenden Kapazitäten an den dortigen drei Universitäten keine medizinischen, technischen, landwirtschaftlichen und theologischen Fachbereiche zu gründen. Dies wäre theoretisch möglich gewesen, hätte aber die finanziellen Möglichkeiten des Landes Brandenburg überstiegen. So kam es zur Gründung zweier Rumpfuniversitäten in Potsdam und Frankfurt/Oder und zur Gründung einer Technischen Universität in Cottbus.

Die Besonderheit des Potsdamer Gründungskonzeptes war die geplante enge Zusammenarbeit mit zu errichtenden außeruniversitären Einrichtungen der Max-Planck-Gesellschaft, der Wissenschaftsgemeinschaft Gottfried Wilhelm Leibniz, der Hermann-von-Helmholtz-Gemeinschaft Deutscher Forschungszentren und der Fraunhofer-Gesellschaft. Diese Einrichtungen, zu denen noch die von der Deutschen Forschungsgemeinschaft (DFG) geförderten Forschungszentren für Europäische Aufklärung (FEA) und für Zeithistorische Forschung (ZZF) hinzukamen, haben dazu beigetragen, daß die im Entstehen begriffene Potsdamer Universität ein spezifisches Profil erhielt.

Eine unserer Schwierigkeiten beim Aufbau war, daß wir das Personal der einstigen Pädagogischen Hochschule übernehmen mußten. Die Politik hatte durchgesetzt, daß möglichst niemand entlassen werden sollte, allenfalls diejenigen, denen eine Zusammenarbeit mit der Staatssicherheit nachgewiesen werden konnte. Die Gründung der Universität wurde dadurch nicht zu einer Neugründung, sondern zu einer Umgründung. Später sollte sich diese Entscheidung als fatal erweisen und bittere Konsequenzen haben. Bei allem Verständnis für die Kritiker dieser Entscheidung, die meinten, man müsse einen Schnitt machen und einen Neuanfang beginnen, habe ich es damals für richtig gehalten, nur in Ausnahmefällen jemanden zu entlassen. Als Gründungssenatoren, meinte ich, hätten wir nicht das Recht, uns als Herren über Menschen aufzuspielen, die in der DDR gelebt, gearbeitet und eine akademische Karriere an einer Hochschule gemacht hatten. Sie hatten nach meiner Überzeugung einen Anspruch, im vereinten Deutschland weiterbeschäftigt zu werden. Ich sah nicht ein, warum jemand mit einer DDR-Biographie schlechter gestellt sein sollte als jemand, der zufällig eine bundesdeutsche Biographie hatte.

»Wessis« und »Ossis«. Mir fiel die Aufgabe zu, als Gründungsbevollmächtigter die Geschichtswissenschaften in Potsdam aufzubauen. Das war insofern nicht ganz unproblematisch, als auch in diesem Bereich zahlreiche Professoren und Mitarbeiter der alten PH Karl Liebknecht arbeiteten, über deren weitere Beschäftigung beziehungsweise Nichtbeschäftigung nachgedacht werden mußte. Für die zu treffenden Entscheidungen gab es keinerlei Rechtsgrundlagen. Ich behalf mir damit, daß ich in strittigen Fällen zur Verfassung des Landes Nordrhein-Westfalen griff und mich an deren Bestimmungen orientierte.

In der ersten Zeit war ich hauptsächlich mit Planungen beschäftigt, wie der eine oder andere der alten Mitarbeiter umgesetzt und mit einer anderen Funktion innerhalb oder außerhalb der Universität betraut werden könnte. Das war nicht ganz einfach. Daß es im Fach Geschichte gelang, Neustrukturierungen herbeizuführen, war dem amtierenden Rektor und verständnisvollen Kollegen im Gründungssenat zu verdanken, die ebenfalls daran interessiert waren, Personalien schnell und diskret zu regeln. Daß dies mitunter komplizierte Transaktionen nötig machte, versteht sich von selbst.

Die Mitarbeiter, die ich aus der alten PH übernommen hatte, wunderten sich über den neuen von mir gepflegten Arbeitsstil. Die Türen standen meist weit offen, jeder konnte eintreten und mit mir sprechen. Für die Alteingesessenen war das etwas, was sie nicht kannten. In DDR-Zeiten existierten hierarchische Strukturen. Man mußte sich anmelden, erhielt einen Termin und hatte dann vielleicht das Glück, sein Anliegen vortragen zu können.

Entscheidungen der Institutsleitung wurden mitgeteilt oder, wie es im DDR-Jargon hieß, von oben nach unten »durchgestellt«.

Zunächst bestimmten gegenseitiges Mißtrauen und eine gewisse Fremdheit die Zusammenarbeit. Die Ost-Mitarbeiter betrachteten distanziert die Aktivitäten der »Wessis«, wie die Mitglieder des Gründungssenats und die Gründungsbevollmächtigten der einzelnen Fächer genannt wurden. Und die »Aufbauhelfer«, wie wir uns definierten, wußten häufig nicht, wie sie sich in bestimmten Situationen verhalten sollten. Gegenseitige Berührungsängste erschwerten den Umgang miteinander. Von Normalität konnte jedenfalls in den ersten Wochen und Monaten nicht gesprochen werden.

Ein Westberliner Kollege zum Beispiel, der später eine Professur in Potsdam übernahm, betrat im Frühjahr 1991 mein Zimmer, legte, als ich anfangen wollte, in einer Dienstangelegenheit mit ihm zu sprechen, den Zeigefinger an die Lippen und machte sich an meinem Telefon zu schaffen. Er nestelte an der Muschel des Hörers und tat dann etwas, womit ich nicht gerechnet hatte. Ehe ich es mich versah, riß er mit einem Ruck das Telefonkabel aus der Wand. Auf meine verdutzte Frage, warum er das tue, fragte er, ob ich denn nicht wisse, daß die Telefone in den Dienstzimmern umgeschaltet und als Mikrofone benutzt werden könnten. Jedes geführte Gespräch könnte auf diese Art und Weise abgehört werden. Als der Kollege mein ungläubiges Gesicht sah, meinte er, es sei doch offensichtlich, daß wir bespitzelt würden. In der Telefonzentrale der Hochschule, so raunte er mir zu, säßen nach wie vor Agenten der einstigen DDR-Staatssicherheit. Auf meine Frage, wozu denn das gut sein solle, blickte der Stasi-Verschwörungen witternde Kollege mich nur mitleidig an. In seinen Augen war ich ein harmloser Zeitgenosse, wohl einer von der Sorte, der nicht wußte, wohin er geraten war. Rückblickend kann man nur noch staunen über das, was damals alles möglich war.

Wie für alle Fachdisziplinen war auch für das Fach Geschichtswissenschaften eine Gründungskommission ins Leben gerufen worden. Ihr gehörten Mitglieder des Gründungssenats sowie eine Reihe vom Minister berufener auswärtiger Mitglieder an. Die Kommission hatte die Aufgabe, ein Fachprofil zu entwickeln und die notwendigen Berufungsverfahren durchzuführen. Bedauerlicherweise waren in Potsdam wie an anderen ostdeutschen Universitäten Seilschaften aus dem Westen bemüht, ihre Kandidaten auf ausgeschriebenen Lehrstühlen zu plazieren. Dabei wurde teilweise mit wenig schönen Methoden gearbeitet.

Es zählte häufig nicht die Qualifikation des jeweiligen Bewerbers, sondern in erster Linie seine Zugehörigkeit zu einer bestimmten Gruppierung innerhalb der jeweiligen Zunft. Hautnah konnte ich als Gründungssenator den Ablauf einiger Verfahren miterleben, bei denen sich die Mitglieder der Berufungskommission nicht einmal die Mühe machten, ihre jeweiligen Interessen zu kaschieren. Da wurde auf Teufel heraus telefoniert, da wurden Gefälligkeitsgutachten bestellt und sorgfältig vorbereitete Ringtausch-Aktionen eingeleitet, die zum Teil so durchsichtig waren, daß sie seitens des Gründungssenats gestoppt werden mußten. Wie eine solche Ringtausch-Aktion funktionierte, sei an einem hypothetischen Fall beschrieben, der aber so oder ähnlich häufiger in der sogenannten Nachwendezeit vorkam. Da gab es den Kandidaten X, der von A nach Potsdam, Jena, Greifswald oder Halle gebracht werden sollte. Dafür wird XY – der bereits auf einem gutdotierten Posten an einer westdeutschen Universität sitzt – von B nach A berufen. Das Tüpfelchen auf dem i bei einem solch kunstvoll inszenierten Ringtausch war, wenn es obendrein noch gelang, den Privatdozenten XYZ auf die Stelle des XY in B zu plazieren.

Fälle dieser Art waren noch vergleichsweise einfach gestrickt. Es gab sehr viel raffinierter eingefädelte Aktionen, die manchmal so kompliziert waren, daß die Planer über ihre eigenen Planungen stolperten. So erinnere ich mich an die Umstände eines Berufungsverfahrens, die so grotesk waren, daß sie verdienen, kurz erwähnt zu werden. In diesem Fall wurde ein Bewerber auf eine Professur berufen, die gar nicht für ihn vorgesehen war. Zugrunde lag dem ein Versehen. Die Kommissionsmitglieder hatten die Berufungsliste mit der Liste der Einladungen zu den Vorstellungsgesprächen verwechselt. Das Ministerium hatte im guten Glauben, daß die von der Kommission verabschiedete und vom

Gründungssenat bestätigte Berufungsliste korrekt sei, dem Erstplazierten ein Berufungsschreiben zugestellt und ihn gebeten, in Verhandlungen mit dem zuständigen Ministerialbeamten einzutreten. Später mußte man dem Kandidaten mitteilen, daß sich ein Fehler eingeschlichen habe und er gar nicht für den ausgeschrieben Posten vorgesehen sei. Zu ändern war aber nichts mehr. Der Ruf war ergangen und konnte nicht mehr zurückgezogen werden. Die Angelegenheit war an Peinlichkeit kaum mehr zu überbieten.

Insgesamt war die Bilanz der Berufungen jedoch positiv. Es konnten namhafte Wissenschaftler und Wissenschaftlerinnen gewonnen werden. Sparzwänge im öffentlichen Haushalt machten allerdings im Verlauf der nächsten Jahre eine Reduktion der ursprünglich vorgesehenen Professorenstellen nötig, was dazu führte, daß das vom Gründungssenat vorgesehene Profil der Universität sich zusehends veränderte. Allein in den Geschichtswissenschaften blieben von den ursprünglich vorgesehenen zehn Professuren am Ende nur noch fünf übrig.

Schon in den Anfängen meldeten sich kritische Stimmen zu Wort, die meinten, der westdeutsche Wissenschaftsbetrieb tue alles, um das Sagen an den Universitäten in den neuen Bundesländern zu bekommen. Nach der Vereinigung der beiden deutschen Staaten war denn auch das Wort »Abwicklung« in aller Munde, die Auflösung von Institutionen und Entlassung von Wissenschaftlern. Die Art, wie das in Szene gesetzt wurde, war fast überall ähnlich. Dahinter steckte die Vorstellung, die Wissenschaftslandschaft in den neuen Bundesländern müsse von Grund auf umstrukturiert und neu begründet werden, was im Klartext bedeutete, daß durchaus erfolgreich arbeitende Einrichtungen wie zum Beispiel manche Institute der DDR-Akademie der Wissenschaften zur Disposition gestellt wurden.

Das war in einigen Fällen sinnvoll, in anderen konnte man nur den Kopf darüber schütteln, was die eingesetzten »Strukturkommissionen« abgewickelt wissen wollten. Manche der Entscheidungen sind im Rückblick ganz sicher Fehlentscheidungen gewesen. So hat man sich zum Beispiel von hochspezialisierten Fachleuten, die Kenntnisse des Vietnamesischen oder bestimmter afrikanischer Dialekte hatten, getrennt. In der Wirtschaft hat sich für Übernahmeprozesse dieser Art, wie sie in den neuen Bundesländern stattfanden, der Begriff »unfriendly takeover« eingebürgert. Treffender wäre es vielleicht, die damaligen Vorgänge als »Akte der Kolonialisierung« zu bezeichnen. Viele einstige DDR-Bürger empfanden die Umstände der Abwicklungsmaßnahmen in der Tat häufig als feindliche Attacken. Auch in Potsdam verfolgten die Alteingesessenen mit Stirnrunzeln, wie die Zunftorganisationen der jeweiligen Fachdisziplinen alle Tricks nutzten, um Ost-Wissenschaftler aus ihren Positionen herauszudrängen und durch West-Importe zu ersetzen, wagten dies aber nicht offen zu kritisieren.

Und doch kann die Umstrukturierung der Wissenschaftslandschaft in den neuen Bundesländern insgesamt als gelungen bewertet werden. Institutionen wurden abgewickelt, neue gegründet, wobei man sich an Wissenschaftsstrukturen der alten Bundesrepublik orientierte. Schwierigkeiten ergaben sich nur dort, wo sich die allgemeine Haushaltslage verschlechterte. In Brandenburg zum Beispiel gelang es, Forschungspotentiale zu bündeln, die Wettbewerbsfähigkeit in Lehre und Forschung zu stärken und neue Modelle der Kooperation mit außeruniversitären Forschungseinrichtungen herbeizuführen.

An der Universität Potsdam wurde mit den fortschreitenden Berufungen eine allmähliche personelle Erneuerung herbeigeführt sowie eine strukturelle Konsolidierung geschaffen. Ob das Erreichte von längerer Lebensdauer sein wird, ist gegenwärtig nicht abzusehen. Die Entscheidung darüber liegt nicht bei der Universität und ihren Professoren, sondern bei den Politikern des Landes Brandenburg, die, in Haushaltszwängen steckend, nicht recht wissen, wo im Land sie Prioritäten setzen sollen. Kultur und Wissenschaft gehören bekanntlich meist nicht zu den Feldern, auf denen Politiker sich engagieren.

Mendelssohn in Potsdam. Anläßlich des 50. Jahrestages der Wannsee-Konferenz kam es im Januar 1992 im Rahmen eines feierlichen Aktes in den Communs am Neuen Palais zur Gründung des »Moses Mendelssohn Zentrums für europäisch-jüdische Studien«. Diese Gründung erfolgte durch einstimmigen Beschluß des brandenburgischen Kabinetts, das sich der Ansicht anschloß, ein Forschungszentrum, das sich mit Geschichte und Kultur des europäischen Judentums beschäftigt, könnte dazu beitragen, wie Hinrich Enderlein es formulierte, »ein positives Signal für eine neue politische Kultur in Deutschland zu setzen, das auch im Ausland verstanden wird«.

Besser als mit der Wahl des Namens des großen Philosophen und Aufklärers, so meinte ich damals, lasse sich eigentlich nicht deutlich machen, was das künftige Anliegen der Zentrumsarbeit sein werde. Bedenkt man, daß es nicht nur darum gehen sollte, Probleme auf dem Feld der europäisch-jüdischen Beziehungsgeschichte zu untersuchen, sondern im vereinten Deutschland für Aufklärung und Toleranz einzutreten, so hatte die Wahl des Namens Mendelssohn geradezu programmatischen Charakter. Sein Name steht für all das, was wir mit den Anfängen des deutschen Judentums verbinden. Dennoch bin ich in den letzten Jahren oft gefragt worden, warum wir ausgerechnet Moses Mendelssohn als Namensgeber für das Zentrum gewählt hatten. Potsdam, so wandte man ein, habe doch eigentlich gar nichts mit dem Philosophen zu tun gehabt. Das ist richtig und falsch zugleich, antworte ich in der Regel. Meist verweise ich in diesem Zusammenhang auf eine Anekdote, die belegt, daß Mendelssohn zumindest einmal in seinem Leben in Potsdam war, und zwar für einen Tag. Die überlieferte Episode sagt einiges über den Philosophen und seine Zeit aus.

Mendelssohn war vom König mit Schreiben für den 30. September 1771 nach Sanssouci einbestellt worden. Der Kursächsische Staatsminister Freiherr von Fritsch, zu Besuch in Potsdam, hatte den Wunsch geäußert, den »berühmten« Mendelssohn kennenzulernen. Überliefert ist, daß Mendelssohn beim Eintritt nach Potsdam von der Schildwache mit einem »Wo will der Juden hin?« aufgehalten wurde. Bekannt ist der Kupferstich Daniel Chodowieckis, der einen hochgewachsenen Offizier zeigt, der den kleinen, schmächtigen, buckligen Mendelssohn examiniert. Das kurze Gespräch, das sich dabei entwickelt haben soll, ist in verschiedenen Varianten überliefert. In einem kleinen, in den zwanziger Jahren von Bruno Strauß veröffentlichten Bändchen mit dem Titel *Mendelssohn in Potsdam*, das Hermann Simon und ich 1994 in einer Neuausgabe herausbrachten, wird die folgende Variante wiedergegeben. Auf die Frage des Offiziers, welches sein Geschäft in Potsdam sei, antwortet Mendelssohn, er komme auf Befehl des Königs, und überreicht das Schreiben, das er erhalten hatte. Der Offizier liest es bedächtig durch und fragt schließlich den Philosophen: »Worin ist Er denn so berühmt, daß er hierher berufen wird?« Mendelssohn erwidert sybillinisch: »Ich spiele aus der Tasche.« Der verdutzte Wachoffizier weiß daraufhin nicht so recht, was er antworten soll. »So!«, setzt er zu einer Erwiderung an, weiß aber nichts hinzuzusetzen und bedeutet Mendelssohn, daß er passieren könne: »Geh Er nur in Gottes Namen!«

Das MMZ, wie das Mendelssohn-Zentrum in der Kurzform genannt wird, erwarb sich in wenigen Jahren einen über die Grenzen Potsdams und Brandenburgs hinausreichenden Ruf. Dabei spielte wohl die entscheidende Rolle, daß Forschung hier nicht allein um der Forschung willen betrieben wird, sondern daß es dem Zentrum und seinen Mitarbeitern um Aufklärungsarbeit geht, insbesondere darum, dem verzerrten Bild von Juden und Judentum durch intensive Zusammenarbeit mit den Medien sowie durch entsprechende Fort- und Weiterbildungsmaßnahmen entgegenzuwirken. Wie sehr sich das MMZ dem Aufklärungsgedanken verpflichtet fühlt, belegt auch der Sachverhalt, daß sich die Arbeit stark an der Gedankenwelt der jüdischen Aufklärung, also an Männern wie Hartwig Wessely, Lazarus Ben David und David Friedländer orientiert. Deutlich wird das auch an der Verwendung bestimmter Namen. Das »Jahrbuch« des Zentrums zum Beispiel heißt *Menora*, eine im Olms-Verlag erscheinende Reihe wissenschaftlicher Abhandlungen trägt den Namen »Haskala« und eine in der »Jüdischen Verlagsanstalt Berlin« ins Leben gerufene Wissenschaftsreihe firmiert unter dem Titel »Sifria«.

Im Verlauf der Jahre konnten eine Reihe loyaler Mitarbeiter und Mitarbeiterinnen gewonnen werden. Das fing mit der Verwaltungsleiterin an, reichte über die Sekretärin bis hin zu den beiden Bibliothekarinnen. Alle identifizierten sich mit dem Zen-

Mit Estrongo Nachama (l.) und Manfred Stolpe, beim Bezug eines provisorischen Gebäudes für das MMZ in der Potsdamer Rembrandtstraße, 1994

trum und seiner Aufgabenstellung. Besonderes Glück hatte ich bei meinen Bemühungen, geeignete Wissenschaftler anzuwerben. Ohne Christoph Schulte, Willi Jasper, Hiltrud Wallenborn, Joachim Schlör, Elke-Vera Kotowski und manche andere, die nur kurz oder im Rahmen von Projekten am MMZ arbeiteten, hätte das Zentrum sich nicht zu dem entwickelt, was es heute ist.

Wer in den jährlich publizierten Forschungsberichten blättert, dem fällt die Breite des Themenspektrums auf, mit dem das Zentrum sich befaßt. Das sind zum einen ehrgeizige Editionsvorhaben, aber auch sozialwissenschaftliche Studien zu den Erscheinungsformen von Rechtsradikalismus und Antisemitismus. Besonderen Wert legt das Zentrum auf die Entwicklung von Fort- und Weiterbildungsprogrammen, die in der Regel den Zweck verfolgen, den Menschen in den neuen Bundesländern fundiertere Kenntnisse über Juden und Judentum zu vermitteln.

Manche der durchgeführten Projekte waren ausgesprochen spektakulär und erregten Aufmerksamkeit in der Öffentlichkeit. Das »Archiv der Erinnerung« zum Beispiel befaßte sich mit videographischen Aufzeichnungen und der Auswertung von Interviews mit Überlebenden der Shoa. Das Vorhaben, das man zur Gattung Oral History rechnet, hatte es sich zur Aufgabe gemacht, die Geschichte der NS-Verfolgung aus der Sicht jüdischer Zeitzeugen festzuhalten. Das Team, das wir zur Durchführung des Projektes zusammengestellt hatten, setzte sich aus Wissenschaftlern verschiedenster Fächer und einer Gruppe von Therapeuten zusammen. Die Interviews mit 78 Überlebenden aus der Region Brandenburg und Berlin, geführt in den Jahren 1995 und 1996, thematisierten Alltagserfahrungen unter der NS-Herrschaft wie Extremerfahrungen in den Konzentrationslagern, in Verstecken, im Widerstand oder auf der Flucht. Dahinter steckte die Überlegung, daß es gerade im Land der Täter notwendig sei, den Opfern ein Gesicht zu geben und die damaligen Vorgänge aus deren Blickwinkel zu beschreiben. Die Interviews, die im Fernsehen gezeigt und später für den Schulunterricht in einer Video-Edition aufbereitet wurden, stießen auf große Aufmerksamkeit.

Das »Archiv der Erinnerung« war eines der wichtigsten Projekte des Zentrums in den späten neunziger Jahren. Leider traten

Umstände ein, die seine weitere Durchführung beeinträchtigten. Steven Spielbergs Shoa-Foundation, ausgestattet mit einer Unsumme von Geld, hatte sich in den »Markt« gedrängt und mit seinen standardisierten flächendeckenden Interviews dafür gesorgt, daß die Durchführung von Projekten wie dem unseren unmöglich wurde. Mit den Dollarmillionen Spielbergs konnten wir nicht konkurrieren. Das Ganze war ein Lehrstück dafür, wie mit einer lärmenden PR-Kampagne ein solides Wissenschaftsprojekt zur Aufgabe gezwungen wird.

Andererseits war auch unser Video-Projekt nicht frei von Problemen, wie wir im Verlauf unserer Arbeit leidvoll erkennen mußten. Manche der Interviewpartner logen das Blaue vom Himmel herunter. Da wurde, wie wir nach mitunter komplizierten Recherchen feststellten, phantasiert und von nicht gemachten Erlebnissen berichtet. Bedenken, daß vielleicht etwas an ihren Berichten nicht stimmen könnte, hatten die meisten der von uns Interviewten nicht. So behauptete ein Gesprächspartner, Überlebender eines bestimmten Lagers zu sein. Ein anderer gab an, einen Todesmarsch mitgemacht zu haben. In beiden Fällen ergab die Nachprüfung, daß später Angelesenes als eigene Erfahrung ausgegeben wurde, ein Phänomen, das bei Oral-History-Projekten häufig anzutreffen ist. Später regte uns diese Erkenntnis zu einer in der Öffentlichkeit vielbeachteten Konferenz in Potsdam an. Sie trug den Titel »Das Wilkomirski-Syndrom« und thematisierte den Fall des Schweizer Schriftstellers Bruno Doesseker alias Binjamin Wilkomirski, der in einer »Autobiographie« behauptet hatte, seine Kindheit unter schrecklichen Bedingungen in einem Konzentrationslager in Riga verbracht zu haben.

Der Fall, von dem man nicht recht weiß, ob man sich über ihn empören muß oder ob er nur als tragisch bezeichnet werden kann, ist, wie wir inzwischen wissen, keine Ausnahme. Es gibt ähnlich gelagerte Fälle, die vielleicht nur nicht so spektakulär sind. Auf der besagten Konferenz in Potsdam waren die versammelten Wissenschaftler verschiedenster Disziplinen bemüht, Erklärungen dafür zu finden, wie es im Zusammenhang der Shoa zu »eingebildeten Erinnerungen« kommt und was es mit der sogenannten »Opfersehnsucht« auf sich hat. Was macht es so interessant, sich in die Rolle des jüdischen Opfers zu begeben? Warum legen Menschen wie Bruno Doesseker falsches Zeugnis ab, um von der Gewinner- auf die Verliererseite überzuwechseln? Oder ist es umgekehrt? Ist der vermeintliche Verlierer von ehedem in unserer Zeit der Gewinner? Gibt es vielleicht so etwas wie ein weitverbreitetes gesellschaftliches Bedürfnis, die Opferrolle zu übernehmen und sich mit dieser zu identifizieren?

Potsdam hat sich als idealer Wissenschaftsstandort erwiesen. Die Nähe zu Berlin hat zum einen den Vorteil, daß Zentrumskonferenzen gut besucht werden. Zum anderen macht es keine Schwierigkeiten, Wissenschaftler für einen Fellow-Aufenthalt zu gewinnen. In den letzten Jahren kamen denn auch Historiker wie Arnold Paucker, John C. G. Röhl, Walter Grab und Esther Ben Bassa, aber auch Religionswissenschaftler wie Hans Hillerbrand, Zwi Werblowski, Evelyn Goodman-Thau und Walter Jacob. Einladungen zu einem Aufenthalt im Zentrum nahmen auch Literaturwissenschaftler von Rang an wie Geoffrey Hartman, Sander Gilman, Liliane Weissberg, Amy Colin und Jost Hermand. Von Anfang an legte das MMZ Wert darauf, sich international zu vernetzen. Kontakte wurden deshalb nach Israel, in die Vereinigten Staaten, nach Frankreich und England geknüpft und Partnerschaften mit wissenschaftlichen Einrichtungen in diesen Ländern vereinbart. Eine Reihe wissenschaftlicher Kooperationsprojekte konnte so auf den Weg gebracht werden, die sonst nicht hätten realisiert werden können. Das Projekt »Archiv der Erinnerung« profitierte zum Beispiel von der Kooperation mit dem Fortunoff Video Archive for Holocaust Testemonies der Yale University in den Vereinigten Staaten.

Jüdische Studien. Zum Wintersemester 1994/95 wurde an der Universität Potsdam der interdisziplinäre Magister-Studiengang »Jüdische Studien« eingerichtet. Vorausgegangen war eine Vorbereitungsphase, in der ich zusammen mit Kollegen ein Konzept erarbeitet hatte. Das jüdische Thema, das war der Kern unserer Überlegungen, sollte vom Rand der Universität in das Zentrum rücken. Wir waren der Ansicht, daß in Ergänzung zu den in der Bundesrepublik bestehenden Instituten für Judaistik der Versuch

Eröffnung der Emanuel-Lasker-Konferenz, Januar 2001

unternommen werden müßte, einen neuen Studiengang »Jüdische Studien« zu entwickeln und in diesen mehrere Fachdisziplinen einzubinden.

Im Rückblick wird mir bewußt, daß wir sehr viel Glück hatten. In der Gründungsphase der Universität war noch vieles möglich, später wäre ein solcher Studiengang mit an Sicherheit grenzender Wahrscheinlichkeit nicht mehr zu realisieren gewesen. Zu verdanken hatten wir die Realisierung unseres Vorhabens Hinrich Enderlein, bei dem ich mit dem Plan des neuen Studiengangs auf offene Ohren stieß. Das Konzept, zu dem eine komplette Studien- und Prüfungsordnung gehörte, schrieben wir im Verlauf eines Wochenendes Ende 1993. Im Gründungssenat gelang es wenige Tage später, ein positives Votum herbeizuführen. Anschließend brachte ich die Unterlagen in das Ministerium, wo sie vom zuständigen Fachreferat geprüft wurden und anschließend auf den Schreibtisch des Ministers gelangten. Die Genehmigung des Studiengangs war einer der letzten Amtsakte Hinrich Enderleins in seiner Ministerzeit.

Der Studiengang, der inzwischen allseits anerkannt wird, stieß in den Anfängen auf heftige Widerstände des Faches Judaistik. In der Wochenzeitung *Die Zeit* erschien im September 1995 ein Artikel Peter Schäfers, des Direktors des Instituts für Judaistik an der Freien Universität, in dem erklärt wurde, »Jüdische Studien« beziehungsweise »Judaistik« seien keineswegs eine Wissenschaft ausschließlich von Juden für Juden. Abgesehen davon, daß dies niemand behauptet hatte, beweist die Attacke, daß »christliche Wissenschaftler« zunehmend Schwierigkeiten haben, ihre Tätigkeiten in der Judaistik zu legitimieren. Schäfers Kritik, die sich insbesondere gegen das Potsdamer Konzept richtete, gipfelte in der Behauptung, in Potsdam und in Heidelberg (dort befindet sich die vom Zentralrat der Juden getragene Hochschule für Jüdische Studien) würde »ethnozentrische Selbstbestätigung« betrieben, was im Klartext so viel heißt wie: Juden sind unfähig, sich in der Wissenschaft zu betätigen. Dahinter steckt die eigenartig anmutende, aber bezeichnende Vorstellung, die Schäfer mit manch anderen christlichen Judaisten zu teilen scheint, die »Wissenschaft des Judentums« sei eine Disziplin, die ihren Anspruch der

Wissenschaftlichkeit verliere, wenn allzuviele Juden sich in ihr tummeln.

Die Einlassung Peter Schäfers forderte die Judaistin und Historikerin Marianne Awerbuch zu einer harschen Entgegnung heraus. In *Menora*, dem Jahrbuch des Zentrums, hielt sie Schäfer entgegen, er handele gegen die eigenen Interessen, wenn er mit dem Argument daherkomme, »Jüdische Studien« dürften von keinerlei konfessionellem Ballast beschwert sein. Jeder christliche Judaist, so Marianne Awerbuch, erfülle unbestritten eine wichtige Aufgabe, aber er solle sich bewußt sein, daß einer »christlichen Wahrheit« gleichwertig stets eine »jüdische Wahrheit« gegenüberstehe. Wer das vergesse, gerate in den Verdacht, antijüdische Positionen zu vertreten.

Trotz dieser Widerstände entwickelten sich die Potsdamer »Jüdischen Studien« zu einer wahren Erfolgsgeschichte. In weniger als fünf Jahren pendelte sich die Zahl der jedes Semester eingeschriebenen Studenten bei über 200 ein. Wir waren davon höchst überrascht, denn wir hatten angenommen, die Zahlen würden weit geringer ausfallen. Die Wirklichkeit übertraf die kühnsten Erwartungen. Das Überraschende ist zudem, daß die Studenten der »Jüdischen Studien« nicht nur aus der Region, sondern aus allen Teilen der Bundesrepublik und aus dem Ausland kommen. Das unterscheidet den Studiengang von anderen der Potsdamer Universität, die ihre Studierenden zumeist aus der unmittelbaren Umgebung rekrutieren, also aus den Ländern Brandenburg und Berlin. Der Wissenschaftsrat, angetan von dem interdisziplinären Konzept, bewertete denn auch Ende der neunziger Jahre bei einer Evaluierung der Philosophischen Fakultät die »Jüdischen Studien« positiv und erklärte diese zu einem ausbaufähigen Modell. Dieses Votum kam einem »Gütesiegel« gleich, auf das wir sehr stolz waren.

Bemerkenswert ist auch die Zahl der Doktoranden, die den Weg nach Potsdam fanden. Einige von ihnen, bereits in Duisburg von mir betreut, hatten sich entschlossen, mit mir nach Brandenburg zu gehen. Andere stießen hinzu. Die Themen, die bearbeitet wurden, waren weit gespannt. Sie reichten von einer Studie über Sefardische Juden in Amsterdam, Hamburg und

London (Hiltrud Wallenborn), eine Siegfried-Jacobson-Biographie (Stefanie Brauer) und eine Analyse der verschiedenen Identitätsmuster im deutsch-jüdischen Bürgertum vor 1933 (Yvonne Rieker) bis hin zu einer Untersuchung, die sich mit Franz Oppenheimer und seinen wirtschaftspolitischen Konzepten (Bernhard Vogt) befaßte.

Es gelang uns im Verlauf der Jahre, ein Graduiertenkolleg der Deutschen Forschungsgemeinschaft zum Thema »Makom. Ort und Orte im Judentum« einzuwerben. Potsdam wurde dadurch auf dem Feld der »Jüdischen Studien« zu einem »Center of excellence«. Verantwortlich für das Kolleg zeichneten mit mir gemeinsam die Kollegen Hanno Schmidt, Christoph Schulte, Willi Jasper, Günther Lottes, Erhard Stölting und Gert Mattenklott. In den alle vierzehn Tage stattfindenden Kolloquiumssitzungen, bei denen die Stipendiaten und Kollegiaten den Stand ihrer Studien vorstellen, sind die Betreuer in der Regel anwesend, um mit den Doktoranden die im Verlauf ihrer Arbeiten auftretenden Probleme zu diskutieren.

Mag sein, daß die »Jüdischen Studien« in Zukunft noch mancherlei Veränderungen durchlaufen und noch verschiedene Akzentsetzungen erfahren werden, bis sie ihre endgültige Form gefunden haben. Das wäre bei einem neuen Studiengang durchaus normal. Ich bin inzwischen mehr denn je der Ansicht, daß wir die richtigen Entscheidungen gefällt haben. Die Studenten, die Potsdam als Studienort wählen, vor allem aber die Doktoranden, die sich für ein Promotionsstudium »Jüdische Studien« einschreiben, sind der beste Beweis für das Funktionieren des in Potsdam realisierten interdisziplinären Konzeptes.

Gründungsfieber. In den Anfängen, gleich nach der Vereinigung, war noch vieles möglich. So war zum Beispiel die Gründung außeruniversitärer wissenschaftlicher Institute und Zentren zu Beginn der neunziger Jahre vergleichsweise einfach. Damals standen noch genügend Bundesmittel zur Verfügung. Später floß die sogenannte »Aufbauhilfe Ost« spärlicher, und auch in Brandenburg begann man »Prioritäten« zu setzen. In der Regel hatten diese meist nichts mit Kultur und Wissenschaft zu tun.

Häufig war es der reine Zufall, der zu einer Gründungsaktivität führte. Das Telefon klingelte, irgend jemand meldete sich und kam ohne Umschweife zur Sache. Ob man Lust hätte, bei diesem oder jenem Projekt mitzumachen. Geld sei vorhanden. Notwendig sei eigentlich nur noch die Ausarbeitung eines Konzeptes. Oder man hatte selbst eine Idee, von der man glaubte, daß sie sich umsetzen ließe. Von den zahlreichen Gründungsaktivitäten, an denen ich beteiligt war, hatte es mir Mitte der neunziger Jahre ein Projekt ganz besonders angetan.

Ich hatte mir damals in den Kopf gesetzt, in Potsdam ein »Haus der Brandenburgisch-Preußischen Geschichte« ins Leben zu rufen. Es gelang mir, für diese Idee im Vorfeld Manfred Stolpe zu erwärmen, den Ministerpräsidenten des Landes Brandenburg. Das HPBG, wie das Haus sehr bald nur noch hieß, sollte nach unser beider Ansicht im 1671 vom Großen Kurfürsten gebauten Kutschstall am Neuen Markt in Potsdam untergebracht werden. Mein Freund Rupert Ahlborn, Architekt in Berlin, brachte einige Skizzen zu Papier. Leider haperte es mit der Umsetzung meiner Vorstellungen, da die Rahmenbedingungen sich dann doch komplizierter gestalteten, als wir zunächst annahmen. Ich erhielt zwar zunächst die Gelegenheit, mit Hiltrud Wallenborn, einer Mitarbeiterin des MMZ, ein tragfähiges Konzept zu entwickeln. Dabei kamen uns die Erfahrungen zugute, die ich beim Aufbau des Jüdischen Museums der Stadt Wien hatte sammeln können. Doch unterschätzte ich den Einfluß einiger Vertreter der Historikerzunft, die schon Ende der siebziger Jahre, wenn auch in anderer Zusammensetzung, verhindert hatten, daß mein Vater an der 1981 im Berliner Martin-Gropius-Bau gezeigten Preußen-Ausstellung mitarbeitete. Damals empfand es mancher als einen Skandal, daß ein ausgemachter Preußen-Kenner bei den Ausstellungsvorbereitungen außen vor gehalten wurde.

Zwei Jahrzehnte später traf es nicht den Vater, sondern den Sohn. Das Team, das in einem ordnungsgemäßen Ausschreibungsverfahren den Zuschlag für die Eröffnungsausstellung erhalten hatte, wurde nicht berücksichtigt. Stolpe hielt sich nicht an die Abmachungen, an deren Zustandekommen er selbst mitbeteiligt gewesen war. Der Grund für seinen Schwenk ist mir nie ganz klar geworden. Dritte hatten ihm vermutlich eingeredet, die Ausstellungsmacher würden ein allzu kritisches Konzept realisieren wollen. Ich zog aus der peinlichen Situation die Konsequenz und legte mein Amt als Vorsitzender des von mir mitbegründeten Fördervereins nieder und trat aus dem Verein aus. Das HBPG wurde dann zwar realisiert, aber das, was die Besucher im Rahmen einer Eröffnungsausstellung zu sehen bekamen, bewegte sich in einem sehr konventionellen Rahmen.

Zugegeben, mein Preußen-Bild entspricht nicht den gängigen Preußen-Bildern. Ich stehe der Geschichte Preußens distanzierter gegenüber als manche Preußen-Verehrer heutzutage, die häufig in ihrer Begeisterung für den untergegangenen Staat geradezu absonderliche Vorlieben und Verhaltensweisen entwickeln. Eine gewisse Sympathie, das möchte ich nicht bestreiten, habe ich zwar auch für Preußen und das, was der konservative Denker Arthur Moeller van den Bruck den »preußischen Stil« genannt hat. Diese Sympathie bedeutet aber nicht, daß ich ein vorbehalt- und kritikloser Bewunderer Preußens und des Preußentums bin. Preußen ist heute von der Landkarte verschwunden. Es ist Geschichte oder, um es etwas anders zu formulieren, Vergangenheit, die tatsächlich vergangen ist. Zur Identifikation bietet sich dieser Staat nicht mehr an, wie sich das manche wünschen, die davon überzeugt sind, Preußen könnte in unserer Zeit eine Vorbildfunktion wahrnehmen. Dieser Meinung bin ich nur sehr bedingt. Ich betrachte Preußen und das Preußentum mit dem nüchternen Blick des Historikers, dem es nicht darum geht, Lobeshymnen anzustimmen, sondern in erster Linie um die kritische Würdigung eines historischen Phänomens. Spielt dabei auch Sympathie eine Rolle – um so besser.

Obwohl es nicht gelang, in Manfred Stolpes Brandenburg unser Konzept für einen kritischeren Umgang mit der preußischen Vergangenheit umzusetzen, so erhielt ich doch noch die Gelegenheit, meine Überlegungen der Öffentlichkeit vorzustellen. Das geschah jedoch nicht im Rahmen einer Ausstellung, sondern mit einem aufwendig edierten Bild-Text-Band *Preußen – Geschichte eines Mythos*, den ich zum Jubiläumsjahr 2001 herausgab. Dieser Band, der das Auf und Ab von 300 Jahren preußischer

Geschichte dokumentiert und dem Leser die Doppelgesichtigkeit, das Janusköpfige dieses 1947 durch Alliierten Kontrollratsbeschluß aufgelösten Staates vor Augen führt, zeigt, wie nach meinem Dafürhalten heute der Umgang mit dem preußischen Erbe aussehen sollte.

Mehr Erfolg als mit dem »Haus der Brandenburgisch-Preußischen Geschichte« hatte ich mit einem anderen Projekt. In Sachsen-Anhalt, in dem am Fuße des Harz gelegenen Halberstadt, war ich mitbeteiligt an der Gründung einer Akademie, die wir wie das Zentrum in Potsdam nach dem Philosophen Moses Mendelssohn benannten. Möglich machte das Vorhaben der Berliner Kaufmann Manfred Wolff, der von der Claims Conference mehrere Grundstücke aus dem ehemaligen Besitz der Halberstädter Jüdischen Gemeinde erwarb und für den Aufbau der Akademie zur Verfügung stellte. Diese Geste war ausgesprochen nobel.

Von Vorteil war, daß sich Halberstadt für das Akademie-Projekt geradezu anbot, und zwar vor allem deshalb, weil es kaum eine Stadt in Deutschland gibt, die auf eine so bedeutende jüdische Tradition zurückblicken kann. Die Halberstädter Gemeinde hat eine wechselvolle Geschichte, die bis ins Mittelalter zurückreicht. Aus ihr sind nicht nur bedeutende Rabbiner, sondern auch erfolgreiche Industrielle und Wissenschaftler hervorgegangen. Halberstadt galt als das Zentrum der Neo-Orthodoxie. Synagoge, Lehrhaus, Ritualbad und die Wohnhäuser der Juden befanden sich innerhalb der alten Stadtmauern und belegen, wie präsent die jüdische Gemeinde im Leben der Stadt war, bevor das Hitler-Regime die jahrhundertealte Geschichte des Zusammenlebens beendete.

Das ehemalige Rabbinerseminar mit der Klaus-Synagoge im Rosenwinkel, 1698 von dem Hofjuden Berend Lehmann (1661–1730) gestiftet, ist inzwischen restauriert. Seiner traditionellen Bestimmung folgend, ist das Gebäude seit November 1998 nach dem Vorbild des Rosenzweig-Buberschen Lehrhauses wieder ein Ort des Lernens und Lehrens sowie der Begegnung und des Austausches. Der Synagogenraum steht für Veranstaltungen zur Verfügung, und es existieren im Untergeschoß des Hauses weitere Räumlichkeiten, die bestens geeignet sind, dort Seminarveranstaltungen abzuhalten und Ausstellungen zu zeigen.

Bei dem Halberstadt-Projekt hatte ich das Glück, daß schon in den Anfängen eine Mitarbeiterin mit von der Partie war, zu der ich volles Vertrauen hatte. Jutta Dick, mit der ich bereits in Duisburg am Steinheim-Institut zusammengearbeitet hatte, zog von Essen nach Halberstadt und übernahm den Posten der Geschäftsführerin. In dieser Funktion verstand sie es trotz mancher Widerstände, die Halberstädter Honoratioren für das Projekt einzunehmen, mit Drittmittelgebern zu verhandeln und daneben noch den Akademiebetrieb in Gang zu bringen.

Zum Komplex der Mendelssohn-Akademie gehört neben dem Rabbinerseminar nicht nur das ehemalige Kantorenhaus mit dem Torweg zur in der Pogromnacht 1938 geplünderten und 1939 abgetragenen Hauptsynagoge, sondern auch die Gemeinde-Mikwe [Ritualbad] in der Judenstraße. In letzterer, die in einem Fachwerkhaus aus dem 17. Jahrhundert untergebracht ist und bis 1938 in Betrieb war, brachten wir das »Berend Lehmann Museum für jüdische Geschichte und Kultur« unter. Das Museum, das am 23. September 2001 eröffnet wurde und eine Dauerausstellung zur Geschichte der Halberstädter Juden enthält, planten wir von Anfang an als einen »Ort des Lernens«, einen Ort also, an dem künftig museale Präsentation mit pädagogischer Arbeit verbunden werden soll.

Das Halberstädter Projekt interessierte mich noch aus einem anderen Grund. Ich versprach mir von ihm die Chance, einem breiteren Publikum zu zeigen, wie einst das preußische Judentum gedacht und gelebt hat. Wer weiß heute noch, daß sich auch die Juden Halberstadts, ähnlich wie die Juden in Berlin, Potsdam und anderen preußischen Städten, als »preußische Staatsbürger jüdischen Glaubens« verstanden? Wer kann noch die patriotischen Gefühle nachempfinden, die auch die Halberstädter Juden dazu bewegten, sich freiwillig zu melden und für Deutschland in den Ersten Weltkrieg zu ziehen? Das Bekenntnis der Halberstädter Juden zu Preußen und zum Hohenzollernthron wurde auch versinnbildlicht durch die nur wenig bekannte Tatsache, daß über dem Altar in der Hauptsynagoge ein preußischer Königsadler mit dem Namenszug »Friedrich Wilhelm Rex« angebracht war. An hohen Feiertagen war es in der Halberstädter Synagoge üblich, wie übrigens auch in anderen preußischen Synagogen, den Landesherren ins Gebet mit einzuschließen: »Herr der Welt und König der Könige, wir beten zu Dir um Deinen Schutz und Deine Gnade, Deinen Segen und Beistand für unseren König und Herren…«

Heimatgefühle. Potsdam und seine nähere Umgebung hatten es mir von Anfang an angetan. Als ich Anfang der neunziger Jahre von Nordrhein-Westfalen nach Brandenburg wechselte, nutzte ich jede sich bietende Gelegenheit, um über Land zu fahren und die Gegend zu erkunden. Uschi und ich lernten dabei Orte und Städte kennen, die für uns bis dahin nur Namen auf der Landkarte waren: Neuruppin, Brandenburg an der Havel, Bad Freienwalde, Frankfurt an der Oder, Cottbus, Königs Wusterhausen, Prenzlau, Luckenwalde. Wohl niemand, der offenen Auges durch das Brandenburgische reist, kann sich den Reizen der Landschaft, der Seen und Wälder, entziehen. Als ich mich das erste Mal zu einer Erkundungsfahrt aufmachte, war ich geradezu fasziniert. Eine gewisse Rolle spielte dabei vermutlich das Bewußtsein, durch Familienbande mental vorgeprägt zu sein. Väter- licher- wie mütterlicherseits waren meine Vorfahren preußische Juden, zutiefst verwurzelt in der Region Berlin/Brandenburg.

Das Wissen um die Herkunft meiner Vorfahren habe ich immer als eine von meinem Vater übernommene Verpflichtung begriffen. Dieser hatte eine tiefe innere Beziehung zur Mark Brandenburg, zu ihrer Landschaft und ihren Menschen. In einem der Erinnerungsbücher meines Vaters heißt es: »Ich kann nicht über die Schatten meiner Herkunft springen. Die Entscheidungen, wohin man gehört, fallen schon vor der Geburt. Darum hat es in diesem Punkt für mich niemals ein Schwanken gegeben oder eine Unsicherheit. Es bleibt darum beim ›Hie guet Brandenburg allewege‹ und bei ›Ich bin ein Preuße, kennt ihr meine Farben‹.«

In den letzten Jahren habe ich mich zu einem begeisterten Anhänger der Schinkelschen Architektur entwickelt. Manches

Gutshaus und manches Schloß in Berlin und im Brandenburgischen haben wir besucht, um die Architektur des großen preußischen Baumeisters zu studieren. Besonders haben es mir seine Zweckbauten angetan, die zwar ins frühe 19. Jahrhundert gehören, aber deren Sachlichkeit mich begeistert. Sie sind das, was ich »preußischen Stil« nenne und mit dem Namen Karl Friedrich Schinkel verbinde. In Potsdam gibt es zahlreiche Schinkelsche Zeugnisse. Da sind zum Beispiel die Glienicker Brücke, das Schloß Charlottenhof und die Römischen Bäder im Park von Sanssouci, aber auch die wenige Meter vom Mendelssohn-Zentrum entfernt liegende Nicolai-Kirche, die mit ihrer Kuppel die Potsdamer Stadtsilhouette beherrscht. Der Bau, der nach Schinkels Tod durch Ludwig Persius und Friedrich August Stüler fertiggestellt wurde, ist heute eines der Wahrzeichen Potsdams.

Bei unseren Erkundungsfahrten durch Brandenburg kam es mitunter vor, daß wir irgendwo in einem verlassen wirkenden Waldstück auf ein Gewässer oder kleinen See stießen, von dem wir nicht selten den Eindruck hatten, daß er gar nicht auf der Landkarte eingezeichnet war. Nicht zuletzt die Seen hier haben dazu beigetragen, daß ich dieser Landschaft geradezu verfallen bin. Denke ich an diese Seen und an die brandenburgischen Wälder, erstehen vor meinem inneren Auge die stimmungsvollen Bilder von Walter Leistikow, Lesser Ury und Max Liebermann. Sie haben es verstanden, mit ihren Bildern die unvergleichliche Atmosphäre dieser Landschaft einzufangen.

Um einen der märkischen Seen mache ich jedoch stets einen großen Bogen, den See von Hohenlychen. Onkel Konrad, der jüngere Bruder meines Vaters, sprang dort an einem glutheißen Junitag ins Wasser und starb infolge eines Herzschlages. Er war damals 22 Jahre, 2 Monate, 2 Wochen und 2 Tage alt. Mein Vater, der unter dem Tod seines Bruders sehr gelitten hat, sah in diesen Zahlen eine tiefere Symbolik. Er redete sich ein, Konrad hätte darunter gelitten, immer der zweite zu sein und im Schatten des erfolgreicheren Bruders zu stehen.

Der Bericht meines Vaters über dieses tragische Ereignis ist mir nie aus dem Sinn gegangen. Onkel Konrad wurde auf dem Jüdischen Friedhof in Weißensee in einem Familiengrab bestattet.

Schon in der Vorwendezeit bin ich immer wieder dorthin gefahren, habe am Familiengrab gestanden, meines Onkels und meiner Großeltern gedacht und unbeholfen das Totengebet »El Rachamim« gesprochen. Fand ich einen Stein, dann legte ich ihn zum Gedenken an die Toten auf das Grab.

Konrad war zunächst das einzige Familienmitglied, das in dieser Grabstätte im Schatten einer Birke die letzte Ruhe fand. Die Großeltern, die in Theresienstadt und Auschwitz blieben, liegen nur symbolisch in Weißensee. Ihre Namen sind auf dem Grabstein eingemeißelt. Ich habe nach der Vereinigung, als es möglich wurde, Überführungen vorzunehmen, die Gebeine meines Vaters vom Jüdischen Friedhof in Nürnberg nach Weißensee bringen und im Familiengrab bestatten lassen. Damit entsprach ich seinem ausdrücklichen Wunsch, im Tod neben seinem Bruder zu liegen.

Hasenheide 54. Als ich mich aufmachte, um einem Haus in der Hasenheide im Berliner Stadtteil Kreuzberg einen Besuch abzustatten, war es wahrscheinlich so etwas wie die Sehnsucht nach der nicht mehr existierenden Familie, die Suche nach der verlorenen Heimat. Das Haus Hasenheide 54, ein graues, schmuckloses Mietshaus, interessierte mich deshalb, weil ich aus den Erzählungen meines Vaters weiß, daß meine Großeltern väterlicherseits dort gelebt hatten – und zwar über einen Zeitraum von mehr als dreißig Jahren.

Wann meine Großeltern in das Haus Hasenheide 54 eingezogen sind, habe ich nicht ermitteln können. In den von mir eingesehenen Adreßbüchern finden sich keine Hinweise. Ich bin deshalb auf Vermutungen angewiesen. Es scheint Ende des ersten Jahrzehnts des letzten Jahrhunderts gewesen zu sein, vielleicht unmittelbar nach der am 18. Februar 1908 erfolgten Eheschließung.

Ich erinnere mich, daß ich vor dem Haus stehend rätselte, in welchem Stockwerk meine Großeltern mit ihren beiden Söhnen Hans-Joachim und Konrad gewohnt haben könnten. Vermutlich war es eine der Wohnungen im Vorderhaus. Im zweiten Stock? Aber genausogut konnte es eine der besseren Beletage-Wohnungen gewesen sein, links oder rechts der Toreinfahrt. Es muß jedenfalls, so stelle ich mir vor, eine größere Wohnung gewesen sein, sonst hätte die Arztpraxis meines Großvaters keinen Platz gehabt.

In der Hasenheide 54 war Mitte der dreißiger Jahre auch der Kabbala-Forscher Gerschom Scholem zu Besuch. Die Umstände dieses Besuches waren äußerst eigenartig. Meine Großmutter, so berichtet mein Vater in einem seiner Erinnerungsbücher, bat Scholem an den Kaffeetisch im Wohnzimmer und richtete an ihn einige freundliche Fragen nach dem Woher und Wohin – und Scholem schwieg. Meine Großmutter bemühte sich, Contenance zu wahren, die peinlichen Gesprächspausen zu überbrücken und eine Konversation über neutrale Dinge in Gang zu bringen. Aber Scholem saß auf dem Sofa und schwieg beharrlich weiter. Scholem, so berichtet mein Vater, habe dagesessen wie versteinert, bis meine Großmutter in Tränen ausbrach. Darauf erhob sich der schon damals bekannte Gelehrte, immer noch schweigend, und verließ wortlos die Wohnung. Mein Vater versuchte tröstend auf meine Großmutter einzureden, die schluchzend ihren Sohn bat: »Bitte, versprich mir, daß du nie wieder einen Mystiker in unser Haus bringst. Das ist ja etwas Furchtbares. Ein Mystiker ist ja ein Mensch ohne Welt ...«

In diesem Zusammenhang erinnere ich mich, daß mir beim Ordnen des Nachlasses meines Vaters ein Brief Scholems in die Hände fiel, den ich besonders interessant fand, weil in ihm bestritten wird, daß der Name Schoeps sabbatianischen Ursprungs sei, wie mein Vater sein Leben lang gerne betonte. Ihm gefiel dieser Gedanke. Daß irgendwelche Schoepsens einem falschen Messias hinterhergelaufen sein sollten, hielt er nicht für abwegig, sondern für durchaus möglich. Die Vorstellung, daß die Schoepsens einmal Sabbatianer gewesen sein könnten, hat auch mir immer sehr eingeleuchtet.

Scholem, der meinen Vater nicht mochte – was auf Gegenseitigkeit beruhte –, gefiel diese Deutung nicht. »Ihre Vermutung«, schrieb er ihm, »ist zweifellos falsch. *Niemals* würde ein Sabbatianer, ein Schöps, sich durch seinen Namen als Angehöriger der Sekte (die doch geheim war) bekannt haben. Der verbreitete Familienname Schöps kommt niemals aus sabbatianischen Familien, sondern, wie ja auch in Ihrem Falle Ihre eigenen Angaben deutlich beweisen, von einem Ahnen, der einfach den ja sehr häufigen Namen Schabbatai, der jüdisch-deutsch Schapse gesprochen wurde, getragen hat.« (3. Januar 1936)

Als ich auf dem Trottoir vor dem Haus Hasenheide 54 stand, dachte ich an meine Großeltern, an meinen Vater, ich dachte an den Vortrupp-Verlag, an Scholems Beziehungen zu meinem Vater und war mir gleichzeitig bewußt, daß das alles eine für immer versunkene Welt ist. In dem Haus lebt niemand mehr, der sich daran erinnert, daß vor mehr als einem halben Jahrhundert eine Familie dort gewohnt hat, die zwei Kinder aufzog und ein ganz normales Leben führte, wie andere Familien auch – bis etwas mit elementarer Gewalt in ihr Leben einbrach und alles von Grund auf veränderte.

Nichts war nach dem Beginn der NS-Herrschaft in dieser Familie mehr so, wie es vorher gewesen war, und zwar nur deshalb, weil die Mitglieder dieser Familie Juden waren. Vielleicht sollte ich anregen, daß an dem Haus eine Gedenkplakette angebracht wird? Aber wozu? Ich befürchte, daß das Schicksal einer ganz normalen Berliner jüdischen Familie kaum noch jemanden interessiert. Die Jahre, so sage ich mir, sind inzwischen über die Geschehnisse hinweggegangen. Der NS-Terror ist Geschichte. Geblieben sind zunehmend verblassende Erinnerungen.

Museumsdirektor in Wien

Im Frühjahr 1993 klingelte das Telefon. Der Anrufer machte keine Umstände und kam mit seinem Anliegen in weichem Wiener Tonfall sofort zur Sache. Ob ich mir vorstellen könnte, die Leitung des geplanten Jüdischen Museums der Stadt Wien zu übernehmen? Auf mein verdutztes »Wieso?« und »Wie kommen Sie gerade auf mich?«, entgegnete er, ich solle mich am besten umgehend ins Flugzeug setzen, um die Angelegenheit mit der Wiener Kulturstadträtin Ursula Pasterk zu besprechen. Meinen Einwand, daß das alles nicht so einfach sei, da ich schließlich eine Professur in Potsdam wahrnähme und eigentlich nicht daran dächte, diese aufzugeben, wischte der Anrufer mit den Worten beiseite: »Irgendwie wird das schon gehen.« Für auftretende Probleme »würde man schon eine Lösung finden«.

Die Neugier erwachte. Einige Tage später war ich in Wien und suchte Ursula Pasterk in ihrem Büro auf. Es war, was mitunter vorkommt, Sympathie auf den ersten Blick. Sie schien etwa im gleichen Alter wie ich, in Habitus und Denken offensichtlich eine Alt-68erin, die gut über meine bisherigen Aktivitäten informiert war. Von Hilmar Hoffmann hatte sie, wie ich später erfuhr, den Tip erhalten, bei mir anzufragen, ob ich an der Tätigkeit eines Museumsdirektors interessiert sei. Sie schlug vor, daß ich den Posten in Wien nebenamtlich wahrnehmen solle. Aus ihrer Sicht bestünden dagegen keine Einwände. 120 Tage Anwesenheit im Jahr würden ausreichen. Dem schon im Vorfeld geäußerten Einwand, daß mein Arbeitgeber, das Land Brandenburg also, vermutlich nicht zustimmen würde, wenn ich ein Drittel des Jahres meinen Tätigkeiten in Potsdam nicht nachkäme, wurde seitens des Assistenten von Ursula Pasterk folgendermaßen begegnet: »Dann schreiben wir eben in den Vertrag, daß Sie 120 Tage für das Jüdische Museum in Wien tätig sein müssen.« Diese Formulierung war so gehalten, daß man sie dahingehend interpretieren

Das Jüdische Museum der Stadt Wien

konnte, daß die Tätigkeit nicht unbedingt in Wien, sondern in Teilen auch anderswo ausgeübt werden könnte. Mir dämmerte, daß in Wien die Uhren offensichtlich anders gingen als in Potsdam.

Einiges Hin und Her. Telefonate. Dann erschien Helmut Zilk, der damalige Wiener Bürgermeister, um mich, wie er es nannte, in Augenschein zu nehmen. Er begrüßte mich, stellte einige unverbindliche Fragen, wobei es ihm hauptsächlich darum ging, von mir zu erfahren, ob ich bereit sei, mit der Wiener Israelitischen Kultusgemeinde zusammenzuarbeiten. Auf meine Antwort, daß ich keinen Grund sehe, dies nicht zu tun, verließ Zilk zufrieden das Büro der Kulturstadträtin. In Erinnerung ist mir geblieben, daß er beim Hinausschlendern an dem einen oder anderen im Raum hängenden Bild kurz stehenblieb, an ihnen herumzupfte, weil er offensichtlich das Gefühl hatte, sie würden nicht gerade an der Wand hängen.

Bei allem Entgegenkommen, mit dem mir Pasterk und Zilk begegneten, bemerkte ich jedoch sehr schnell, daß beide ein Problem hatten, das mit einer mir damals noch nicht bekannten Vorgeschichte zusammenhing. Vor mir war bereits die israelische Kunstmanagerin Daniela Luxembourg an der Aufgabe, ein Konzept für das geplante Museum zu entwickeln, gescheitert. Der größte Fehler, den Luxembourg dabei gemacht hatte, war wohl der, daß sie glaubte, sich von Wiener Architekten beraten lassen zu müssen. Diese hatten ihr eingeredet, ein Jüdisches Museum bedürfe einer spektakulären Architektur, und vorgeschlagen, unter dem Judenplatz ein unterirdisches Museum zu bauen. Der enorme Widerstand, der sich gegen diesen Plan erhob, führte dazu, daß Daniela Luxembourg schließlich entnervt das Handtuch warf.

Daß die Wahl der Wiener SPÖ-Politiker dann tatsächlich auf mich fiel, hatte sicher auch den Grund, daß ich mich nach Besichtigung der Örtlichkeiten nicht für einen spektakulären Museumsneubau aussprach, sondern ein Gebäude in der Dorotheergasse favorisierte, das vom Versteigerungshaus Dorotheum der Stadt zur Anmietung angeboten worden war. Das Gebäude gefiel mir auf Anhieb. Das Haus, in der ersten Hälfte des 19. Jahrhunderts erbaut und für ein oder zwei Jahre im Besitz der Familie Eskeles, hatte zwar keinen wirklich »jüdischen« Hintergrund, aber alle taten so, als ob es immer schon mit der Wiener jüdischen Tradition zu tun gehabt hätte. Das Gebäude hieß jedenfalls vom Zeitpunkt der Anmietung an Eskeles-Palais, und die Überzeugung setzte sich zunehmend bei allen Beteiligten durch, daß dieses Gebäude das geeignete Haus sei, um das geplante Museum unterzubringen.

Später fühlte ich mich in der Entscheidung für das Eskeles-Palais durch die Debatte um den Berliner Libeskind-Bau bestätigt. Machte diese Debatte doch deutlich, daß man in der Standortfrage sehr sorgfältig nachdenken muß, da nicht jedes Gebäude für einen Museumsbetrieb geeignet ist. In Berlin war der fatale Fall eingetreten, daß ein Architekt zwar einen genialen Bau konzipiert, dabei aber offensichtlich übersehen hatte, daß ein Museumsbau eine Funktion hat und die Architektur tunlichst hinter den von den Museumsfachleuten definierten Inhalten zurücktreten sollte. Später zeigte sich, daß Libeskind es durchaus verstanden hatte, sich selbst ein Denkmal zu errichten. Für die Museumsfachleute aber wuchs sich das von ihm konzipierte Gebäude zu einem Alptraum aus. Ich erinnere mich, daß ich zu einer Diskussion in die Kunsthalle in Bonn geladen wurde und dort mit Daniel Libeskind über seinen Bau und seine damit verbundenen Vorstellungen heftig in Streit geriet. Auf meine vorsichtig geäußerten Bedenken, ob nicht die Kuratoren, wenn sie in seinem zu diesem Zeitpunkt noch nicht fertiggestellten Museum eine Ausstellung vorbereiten wollten, sich jedesmal mit seiner Architektur (ich nannte sie damals polemisch »Weltanschauungsarchitektur«) auseinandersetzen müßten, antwortete er spitz unter dem Beifall des Publikums, daß es gerade das sei, was er anstrebe und wovon er letztlich immer geträumt habe.

Aber zurück zum Angebot aus Wien. Den Ausschlag, daß es zu einem schnellen Vertragsabschluß kam, gab ein groß aufgemachter Artikel, den die Journalistin Sigrid Löffler für die Wiener Zeitschrift *profil* geschrieben hatte. Der Artikel war so gehalten, als sei der Vertrag bereits unterschrieben und alles unter Dach und Fach. Auf meine konsternierte Anfrage in Wien erklärte Ursula

Pasterk, ich solle mir nichts daraus machen, das sei eben der Wiener Stil, an den ich mich schon noch gewöhnen würde. Ich solle nur unterschreiben, alles andere würde sich dann schon regeln.

Ich unterschrieb also und machte mich auf den Weg nach Wien, wo ich mich zunächst im plüschigen Hotel Kaiserin Elisabeth einquartierte. In den ersten Gesprächen, die ich führte, war ich bemüht, die Mitarbeiter des Museums und ihre Ideen kennenzulernen. Was sollte Sinn, Zweck und Ziel der künftigen gemeinsamen Arbeit sein? Unterstützung bei den konzeptionellen Überlegungen erhielt ich dabei insbesondere durch Felicitas Heimann-Jellinek, nicht nur eine gute Judaistin, sondern auch eine exzellente Museumsfachfrau mit Gespür dafür, was man einem Museumsbesucher zumuten kann und was nicht. In den zahlreichen Sitzungen, die teils in den damaligen Büroräumen in der Rotenturmstraße, teils in den zahlreichen Szene-Beiseln und Kaffeehäusern im I. Bezirk stattfanden, einigten wir uns über die Grundzüge eines Konzeptes, das allen weiteren Planungen zugrunde liegen sollte. Das künftige Museum, so unsere einhellige Meinung, dürfe nicht ein Museum von Juden für Juden sein, sondern könne nur als ein Museum der Wiener Bevölkerung konzipiert werden. Kern aller weiteren Überlegungen war, daß in der künftigen Museumsarbeit die Wiener-jüdische beziehungsweise die österreichisch-jüdische Beziehungsgeschichte thematisiert werden sollte. Keinesfalls, meinten wir, dürfe das Museum eines der üblichen langweiligen Judaica-Museen werden, die es überall in der Welt gibt und die sich in ihren Präsentationsweisen kaum voneinander unterscheiden. Meist werden in ihnen Ritualgegenstände ausgestellt, während Geschichte und Kultur vernachlässigt werden.

Die Museumseröffnung. Bereits vier Monate später, im Herbst 1993, eröffneten wir unter großem Pressegetöse das Haus in der Dorotheergasse. Das Gebäude war zwischenzeitlich für den anstehenden Museumsbetrieb einigermaßen hergerichtet worden. Drei Ausstellungen hatten wir für die Eröffnung konzipiert. Im Untergeschoß hatten wir Arbeiten meines Freundes Heinz Mack plaziert, den ich dafür gewonnen hatte, das »Hohe

Eröffnungsveranstaltung des Jüdischen Museums am 18. November 1993 (v.l.n.r. Rabbiner Paul Chaim Eisenberg, Bürgermeister Teddy Kollek, Bürgermeister Helmut Zilk)

Lied« in der Bearbeitung von Manfred Hausmann zu illustrieren. Im ersten und zweiten Stockwerk brachten wir die von Felicitas Heimann-Jellinek kuratierte Ausstellung »Hier hat Teitelbaum gewohnt« unter, die Erinnerungen an das einstige jüdische Leben in Wien thematisierte. Und in einigen Nebenräumen des zweiten Stockes zeigten wir eine Ausstellung von Nahum Tim Gidal, der Fotos aus seinem Archiv zusammengestellt hatte, die er 60 Jahre zuvor auf einer Tagung von Psychoanalytikern in Luzern gemacht hatte.

Die Öffentlichkeit reagierte freundlich, kritische Stimmen waren nur vereinzelt zu hören. Alle waren bemüht, sich eventuelle Vorbehalte nicht allzu sehr anmerken zu lassen. Dahinter steckte, deutlich spürbar, die Absicht, das Museum und seine Arbeit politisch zu nutzen. Einflußreichen Wiener SPÖ-Kreisen um Bürgermeister Zilk erschien es zu Beginn der neunziger Jahre ganz offensichtlich opportun, sich für den Aufbau des Museums zu verwenden, weil man glaubte, so etwas für das Bild Österreichs in der Welt tun zu können, das durch die Waldheim-Präsidentschaft angekratzt war. Abschätzige Bemerkungen über das »Juden-Museum« machte man nur hinter vorgehaltener Hand.

Doch wäre es verwunderlich gewesen, wenn es nicht auch Widerstände gegeben hätte. In Erinnerung geblieben ist mir zum Beispiel eine Intervention von Helmut Zilk, der Felicitas Heimann-Jellinek und mich ins Rathaus einbestellt hatte, um mit uns über eine Beschwerde zu sprechen, die im Zusammenhang mit der Teitelbaum-Ausstellung eingegangen war. Wie sich herausstellte, hatte ein Besucher, der beim Bürgermeister aus- und einging und sich bei diesem vermutlich Liebkind machen wollte, sich über eine Objektecollage aufgeregt, die in der Tat von uns bewußt als Provokation gedacht war. Bei dem Stein des Anstoßes handelte es sich um unsere Interpretation des Wirkens des Wiener Künstlers Michael Powolny, der sich in seinen Arbeiten in der Kaiserzeit kaisertreu gab, in der Dollfuß-Zeit seine Liebe für den Faschismus entdeckte, sich in der Nazi-Zeit als begeisterter Nationalsozialist outete – und nach dem Krieg, wenn wundert's noch, für die Kommunisten und den Klassenkampf starkmachte. Uns schien Powolnys Lebenswerk ein sehr gutes, weil typisches

Beispiel für das Verhalten eines »echten« Wieners zu sein, der es versteht, sich wie ein Chamäleon anzupassen und zu arrangieren – mit welcher Seite auch immer.

Ich hatte mir vorgenommen, für den Fall, daß Zilk tatsächlich die Entfernung des Objektes aus der Ausstellung fordern sollte, im Gegenzug meine Demission zu erklären. Zilk war jedoch klug genug zu wissen, daß eine solche Forderung für ihn unangenehme Folgen haben konnte. Einen Skandal wollte er nicht riskieren. Er beließ es bei einem Rüffel. Er bat uns, künftig unsere Thesen in den Ausstellungen doch etwas vorsichtiger zu formulieren. Wir nahmen die »Abmahnung« hin und verließen die imposanten Zimmerfluchten im Rathaus – nicht ohne einen Blick auf den berühmt-berüchtigten, unter einem Glassturz stehenden Stuhl von Otto Wagner zu werfen, auf dem einst Wiens antisemitischer Bürgermeister Lueger im Rathaus gesessen und Kommunalpolitik betrieben hatte. Zilk, der uns hinausbegleitete, schien sehr stolz auf diese Reliquie in seinen Räumen zu sein. Mit Lueger hatte er offensichtlich kein Problem.

Nach einem Jahr im Provisorium machten wir uns daran, den Umbau des Eskeles-Palais in die Tat umzusetzen. Zunächst gab es eine Ausschreibung. Die Jury unter Vorsitz des Stararchitekten Hans Hollein kürte zu aller Überraschung nicht einen gestandenen Architekten, sondern das Designer-Team Eichinger oder Knechtl (tatsächlich *oder*, nicht *und*) zum ersten Preisträger. Die Zusammenarbeit mit dem Team, das sich einen Namen durch spektakuläre Innenausbauten von Wiener Kaffeehäusern und Läden gemacht hatte, entwickelte sich durchaus angenehm. Alle Beteiligten waren bemüht, die Umbaumaßnahmen so abzustimmen, daß zum einen der Zeitplan eingehalten, zum anderen die veranschlagten Kosten nicht überschritten wurden und zum dritten die Bedürfnisse des Museums die erforderliche Berücksichtigung fanden. Das Besondere an dem Entwurf war, daß das Designer-Team Eichinger oder Knechtl sich zwar für ein radikales Konzept entschieden hatte, aber sehr behutsam mit der vorhandenen Bausubstanz umging. Die Vorderseite des Hauses in der Dorotheergasse blieb unverändert, hingegen wurde die Rückseite des Hauses abgetragen und mit einer Art durchsichti-

Eine Depotvitrine im obersten Stock des Jüdischen Museums, Wien

ger Zeltkonstruktion versehen, die vom Parterre bis zum Dachgeschoß reichte.

Parallel zu den Umbaumaßnahmen stellten wir im Kreis der Mitarbeiter Überlegungen an, wie wir künftig, wie es im Museumsjargon heißt, das Haus »bespielen« wollten. Das Eskeles-Palais sollte sich nicht zu einem der Häuser entwickeln, bei deren Betreten den Besucher bereits eine bleierne Müdigkeit befällt. Damit dies nicht geschähe, einigten wir uns darauf, in unserer künftigen Museumsarbeit den Schwerpunkt auf intelligent konzipierte Wechselausstellungen zu legen. Das bedeutete jedoch nicht, daß wir auf die obligatorische Dauerausstellung verzichten wollten. Nur sollte sie eben anders sein als das, was man sonst in jüdischen Museen zu sehen bekommt.

Die schließlich realisierte Lösung erregte international Aufsehen. Wir berücksichtigten die Geschichte, aber auf eine Art und Weise, die Verblüffung und vielfach auch ungläubiges Staunen auslöste. Wer das umgebaute Gebäude betritt und sich auf die Suche nach den Objekten der Dauerausstellung macht, stößt im zweiten Stock auf eine Installation mit 13 sogenannten Transmissionshologrammen. Diese stellen ausgewählte Stationen der Wiener-jüdischen Beziehungsgeschichte vor, aber nicht in Form von Originalobjekten, sondern verfremdet. Mit dieser »anderen« Sichtweise meinten wir deutlich machen zu können, daß es heute nicht mehr möglich ist, jüdische Lebenswelten mit derselben Unbefangenheit zu betrachten wie vor der Shoa.

Für die Sammlungsbestände hatten wir ebenfalls eine eigene Präsentationsform erdacht. Im untersten Stockwerk hatten wir Objekte der Sammlung Berger in einer Vitrine so aufgestellt, daß anhand dieser Besuchergruppen oder Schulklassen das jüdische Jahr und die jüdischen Bräuche erklärt werden konnten. Ein gewisses didaktisches Element, so meinten wir, dürfe im Museum nicht fehlen. Die Besucher, von denen in meiner Amtszeit die Hälfte aus Wien und Niederösterreich, die andere Hälfte aus dem Ausland kam, insbesondere aus Deutschland und den USA, zeigten sich jedoch angetan davon, wie unsere Fachleute ihnen in den Museumsführungen Geschichte und Kultur des deutschsprachigen Judentums nahebrachten.

Rundum stolz waren wir auf das von uns konzipierte begehbare Depot. Der Besucher, der per Fahrstuhl oder zu Fuß in den dritten Stock gelangt, ist mit einem unerwarteten Anblick konfrontiert. Er stößt auf eine Vitrinenwand, zusammengesetzt aus einer Reihe von zusammenschiebbaren Regalen, auf denen hunderte von Rimonim, Thoraschilder, Besamimbüchsen und andere Kultgegenstände aufgebaut sind. Die auf den Regalbrettern dicht an dicht platzierten Objekte verfehlen in der Regel nicht den gewünschten Eindruck auf den Besucher und machen deutlich, daß die Sammlungsbestände des Wiener Jüdischen Museums sehr viel umfangreicher sind als allgemein angenommen.

Ausstellungsprojekte. Unter meiner Verantwortung wurden zwischen 1993 und 1997 im Museum 44 Ausstellungen realisiert. Blättere ich in den Ankündigungsprogrammen, so fällt mir auf, daß der »Spielplan« sehr viel abwechslungsreicher war, als wir das damals empfanden. Positiv im Gedächtnis haftengeblieben sind mir insbesondere eine Ausstellung über Joseph Roth, eine andere über das Schachspiel (»Ein Lied der Vernunft«) und nicht zuletzt eine, die sich mit jüdischen Identitätsproblemen in der Moderne (»JudenFragen«) befaßte. Alle unsere Ausstellungen konnten sich mit denen messen, die andere Wiener Häuser im Programm hatten. Wir erwarben uns sehr schnell den Ruf, intellektuell Anspruchvolles in ansprechenden Präsentationsformen zu bieten und mit unserem Programm den Besucher nicht zu langweilen. Auf dieses Lob waren wir stolz. Keine der Ausstellungen war denn auch ein wirklicher »Flop«.

Spektakulär war eine Themenausstellung, der wir den Titel »Die Macht der Bilder« gaben. Es war der Versuch, sich über das Medium Ausstellung mit dem antisemitischen Vorurteil zu beschäftigen. Wir wollten zeigen, daß sich durch die Jahrhunderte hindurch eine Kontinuität bestimmter antijüdischer Bildvorstellungen nachweisen läßt. Die mit großem Aufwand erarbeitete Ausstellung plazierten wir nicht im Jüdischen Museum, sondern in der »Volkshalle« des Rathauses, dort also, wo Ende des 19. Jahrhunderts regelmäßig große antisemitische Volksversammlungen stattgefunden hatten. Auf diesen »Spielort« hatten wir

Eröffnung der Ausstellung »Die Macht der Bilder« in der Volkshalle des Rathauses am 26. April 1995. Rechts im Bild: Simon Wiesenthal

uns nach längeren Debatten geeinigt, weil wir zu der Überzeugung gelangt waren, daß der Antisemitismus nicht ein Problem der Juden, sondern der Nichtjuden ist – und ergo die Ausstellung nicht in den Räumen des Jüdischen Museums, sondern an anderer Stelle präsentiert werden sollte. Die Besucher begriffen unser Anliegen, und den Schulklassen, die in die Ausstellung kamen, konnten wir den Grund für die Wahl gerade dieses Ortes durchaus vermitteln.

In der Architektin Elsa Prochazka hatten wir eine Gestalterin gefunden, die es verstand, das sperrige Thema so umzusetzen, daß der Besucher sich eine Vorstellung von schwer greifbaren, aber noch heute allgegenwärtigen antisemitischen Vorurteilsbildern machen konnte. In eine sieben Meter hohe und vierzig Meter lange Wand, die auf den Betrachter herabzustürzen schien, waren Antisemitica (Gemälde, Flugschriften, Karikaturen, Pamphlete, Postkarten, Porzellanfiguren) eingelassen. Der Betrachter, der vor dieser Wand stand, konnte sich nicht des beklemmenden Eindruckes entziehen, er würde mit seinen eigenen Vorurteilen konfrontiert. Es war genau das, was wir mit der Ausstellung bezwecken wollten.

Auch die von uns konzipierten Kunstausstellungen konnten sich durchaus mit denen anderer Museen messen. Wir gingen dabei vorsichtig ans Werk, nicht zuletzt deshalb, weil uns bewußt war, daß es strittig ist, ob es überhaupt so etwas wie eine »jüdische« Kunst gibt. Sollte, so fragten wir uns, die Herkunft eines Künstlers eine Rolle spielen? Oder sind nur Motive und Bildsprache ausschlaggebend? Eine generell gültige Antwort auf unsere Fragen haben wir nicht gefunden. Bei der Realisierung einschlägiger Ausstellungsvorhaben waren wir bemüht, von Fall zu Fall programmatisch vorzugehen.

Bei einem Maler wie Marc Chagall, den wir im Frühjahr 1994 ausstellten, gibt es keinerlei Notwendigkeit der Begründung. Wir waren stolz darauf, daß es uns gelang, seine verschollen geglaubten Wandgemälde, die er für das Staatliche Jüdische Kammertheater Moskau angefertigt hatte, nach Wien zu holen(»Chagall. Bilder, Träume, Theater 1908-1920«). In der Museumsszene galt das als eine Sensation, und wir bekamen sogar Beifall von denjenigen, die der festen Ansicht sind, ein jüdisches Museum dürfe nur einschlägige Ritualkunst ausstellen. Daß Chagall, um es etwas flapsig zu formulieren, ein »Türöffner« werden würde, wußten wir schon vor Ausstellungseröffnung. Die damals von uns zum ersten Mal außerhalb Rußlands präsentierten 40 Werke zogen die Besucher geradezu magnetisch an, weil sie nicht nur in seinem unverwechselbaren Stil gemalt sind, sondern auch einen Künstler vorstellen, der es zu seiner Zeit durchaus verstanden hat, die Strömungen der westeuropäischen Avantgarde mit den Mythen des osteuropäischen »Schtetls« zu verbinden.

Ein Schwerpunkt, den wir in unseren Ausstellungen setzten, war die klassische Moderne. Tobias Natter, Mitarbeiter im Belvedere, ein glänzender Kenner der Malerei um 1900, verantwortete als Gastkurator eine Reihe intelligent vorbereiteter Ausstellungen im Jüdischen Museum, die hohe Besucherzahlen aufwiesen und eine gute Presse hatten. Ob wir einen bestimmten Künstler ausstellen sollten oder nicht, war nicht in jedem Fall unstrittig. Die Begründungen für das eine oder andere Projekt waren häufig Tobias Natter zu verdanken, der es in einer unnachahmlich wienerisch-nonchalanten Manier verstand, Bedenken so zu zerstreuen, daß man schließlich nicht mehr recht wußte, ob man je irgendwelche gehabt hatte.

Da war zum einen die Ausstellung mit Genrebildern des Wiener Malers Isidor Kaufmann (»Rabbiner, Bocher, Talmudschüler«) oder diejenige mit Praternansichten und Stilleben der Landschaftsmalerin Tina Blau (»Pleinair«). Beide, Isidor Kaufmann wie Tina Blau, haben in der Kunstgeschichte nicht reüssiert und sind heute weitgehend vergessen. Die Ausstellungen und die dazu erarbeiteten Kataloge waren bemüht, sie wieder in das öffentliche Bewußtsein zu rücken und ihr Œuvre der Öffentlichkeit zu präsentieren.

Ein richtiggehende Entdeckung war Max Oppenheimer. MOPP, wie er genannt wurde, gehört zu den Verdrängten in der österreichischen Kunstgeschichte des 20. Jahrhunderts. Dieser Maler, der ein erstaunlich interessantes Werk hinterlassen hat und gemeinsam mit Egon Schiele und oft im Streit mit Oskar Kokoschka in den Jahren um 1910 eine österreichische Spielart des

Expressionismus schuf, gehört zu den bedeutendsten Künstlern der österreichischen Avantgarde. Weitgehend vergessen ist, daß MOPP – damals übrigens als einziger Österreicher – die neuen Möglichkeiten des französischen Kubismus reflektierte und sich 1916 an der ersten DADA-Ausstellung beteiligte. Eines seiner wichtigsten Bilder, das wir ausstellen konnten, war das im Besitz des Wiener Zeitungsmagnaten Hans Dichand befindliche vielfigurige Gruppenbild »Das Orchester«(1921–1923).

Das Kaffeehaus. Es dauerte nicht lange, bis ich dem Charme der Wiener Kaffeehäuser verfiel. Ich begriff sehr schnell, daß diese Institution zu Wien gehört wie der Stephansdom oder die Fiaker. Die Stadt ist, wie ein Wien-Kenner treffend formuliert hat, »um einige Kaffeehäuser herumgebaut«. In Anlehnung an Karl Kraus und andere könnte man sagen, das Kaffeehaus ist Arbeitszimmer und Wohnzimmer zugleich. Man trifft dort auf Menschen, von denen man annimmt, daß sie dort auf einen warten. Am Nebentisch kann mitunter jemand sitzen, mit dem man unbedingt schon seit längerem reden wollte, oder, was verständlicherweise auch zur Logik des Kaffeehauses gehört, es sitzt zwei Tische weiter jemand, dem man keinesfalls begegnen möchte und den man, wenn es ginge, am liebsten zum Teufel wünschen würde. Gut gefällt mir eine angeblich von Alfred Polgar stammende Formulierung: »Im Kaffeehaus sitzen die Leute, die allein sein wollen, aber dazu Gesellschaft brauchen.« Polgar ist es wohl auch gewesen, der vom Wiener Kaffeehaus als einer »Weltanschauung« sprach. »Sollte ich jemals einen Roman schreiben«, wird eine Äußerung von Karl Kraus kolportiert, »so würde er in zwei aneinanderliegenden Kaffeehauszimmern spielen und einen Zeitraum von 20 Jahren umfassen.«

Die Literatur über das Wiener Kaffeehaus füllt Bibliotheken. Strittig jedoch ist seine Entstehungsgeschichte. Einig ist man sich nur, daß die Anfänge auf die monatelange Belagerung Wiens durch die Türken zurückgehen. Angeblich soll der Armenier Johannes Diodato von Kaiser Leopold I. im Januar 1685 das Privileg zum Ausschank von türkischem Kaffee erhalten haben. Diodato, so heißt es, war es, der das erste Kaffeehaus auf dem Haarmarkt eröffnete, der heutigen Rotenturmstraße. Aber erst im 18. und 19. Jahrhundert kam das Kaffeehaus dann wirklich in Mode und wurde zu einem Ort, an dem sich Geschäftsleute, Künstler, Literaten, Schnorrer, Nachtschwärmer und Spinner ein regelmäßiges Stelldichein gaben.

Um 1900 zählte Wien angeblich rund 600 Kaffeehäuser, von denen jedoch nur etwa zwei Dutzend wirkliche in dem Sinne waren, daß sie einen gewissen Bekanntheitsgrad besaßen. Berühmt waren das »Corti«, das »Paradeisgartl« und der »Stierböck«. Das »Griensteidl« war das Literatencafé, wo Hermann Bahr und der Literaturkreis »Jung-Wien« residierten. Stammgäste waren unter anderem Arthur Schnitzler, Hugo von Hofmannsthal, Felix Salten und Richard Beer-Hofmann, die dort in einer Atmosphäre aus Kaffeeduft und Zigarrenqualm Zeitungen lasen, Schach und Tarock spielten oder in Auseinandersetzungen darüber verwickelt waren, ob mit Literatur die Welt zu verändern sei oder nicht.

In meinen Wiener Jahren war ich regelmäßiger Besucher der im I. Bezirk gelegenen Kaffeehäuser. Besonders bevorzugte ich das »Café Bräunerhof« in der Stallburggasse, das nur wenige Meter vom Museum entfernt lag. Ich liebte es, nicht nur wegen seiner elipsenförmigen Spiegel an den Wänden, der leicht verstaubten Decke und seiner architektonischen Raumaufteilung, sondern vor allem deshalb, weil man dort morgens in aller Ruhe frühstücken und die ausliegenden Zeitungen studieren konnte. Thomas Bernhard, ein Liebhaber Wiener Lebensart, aber auch ein bekennender Grantler, wie die Wiener sagen, hat zwar heftige Vorbehalte gegen den »Bräunerhof« gehabt, sich aber in ihm doch jahrzehntelang zu Hause gefühlt.

Hatte ich in meiner Wiener Zeit Museumsangelegenheiten zu besprechen, traf ich häufig Verabredungen im »Café Diglas« in der Wollzeile oder im »Café Landtmann«, das direkt neben dem Burgtheater und vis-à-vis der alten Universität liegt. Beide Kaffeehäuser waren geeignet, mit Museumsleuten künftige Ausstellungsprojekte zu besprechen oder Journalisten dort auf diese einzustimmen. Beide Häuser haben jedoch auch den Nachteil, daß jedermann sehen kann, wer mit wem zusammensitzt. Den Gerüchten, die in Wien leichter als anderswo entstehen, sind dadurch Tür und Tor geöffnet.

Ein Kaffeehaus mochte ich besonders, weil ich in ihm auf die Schnelle einen »Kleinen Braunen« im Stehen zu mir nehmen konnte. Das »Café de l'Europe«, das auf dem Weg zwischen dem Museum und den Büros im Trattnerhof lag, suchte ich in der Regel mehrmals am Tage auf. Mit seinen metallenen Pflanzenkästen und den mit rotem und schwarzem Leder bezogenen Stühlen wirkt es wie ein heruntergekommenes Etablissement der fünfziger Jahre. Die Bedienungen – den klassischen Ober gibt es dort schon lange nicht mehr – sind vielleicht nur etwas weniger höflich als üblich, wenn sie »eine Schale Gold«, »eine Melange mit Haut, aber im Glas« oder »einen doppelten Schwarzen« bringen.

Das »L'Europe« ist eher ungemütlich und besitzt keine zum Bleiben einladende Atmosphäre, und so trifft man dort zu jeder Tageszeit Menschen an, die den Eindruck vermitteln, sie würden nur widerwillig in diesem Café sitzen. Es ist ein ganz bestimmter Typus, der in anderen Kaffeehäusern so nicht anzutreffen ist. Er tut so, als ob er auf der Durchreise sei und eigentlich nicht dazugehöre, ist aber über alles und jedes informiert und hat ein geradezu sinnliches Vergnügen daran, einem hinter vorgehaltener Hand zuzutuscheln, wer mit wem angebändelt hat oder was in der Stadt gerade vor sich geht.

Die heute existierenden Kaffeehäuser sind leider nur noch ein Abglanz derjenigen um 1900. Man ist bemüht, den Stil und die Tradition des frühen 20. Jahrhunderts zu pflegen, was jedoch nicht immer gelingt. Das »Café Prückel« auf dem Stubenring zum Beispiel, das 1989 im Stile Oswald Haerdtls, eines Schülers von Kolo Moser und Oskar Strand, renoviert wurde, sieht heute aus wie ein Kaffeehaus vergangener Jahre. Es ist geschmackvoll eingerichtet, läßt aber erkennen, daß es ein nachempfundener Kaffeehausstil ist. Wie viele andere kann das »Prückel« nur deshalb überleben, weil der Wiener Magistrat sich vor nicht allzulanger Zeit dazu durchgerungen hat, mit regelmäßigen finanziellen Zuwendungen dem Kaffehausbetreiber unter die Arme zu greifen. Die Gäste, die im »Prückel« verkehren, wissen das vermutlich nicht, könnten es jedoch in Erfahrung bringen, wenn sie beim Hinausgehen die Tafel etwas genauer lesen würden, die den »verehrten Gast« darüber informiert, in welcher Notlage das Haus sich gegenwärtig befindet.

Ärger ohne Ende. Von Beginn meiner Tätigkeit in Wien an war mir klar, daß unsere Arbeit auch Ärger mit sich bringen würde. Ich ahnte, daß wir uns mit dem Konzept des »kritischen Begleitens« und des »Einmischenwollens« nicht nur Freunde machen würden. Es dauerte denn auch nicht lange und mein Name tauchte auf kursierenden Liquidationslisten Rechtsradikaler auf. Der österreichische Staatsschutz, der mich über meine Gefährdung informierte, schlug Schutzmaßnahmen vor. Ich lehnte ab. »Hunde«, meinte ich, »die bellen, beißen nicht«. Die Morddrohungen waren jedoch ernster, als ich zunächst annahm. Das machte ein Anschlag auf Helmut Zilk deutlich, dessen linke Hand durch eine explodierende Briefbombe zerrissen wurde. Im Museum waren wir damals davon überzeugt, der Anschlag auf Zilk habe insbesondere dessen Engagement für das Jüdische Museum gegolten. Wie sich später herausstellen sollte, war es jedoch keine rechtsradikale Verschwörung, sondern die Tat eines Geistesgestörten. So hieß es jedenfalls.

Das »Einmischenwollen« löste in einem Fall einen handfesten Skandal aus. Damals, Ende 1994, meinten Beobachter, meine Tage in Wien seien gezählt. Der Skandal, eine typische Wiener Posse, hatte eine Vorgeschichte, die zu tun hatte mit der Lebensgeschichte zweier Altlinker, die, einst befreundet, sich inzwischen auseinandergelebt hatten.

Um was ging es? Der Wiener Bildhauer Alfred Hrdlicka hatte im *Neuen Deutschland* eine Attacke gegen den deutschen Sangesbarden Wolf Biermann geritten. Hrdlicka, der Biermann seinen Gesinnungswechsel übelnahm, war erbost über dessen Stellungnahmen gegen einstige DDR-Größen wie Gregor Gysi, Stefan Heym und den Schriftsteller Sascha Anderson. In seinem Offenen Brief nannte er Biermann ein veritables »Arschloch« und belegte ihn mit weiteren Injurien, die er, und das war das Pikante, samt und sonders Biermanns ureigenem Schimpfwörterarsenal entnommen hatte.

In dieser Situation beging ich unüberlegt einen verhängnisvollen Fehler. Anstatt auf neutralem Briefpapier schrieb ich auf einem Museums-Bogen Hrdlicka eine Glückwünschadresse wegen seines karikierenden Artikels, nicht ahnend, daß dieser meinen Brief zur Selbstverteidigung in der Öffentlichkeit nutzen würde. Hrdlicka nämlich war inzwischen von dem Journalisten Henryk M. Broder scharf angegriffen worden, der seinen Freund Biermann vor Hrdlickas Attacken in Schutz nahm und forderte, daß Hrdlickas berühmtes Mahn-/Denkmal für die Juden vor dem Albertinum, den Wienern von jeher ein Dorn im Auge, abgerissen werden sollte. Was meine Person betraf, forderte Broder die sofortige Abberufung von der Leitung des Museums. Ich hätte mit meiner Glückwunschadresse an Hrdlicka gezeigt, daß ich für den Job nicht geeignet sei.

Die hochkochende Debatte bezog sich insbesondere auf eine Formulierung Hrdlickas, die lautete: »Ich wünsche Dir die Nürnberger Rassegesetze an den Hals, Du angepaßter Trottel.« Von Broder, Biermann, Ignatz Bubis und anderen wurde die Formulierung als Ausdruck einer faschistoiden Denkweise gewertet. Zugebenermaßen war Hrdlickas Wortwahl in höchstem Maße mißverständlich, aber ihm wurde etwas unterstellt, was er so nicht gemeint hatte. In der Hitze der Auseinandersetzung fehlte der kühle Blick, um das zu sehen. Es war bezeichnend, daß Hrdlickas Kritiker es vermieden, den Satz zu zitieren, der der inkriminierten Formulierung voranging: »Du willst nicht in einem Land leben, in dem Gesetze von Gysi und Heym mitbestimmt werden.« Wer beide Sätze zusammen gelesen hätte, dem hätte sich erschließen müssen, daß Hrdlickas Einlassung auf etwas ganz anderes zielte, nämlich, daß er der Ansicht war, die PDS in Deutschland sei eine demokratisch gewählte Partei und auch ein Wolf Biermann habe die Regeln der Demokratie zu akzeptieren.

Die Wogen schlugen immer höher. Eine eilig einberufene Aufsichtsratssitzung im Jüdischen Museum führte zu keinem Ergebnis. Die Mitglieder des Gremiums hatten Angst, sich zu outen. Sich hinter mich zu stellen war nicht opportun. Ich sollte, so gab man mir zu verstehen, die Angelegenheit alleine durchstehen. Vor der Tür des Raumes, in dem die Sitzung stattfand, hatten sich eine Reihe von Journalisten und Fernsehteams eingefunden, die mit mir über meinen erwarteten Rausschmiss reden wollten. In den Interviews, die dann in der besten Nachrichtenzeit am Abend ausgestrahlt wurden, erklärte ich, daß es nicht in meiner Absicht gelegen habe, dem Museum zu schaden oder irgendjemanden zu beleidigen. Wenn der Eindruck entstanden sei, dann tue mir das leid. In der Sache stünde ich jedoch nach wie vor zu meiner Kritik an Wolf Biermann, dessen nach dem Untergang der DDR eingenommene Siegerpose ich unerträglich fand. Sie zu kritisieren sähe ich weiterhin als notwendig an.

Es waren nur wenige, die zu mir hielten oder zumindest versuchten, die Sachverhalte so zu sehen, wie sie tatsächlich waren. Auf meine Seite schlug sich unter anderem der Philosoph Rudolf Burger, damals designierter Rektor der Hochschule für angewandte Kunst, und überraschenderweise die Schriftstellerin Elfriede Jelinek, die in einem Interview in der *taz* erklärte, man wäre gut beraten, wenn man Hrdlickas Text noch einmal lese, »wenn die erste Hitze einmal abgeklungen ist«. Was meine Rolle in der ganzen Angelegenheit betraf, so vertrat sie die Ansicht, es sei geradezu infam, wie mit mir umgesprungen würde. Das änderte aber nichts an der Tatsache, daß ich in ein Fettnäpfchen getreten und dadurch ins Gerede gekommen war.

Nach einigen Wochen verzog sich der Pulverdampf. Die Gemüter beruhigten sich. Alfred Hrdlicka trank weiter, Henryk M. Broder hatte ein anderes Thema gefunden, und ich behielt meinen Posten. Der einzige, der nachkartete, war Wolf Biermann, der bei verschiedenen Gelegenheiten immer wieder auf die Angelegenheit zu sprechen kam. Selbst die Kommentatoren, die sich zunächst auf den »Skandal« gestürzt und ihn in den Medien hochgepuscht hatten, begannen das Interesse an der Angelegenheit zu verlieren.

Die Zeitungsausschnitte, die ich zu der ganzen Posse aufgehoben habe, machen deutlich, wie unterschiedlich die Vorgänge bewertet wurden. Die einen sahen sie als eine »Egomanenschlacht« (Walter Boehlich) an, andere nannten sie eine »unglaubliche Schrecklichkeit« (Elfriede Jelinek) oder bezeichneten sie spöttisch als einen »alpenländischen Watschentanz« (Ulrich

Im Gespräch mit Ursula Pasterk

Weinzierl). Der österreichische Vizekanzler Erhard Busek hatte wahrscheinlich recht, wenn er im Rückblick auf die kaum verständlichen Auseinandersetzungen ironisch bemerkte, es habe sich wohl um einen »pubertären Streit unter Rauschebärten« gehandelt.

Neben diesem Konflikt und dem üblichen Alltagsärger gab es auch Situationen, die nur schwer zu kontrollieren waren. Das Museum geriet zum Beispiel in den Dunstkreis halbkrimineller Machenschaften, die zu tun hatten mit den SED-Millionen, die auf wundersame Weise ihren Weg aus der zusammengebrochenen DDR nach Österreich gefunden hatten. Hinter den Transaktionen steckten Mitarbeiter der Stasi, die mit Hilfe langjähriger westlicher Partner ein verschlungenes Firmennetz aufgebaut und auf diesem Weg Hunderte von Millionen Mark verschoben hatten. Die Liste derjenigen, die an den großangelegten Schiebungen beteiligt waren, liest sich wie ein Who's who der Wiener KPÖ und SPÖ. Inwieweit deutsche Regierungsstellen involviert waren, ist nie ganz klar geworden.

Eine der Schlüsselfiguren in der skandalträchtigen Affäre war neben der »Roten Fini«, wie die Kommerzialrätin Rudolfine Steindling genannt wurde, der unter der Registriernummer 3883/86 als IM mit dem Tarnnamen »Landgraf« geführte Import- und Exportkaufmann Martin Schlaff, der zu jener Zeit beste Kontakte in Wien hatte. Beider Aktivitäten sind erst durch Recherchen des Magazins *Der Spiegel* nach meiner Wiener Zeit allmählich ans Licht gekommen. Besagter Exportkaufmann Schlaff schenkte dem Museum eine Antisemitica-Sammlung, die von Bürgermeister Zilk entgegengenommen wurde. Als Dank erhielt er nicht nur den obligatorischen Händedruck, sondern auch das »Goldene Ehrenzeichen« der Stadt Wien, das ihm Zilk eigenhändig ans Revers heftete. Später zeigte sich allerdings, daß Schlaffs Gabe ein Danaer-Geschenk war, denn es war nicht so ganz uneigennützig gedacht, wie alle zunächst annahmen. Aber das ist schon wieder eine andere Geschichte …

Museumsalltag. Ich pendelte alle vierzehn Tage zwischen Berlin und Wien. Es war anstrengend, aber die Umstände waren halbwegs angenehm. Nicht weit vom Museum hatte ich eine Wohnung in der Rotenturmstraße angemietet, mitten im Vergnügungsviertel, das die Wiener Bermuda-Dreieck nennen. Im Büro, das im Trattnerhof lag, sorgte Angelika Matzka für reibungslose Abläufe. Sie war Sekretärin und Assistentin zugleich. Ihrer Umsicht war es zu verdanken, daß es nicht zu der einen oder anderen Katastrophe kam. Sie führte den Terminkalender, organisierte den Schriftverkehr und machte mich auf so manchen Fehler aufmerksam, den ich aus Unachtsamkeit beging.

Die Aufgaben in Wien reichten von Gesprächen mit Mitarbeitern und Ausstellungsmachern über das Erarbeiten von Katalogkonzeptionen bis hin zu Terminen mit Sammlern und möglichen Sponsoren. Es konnte aber auch geschehen, daß plötzlich ein Besucher aus New York oder Tel Aviv unangemeldet im Büro stand, eine Plastiktüte in der Hand, aus der er ein Erinnerungsstück seiner Familie zog und sie dem Museum zu treuen Händen übergab. Wir kamen so zu zahlreichen Überlassungen, die jedoch nicht immer Freude auslösten. Mitunter geschah es, daß man bei genauerem Betrachten des Mitgebrachten geradezu den Tränen nahe war.

Eines Tages zum Beispiel erschien überraschend ein Mann in mittleren Jahren, der die Reste einer Thorarolle auf den Tisch legte. Es stellte sich heraus, daß es sich um eine geschändete Thorarolle handelte. Vermutlich war sie von Wehrmachtssoldaten oder von Angehörigen einer Einsatzgruppe im Osten geraubt worden. Im vorliegenden Fall schien es, als ob die Rolle zerrissen und die Streifen als Packpapier benutzt worden waren. Der Überlasser der Fragmente, dem durchaus bewußt zu sein schien, was er uns da brachte, machte nicht viele Worte, sondern war bemüht, so schnell wie möglich das Büro wieder zu verlassen.

In die Wiener Zeit fielen auch meine Bemühungen, den Nachlaß des Komponisten Arnold Schönberg zu sichern. Die University of Southern California (USC), bei der das Schönberg-Institute angesiedelt war, konnte nicht mehr die Mittel aufbringen, um den Institutsbetrieb fortzuführen. Es kam hinzu, daß die Schönberg-Familie sich mit der USC überworfen hatte und nach anderen Möglichkeiten suchte, das Erbe zu pflegen. Michael

Meyer, der mich auf die Umstände und Probleme hingewiesen hatte, stellte den Kontakt zu den Schönbergs her. Bei einem meiner Los-Angeles-Aufenthalte führte ich Gespräche mit den Schönberg-Söhnen Larry und Ronald, die sich beide durchaus angetan von der Idee zeigten, den Nachlaß nach Europa zu bringen. Die Frage war nur, welcher Ort der richtige sein würde. Berlin oder Wien? Für beide Städte sprachen gute Argumente. In den nächsten Monaten setzte ein Wettlauf ein, an dem nicht nur Berlin und Wien, sondern auch London und Tokio beteiligt waren. Berlin schien zunächst die Nase vorn zu haben. Ich erinnere mich, daß bei irgendeiner Gelegenheit der damalige Kultursenator Roloff-Momin mit mir um eine Kiste Champagner wetten wollte, daß Berlin das Rennen machen werde. Wien hatte aber dann doch die besseren Karten. Ursula Pasterk, die mit der Schönberg-Tochter Nuria Nono in gutem Einvernehmen stand, reiste mit mir Ende 1995 nach Los Angeles und unterbreitete dort Vorschläge. Die Zusagen der Stadt Wien reichten von der Zurverfügungstellung eines Palais bis hin zur Schaffung eines Schönberg-Lehrstuhls. Die Familie konnte schließlich gar nicht anders als das Angebot annehmen.

Eine meiner regelmäßigen Verpflichtungen als Museumsdirektor war die Begrüßung von VIPs. Kam jemand in offizieller oder halboffizieller Mission nach Wien, galt ein Besuch des Jüdischen Museums als obligatorisch. An einen Besuch erinnere mich besonders gut, weil die Begleitumstände eine sehr komische Note hatten. Im Frühjahr 1995 kamen Johannes Rau, damals noch Ministerpräsident von Nordrhein-Westfalen, und Wolfgang Clement, der Chef der NRW-Staatskanzlei, die den Wiener Opernball besuchten, für eine kurze Stippvisite ins Haus. Nach der Begrüßung führte Tobias Netter sie durch das Museum, erklärte das Konzept und stellte die gerade aktuelle Ausstellung vor. Anschließend wurden im Museumscafé, das wir nach unserer Eröffnungsausstellung »Café Teitelbaum« genannt hatten, ein Glas Champagner kredenzt und die üblichen Artigkeiten ausgetauscht. Ich überreichte Kataloge des Museums und bedankte mich für den Besuch. Daraufhin schnippte Johannes Rau mit den Fingern und ein im Hintergrund wartender Referent überreichte ihm drei Bücher, die offensichtlich als Gegengeschenk für mich gedacht waren. Rau drückte sie mir in die Hände – und ich glaubte, meinen Augen nicht trauen zu können. Zwei der drei Bücher stammten aus meiner Feder. Als er meine Verblüffung bemerkte, warf er einen Blick auf die Titel und bemerkte das Mißgeschick, das ihm unterlaufen war. Beide brachen wir in Lachen aus. Rau entschuldigte sich für den Fauxpas und versicherte, diese Peinlichkeit werde ihm eine Lehre sein.

Der Abschied. Der Vertrag, den ich 1993 mit der Stadt Wien geschlossen hatte, sah eine unbefristete Anstellung vor. Theoretisch hätte ich also so lange bleiben können, wie ich wollte. Von Anfang an hatte ich aber keinen Zweifel daran gelassen, daß ich nur für eine befristete Zeit zu bleiben gedachte. Mit Abschluß der Gründungs- und Aufbauphase, das hatte ich bei Vertragsunterzeichnung ausdrücklich erklärt, würde ich die Verantwortung in andere Hände geben. Der Entschluß, das Amt niederzulegen, um mich wieder verstärkt meinen Aufgaben in Potsdam zu widmen, kam dann jedoch schneller als vorgesehen.

Zwei Gründe spielten dabei eine Rolle. Einmal waren die Verhandlungen gescheitert, das Direktorenamt mit mehr Kompetenzen auszustatten. Wesentlicher aber war vermutlich noch, daß im Frühherbst 1996 bei den Wiener Kommunalwahlen die SPÖ ihre absolute Mehrheit verloren hatte und mit der ÖVP koalieren mußte. Das wiederum hatte zur Folge, daß Ursula Pasterk ihr Amt als Kulturstadträtin an Peter Marboe von der ÖVP abgeben mußte. Die Umstände, unter denen die SPÖ ihre verdiente Kulturdezernentin in die Wüste schickte, waren wenig schön. Eine gewisse Brutalität, die sehr wienerisch ist, war dabei deutlich zu spüren.

Mit Ursula Pasterk verlor ich den politischen Rückhalt in Wien. Es zeichnete sich ab, daß ich mir Gedanken über meinen Abgang machen mußte. Die Gespräche, die ich führte, machten mir deutlich, daß das Interesse am Museum bei den Wiener Politikern nachließ. Mit Rachel Salamander, die im Museum eine Zweigstelle ihrer Münchener Literaturhandlung eingerichtet hatte, beriet ich, was zu tun sei. Wir waren uns in der Einschät-

Johannes Rau (2. v. l.) und Wolfgang Clement (3. v. l.) während einer Führung durch das Jüdische Museum

zung einig, daß unsere Zeit abgelaufen war und wir uns als die ungeliebten »Piefkes« auf einen geordneten Rückzug einzustellen hatten. Anfang Februar 1997 teilte ich deshalb den Museumsverantwortlichen mit, daß ich Ende des Jahres definitiv aus den Diensten des Museums ausscheiden würde. Gleichzeitig gab ich eine Mitteilung an die Presse, in der ich erklärte, daß der Aufbau des Jüdischen Museums abgeschlossen sei und ich mich künftig wieder anderen Aufgaben zuwenden wolle. Auf Nachfragen der Journalisten, die wissen wollten, ob es nicht vielleicht doch andere Gründe für mein Ausscheiden gebe, erklärte ich, daß ich in der Angelegenheit nichts mehr zu sagen hätte.

Bevor ich endgültig Abschied von Wien nahm, ging ich noch ein Thema an, über das meine Mitarbeiter und ich immer wieder gesprochen hatten. Wir dürften uns, so unsere Überlegungen, nicht davor drücken, uns mit der Erfahrung der Shoa auseinanderzusetzen. Bis zu diesem Zeitpunkt hatten wir das vermieden und waren wegen dieser uns selbst auferlegten Zurückhaltung häufig kritisiert worden. Insbesondere aus Kreisen der Israelitischen Kultusgemeinde (IKG) wurde diese Zurückhaltung immer wieder bemängelt. Wir hatten die Kritik hingenommen, akzeptierten sie aber nicht. Die Shoa, so argumentierten wir, sei zwar eine zentrale jüdische Erfahrung, ein jüdisches Museum in Österreich oder Deutschland sollte aber nach Wegen und Möglichkeiten suchen, diese traumatische Erfahrung so umzusetzen, daß nicht das Mißverständnis entstehen kann, die österreichisch-jüdische beziehungsweise deutsch-jüdische Beziehungsgeschichte habe automatisch in die Shoa münden müssen.

Die »Masken«-Ausstellung, die wir schließlich präsentierten, sensibel von der Chefkuratorin Heimann-Jellinek ins Werk gesetzt, war keine der üblichen historischen Ausstellungen zum Thema NS-Vernichtungspolitik, auch keine Dokumentation programmierter und organisierter Massentötungen, sondern der Versuch zu zeigen, auf welch menschenverachtende Weise die Nazis es verstanden, das Individuum auf ein reines Materialobjekt zu reduzieren. Die Botschaft, die durch Heimann-Jellineks Konzept vermittelt wurde, war klar und eindeutig.

Die Ausstellung, die zugegebenermaßen in ihrer Präsentation beklemmend wirkte, machte einige Furore, weil sie zum einen die Frage nach der Würde des Menschen stellte und zum anderen auf die Relativität und Brüchigkeit ethischer Normen in unserer Gesellschaft hinwies. Der Besucher verließ die Ausstellung mit einer sehr konkreten Vorstellung, was die Shoa gewesen war und wozu die Nazis fähig waren. Es war eine Erfahrung, die auf den nicht vorbereiteten Besucher wie ein Schock wirkte.

In der Ausstellung waren 29 Totenmasken von ermordeten KZ-Häftlingen zu sehen. Die Gipsabgüsse waren zusammen mit den in Spiritus aufbewahrten Totenschädeln der Wiener Israelitischen Kultusgemeinde erst Anfang der neunziger Jahre übergeben wurden. Fast fünfzig Jahre hatten sie zum Inventar der Anthropologischen Sammlung des Wiener Naturhistorischen Museums gehört. Der einstige Leiter der Sammlung, ein gewisser Dr. Josef Wastl, hatte die Schädel im Frühjahr 1942 beim Anatomischen Institut der Reichsuniversität Posen angefordert, einer »akademischen« Einrichtung, die damals eng mit den Verwaltungen der Vernichtungslager Auschwitz, Belzec und Majdanek zusammengearbeitet hat.

Das Masken-Projekt, zu dem die Künstlerin Valie Export fünf an öffentlichen Plätzen aufgestellte Stelen beigesteuert hatte, die an Vergangenheit und Gegenwart, an Leben und Tod erinnern sollten, erregte in der Stadt heftige Proteste. Von Pietät- und Geschmacklosigkeit war die Rede. Funktionäre der Gemeinde bestürmten uns bereits im Vorfeld, die Ausstellung nicht zu eröffnen, da die Totenruhe der Ermordeten verletzt werden könnte. Wir waren gezwungen, ein rabbinisches Unbedenklichkeitsvotum einzuholen. Bedenken gab es zwar, wir wurden aber nicht angehalten, die Ausstellung zu kippen. Zu danken hatten wir dies dem »Koscher«-Stempel des Wiener Oberrabbiners, der unsere Arbeit wohlwollend begleitete.

Vielen Kritikern mißfiel, daß die Masken-Ausstellung nicht das gewohnte Gedenken zelebrierte, sondern darauf abzielte, die Monströsität des Verbrechens dem Besucher erfahrbar zu machen. Der Journalist Joachim Riedl beschrieb zutreffend den Kern des Problems. In der *Süddeutschen Zeitung* merkte er an, die Ausstellung sei weder Geschichtsstunde noch Schreckenskabinett, »sondern eine unmittelbare Begegnung mit dem Tod«.

Mit meinem bevorstehenden Abschied aus Wien verband ich die Realisierung eines lange gehegten Traumes. Schon von Anbeginn meiner Tätigkeit spielte ich mit dem Gedanken, zum 150. Geburtstag Max Liebermanns eine Ausstellung vorzubereiten. Die von Liebermann porträtierten großbürgerlichen Lebenswelten haben mich schon als Heranwachsender fasziniert; wahrscheinlich hing das mit einer Familienvorliebe zusammen, die auf meinen Vater zurückgeht. Dieser hatte von Liebermann 1934 ein Pastell-Bild zur Verfügung gestellt bekommen, das er einem Band mit »Kriegsbriefen gefallener jüdischer Frontsoldaten« als Frontispiz voranstellte.

Bestärkt in dem Vorhaben, in Wien eine Liebermann-Ausstellung zu realisieren, wurden wir durch die Überzeugung, dem Wiener Geschmack würden die Bilder des Berliner Malers gefallen, insbesondere jene, auf denen Biergärten und Stadtcafés zu sehen sind, aber auch solche, auf denen Freizeitvergnügungen der sogenannten besseren Gesellschaft vor dem Ersten Weltkrieg festgehalten werden, also Aufenthalte am Meer, Reiten, Polo und Tennis. Im Wien der neunziger Jahre waren diese Bilder so gut wie unbekannt. Unsere Recherchen ergaben, daß Liebermann-Werke zuletzt 1937 ausgestellt worden waren.

Die Ausstellung wurde von Tobias Natter und mir gemeinsam vorbereitet. Ab dem Frühjahr 1997 waren wir unterwegs, um in Hamburg, Hannover, Berlin, Köln und Essen Bilder zu besichtigen und Leihbegehren vorzutragen. Eine Zusage zu bekommen war nicht immer ganz einfach, weil so mancher Museumsdirektor »seinen« Liebermann nur unter einigem Zureden herausgeben wollte. Regelmäßig fragten wir, wie und unter welchen Umständen das gewünschte Bild in die jeweilige Sammlung gekommen sei. Es war höchst interessant, wie ausweichend man uns oft antwortete beziehungsweise wie mancher Museumsdirektor abzuwiegeln bemüht war.

Uns war bekannt, daß einige der von uns angewählten Bilder unmittelbar nach 1945 unter dubiosen Umständen in die Depots der Museen gelangt waren. Unsere Fragen wurden durchaus verstanden. Schwierigkeiten bekamen wir nur in ganz wenigen Fällen, in der Regel waren die Museen bereit, uns »ihre« Liebermann-Bilder auszuleihen. Das war insofern nicht selbstverständlich, als andere Häuser im Jubiläumsjahr ebenfalls bemüht waren, Gemälde des Künstlers auszuleihen.

Wieder, wie schon bei der MOPP-Ausstellung, stellte sich die Frage, warum wir einen Maler ausstellten, bei dem außer der jüdischen Herkunft und seinem Bekenntnis zum Judentum kein jüdisches Motiv im Werk feststellbar ist. Wir entschieden uns dafür, den Sammler Liebermann vorzustellen. Damit umgingen wir das Problem, uns mit der Frage auseinandersetzen zu müssen, ob Liebermann ein »jüdischer« Maler gewesen ist.

Wir stellten also die von Liebermann gesammelten französischen Impressionisten in den Mittelpunkt, Werke von Manet, von Degas, Cézanne, Renoir, Daumier und Monet. Früher hatten diese Bilder in Liebermanns Haus am Pariser Platz nächst dem Brandenburger Tor in Berlin und in seiner Villa am Wannsee gehangen und waren – wie auch sein eigenes Werk – nach der Machtergreifung durch die Nazis beschlagnahmt und in alle Welt zerstreut worden.

Wir waren bemüht, für unsere Ausstellung, der wir den Titel »Max Liebermann und die französischen Impressionisten« gegeben hatten, die Impressionisten-Sammlung Liebermanns zumindest teilweise zu rekonstruieren und im Katalog so weit wie möglich zu dokumentieren und so dem Besucher zu zeigen, in welchem Maße Max Liebermanns Stil von den französischen Impressionisten beeinflußt war. Mit Blick auf die von ihm so geliebten Franzosen hatte Liebermann bekanntlich einmal erklärt, seine Malerei sei »nicht besser, nicht schlechter, nur [eben] anders«.

Für die Ausstellung hatten der deutsche und der österreichische Bundespräsident, Roman Herzog und Thomas Klestil, gemeinsam den »Ehrenschutz« übernommen. Wir eröffneten Anfang November 1997. Die Veranstaltung war ein glanzvolles Ereignis. Reden wurde gehalten, Briefe wurden verlesen, so unter anderem vom österreichischen Bundespräsidenten, der sich für meinen »jahrelangen, erfolgreichen Einsatz« für das Jüdische

Museum bedankte: »Sie haben das Palais Eskeles zu einem wichtigen Kultur- und Kunstzentrum sowie zu einer besonderen Stätte der Begegnung in unserer Stadt gemacht.« Ich wiederum verabschiedete mich von den Mitarbeitern und den Freunden des Museums, zugegebenermaßen leicht wehmütig gestimmt, mit den in Wien geflügelten Worten des legendären Kaisers Franz Joseph: »Es war sehr schön, es hat mich sehr gefreut!«

Jüdisches Leben im Nachkriegsdeutschland

Wenige Monate nach seiner Befreiung aus dem KZ Theresienstadt bemerkte Rabbiner Leo Baeck, einer der führenden Repräsentanten des deutschen Vorkriegsjudentums: »Für uns Juden aus Deutschland ist eine Geschichtsepoche zu Ende gegangen. Eine solche geht zu Ende, wann immer eine Hoffnung, ein Glaube, eine Zuversicht endgültig zu Grabe getragen werden muß. Unser Glaube war es, daß deutscher Geist und jüdischer Geist auf deutschem Boden sich treffen und durch ihre Vermählung zum Segen werden können. Dies war eine Illusion – die Epoche der Juden in Deutschland ist ein für alle Mal vorbei.«

Diese zutiefst pessimistische Prophezeiung Leo Baecks ist nicht in Erfüllung gegangen. Schon unmittelbar nach Kriegsende strömten Tausende von Juden aus Osteuropa, die die Vernichtungslager überlebt hatten, aus Angst vor Pogromen in die westlichen Besatzungszonen, wo sie in DP-Lager wie Föhrenwald, Straubing oder Landsberg eingewiesen wurden. Sie waren Gestrandete, DPs (Displaced Persons), die das Nachkriegsdeutschland als Durchgangsstation auf dem Weg nach Palästina oder in Länder wie die Vereinigten Staaten, Australien oder Brasilien ansahen. Sie nannten sich selbst »Sche'erith Haplejta«, was soviel heißt wie »Rest der Geretteten«.

Welche Schwierigkeiten die meisten der DPs damit hatten, auf deutschem Boden zu leben, läßt ein Artikel im jiddischen Münchener »DP-Express« vom Oktober 1946 erahnen: »D getroimte alija [Auswanderung] ken Eretz Jisroel [nach Palästina] is noch nit mekujem geworn [hat sich nicht verwirklicht]. Di farscholtene dajtsche erd [die verfluchte deutsche Erde] hot sich farwandelt in an zaitwajlikn heijm [eine vorübergehende Heimstätte] far di jidische masn ... Es wolt gewen absurd, as jidn [Juden] soln zulegn a hant [helfen] zum wiederoifbau fun Daitschland.«

Die New Yorkerin Ruth Gay, Ehefrau des bekannten Kulturhistorikers Peter Gay, beschreibt in ihrem Buch *Das Undenkbare tun*, wie schwer es für Juden unmittelbar nach Kriegsende war, auf deutschem Boden zu leben, wie sich aber dennoch in den von den Alliierten eingerichteten DP-Lagern eine blühende Kultur entwickelte – mit Theater- und Musikgruppen und lebendigem politischen Leben. Neu gegründete Zeitungen und Zeitschriften, die teilweise auf hohem Niveau arbeiteten, aber meist sehr kurzlebig waren, trugen Namen wie *Hemshekh* [Fortbestand], *Jidisze Cajtung* oder *Undzer Weg*.

Rachegefühle und Verzweiflungstaten bestimmten vielfach das Alltagsleben der aus Osteuropa stammenden Juden im »Land der Täter«. Da gab es zum Beispiel die Gruppe »Nakam« um Abba Kovner, einen der Anführer des bewaffneten Aufstandes im Wilnaer Ghetto, die den Plan faßte, die Wasservorräte in Nürnberg zu vergiften. Oder den Fall eines polnischen Juden, der, im sicheren Hafen der amerikanischen Zone, von seinen Erinnerungen eingeholt, von Zeit zu Zeit von einem Wutanfall gepackt wurde und wahllos auf jeden einschlug, der in seine Nähe kam.

Fälle wie diese waren hilflose Versuche, mit den quälenden Erinnerungen fertig zu werden. Man wehrte sich, ahnte aber gleichzeitig, daß man niemals dieser Welt angehören würde, und wollte es auch nicht. Mit den wenigen deutschen Juden, die überlebt oder nach Deutschland zurückgekehrt waren, gab es kaum Berührungspunkte. Die DPs blieben der Welt der Lager verhaftet, und nur wenige fanden den Weg in die deutsche Gesellschaft. Von den rund 250 000 bis 300 000 aus Osteuropa stammenden DPs haben sich nur rund 15 000 für ein weiteres Verbleiben in Deutschland entschieden.

Aber auch die deutschen Juden, die das Grauen der Lager überstanden, in privilegierter Mischehe überlebt hatten oder aus dem Exil zurückgekommen waren, hatten Schwierigkeiten, sich in der Nachkriegsgesellschaft zurechtzufinden. Die Gesellschaft verhielt sich ihnen gegenüber ablehnend bis feindlich. Im Wuppertaler Gemeindeblatt erschien zum Beispiel im Mai 1947 unter der Überschrift »Es hat sich nichts geändert« eine zutiefst pessimistische Einschätzung der Situation: »Stellen wir uns vor,

Deutschland wäre nicht besetzt, dann wären Pogrome an der Tagesordnung ...«

Daß solche Einschätzungen nicht übertrieben waren, dafür gibt es eine Reihe von Beispielen. Da wird ein aus einem Konzentrationslager befreiter Häftling, der noch Lagerkleidung trägt, nach der Rückkehr in seine Heimatstadt auf der Straße angepöbelt. Oder ein Rückkehrer aus dem Exil macht die Erfahrung, daß nach wie vor alte Nazis in wichtigen Stellungen sitzen, daß es teilweise dieselben Beamten sind, die einige Jahre zuvor die Ausbürgerung verfügt hatten, die jetzt über die Anträge zur Wiedereinbürgerung entscheiden. Für diejenigen, die sich nach 1945 der Prozedur einer solchen Beantragung unterziehen mußten, war das vielfach geradezu ein Schock.

Von den rund 230 000 deutschen Juden, die nach 1933 auswandern konnten, ist nur ein Bruchteil von vorwiegend älteren Menschen zurückgekehrt. Meist waren es Menschen, die in ihrem Einwanderungsland weder wirtschaftlich noch kulturell hatten Fuß fassen können und sich deshalb entschlossen, in ihre Heimatorte zurückzukehren. Zur Remigration hätten sich gewiß mehr entschlossen, wenn ein Bundespräsident oder Bundeskanzler in den ersten Nachkriegsjahren die ehemaligen deutschen Juden expressis verbis zur Rückkehr eingeladen hätte. Eine solche Geste hat es bekanntlich nicht gegeben.

Remigrantenzweifel. Mein Vater entschloß sich 1946, nach Deutschland zurückzukehren. Er wußte zwar, daß vom deutschen Judentum so gut wie nichts geblieben war und er nicht einmal die Gräber seiner Eltern finden würde. Er entschied sich dennoch für die Rückkehr, weil er der Ansicht war, schicksalsmäßig gehöre er nach Deutschland. An Max Brod schrieb er am 18. April 1946: »Nichts verbindet mich mit Schweden, noch weniger mit Amerika, und Palästina ist mir kein Schicksal geworden. Jeder fällt ja seine Entscheidungen selber. Ich ziehe meiner ganzen Lebensstimmung nach das Leben in den Ruinen der komfortablen schwedischen Luxusexistenz vor.«

Natürlich hat sich mein Vater Gedanken darüber gemacht, ob es richtig war, in das »Land der Mörder« zurückzukehren. Es existieren zahlreiche Tagebuchnotizen und Briefe, die belegen, daß er es sich bei seiner Entscheidung nicht leicht machte und bemüht war, für sich selbst eine Antwort auf die ihn quälende Frage zu finden, ob nach all dem, was geschehen war, eine Rückkehr nach Deutschland opportun sei oder nicht. An seinen Vetter Heinz Frank in Kanada zum Beispiel schrieb er Ende 1946, daß das »furchtbare Schicksal der europäischen Judenheit« nicht bagatellisiert werden dürfe, daß aber die Geschehnisse kein »zwangsläufiger Wesensausdruck eines vorgeblichen deutschen Volkscharakters« und schon gar nicht das zu »erwartende Resultat der deutsch-jüdischen Symbiose« seien, sondern das »tragische Ergebnis einer Häufung unglückseliger Zufälle«. Er habe sich entschieden, nach Deutschland zurückzukehren, weil der Raum, in dem die Gräber seiner Vorfahren liegen – von Neuenburg bei Graudenz bis Burg bei Magdeburg – das Land sei (»in jedem physischen und metaphysischen Sinne«), »in dem ich leben und in dem ich begraben liegen will«.

Was die in den ersten Jahren nach Kriegsende heftig diskutierte Schuldfrage betraf, argumentierte mein Vater, daß es für ihn keine Kollektiv-, sondern nur eine Individualschuld gebe. Das deutsche Volk, schrieb er Ende 1946 an Schalom Ben Chorin nach Jerusalem, sei zwar von einem »Strafgericht biblischen Ausmaßes« getroffen worden, aber das ändere nichts daran, daß es eine »Gesamtschuld« nicht gibt, nicht geben kann, »weder juristisch, noch politisch, noch metaphysisch«. Mein Vater mußte so argumentieren, weil er sonst vor sich selbst nicht hätte begründen können, warum er mit seinen beiden Kindern in das Nachkriegsdeutschland zurückkehrte. Doch war er sich sein Leben lang unsicher, ob er damals die richtige Entscheidung getroffen hatte. Ich kann mich an zahlreiche Gespräche erinnern, bei denen Zweifel durchschimmerten. »Was soll werden?«, pflegte er zu sagen und spielte mit dieser Formulierung, die ich immer als sehr jüdisch empfunden habe, auf die quälenden Selbstzweifel an.

Als in einer üblen Kampagne Ende der sechziger, Anfang der siebziger Jahre meinem Vater unterstellt wurde, in den Jahren 1933 und 1934 mit den Nazis gemeinsame Sache gemacht zu

Mein Vater, Hans-Joachim Schoeps, um 1970

haben, zerbrach etwas in ihm. Der Berliner *Tagesspiegel*, respektive sein damaliger Verleger, ein gewisser Franz Karl Maier, setzte sich an die Spitze derer, die meinten, meinen Vater als Parteigänger Hitlers und der Nazis überführen zu können. Andere sprangen auf den Zug auf und bezeichneten ihn als einen »jüdischen Obersturmbannführer«, einen »intellektuellen Handlanger des Nationalsozialismus«, den man einsperren, zumindest aber seiner Professur in Erlangen umgehend entheben müsse. Der Hintergrund für die Attacken waren nicht die politischen Stellungnahmen meines Vater Anfang der dreißiger Jahre, die seine Kritiker nicht begriffen oder nicht begreifen wollten, sondern seine Kritik des Zeitgeistes der sechziger Jahre. Mit der allgemeinen Stimmung, die zu dieser Zeit von aufbegehrenden Studenten und mit ihnen sympathisierenden Intellektuellen geprägt war, konnte er nicht viel anfangen. Er war davon überzeugt, würden die politisch Verantwortlichen nicht Maßnahmen gegen bestimmte Auswüchse treffen, würde das Land in Chaos und Anarchie versinken.

Mein Vater litt sehr unter der allgemeinen Geschichtsvergessenheit. In Publikationen wie *Deutschland droht die Anarchie* beklagte er den niedrigen Bildungsgrad der »Journaille«, die er insbesondere für den Niedergang der politischen Kultur verantwortlich machte. Wiederholt kritisierte er das unhistorisch Denken, die Unfähigkeit, zwischen konservativ und reaktionär zu unterscheiden. Ihn schmerzte, daß sein Bekenntnis zu Deutschland, das er als das Bekenntnis eines deutschen Juden begriff, mißverstanden wurde.

In ohnmächtiger Wut schrieb er Entgegnungen, wobei er sich mitunter im Ton vergriff. Diese Entgegnungen zeigten ebensowenig Wirkung wie seine Versuche, über einen Rechtsanwalt Gegendarstellungen in den Zeitungen zu erzwingen. Man wollte nicht hören, was er zu sagen hatte. In dem aufgeheizten Klima der Endsechziger waren sein Denken und die Position, die er in den dreißiger Jahren eingenommen hatte, nicht mehr vermittelbar. In der veröffentlichten Meinung war das Urteil bereits gefällt: Hans-Joachim Schoeps war und ist ein jüdischer Nazi.

Mein Vater, der gerne austeilte und auch gegenüber vermeintlichen und wirklichen Gegnern nicht gerade zimperlich war, wenn es darum ging, Position zu beziehen, sah im vorliegenden Fall die in den Medien gegen ihn inszenierte Hetze als eine Form von latentem Antisemitismus. Ob zu Recht oder nicht, mag dahingestellt sein. In jenen Jahren fing er jedenfalls laut an, darüber nachzudenken, ob die Entscheidung zur Rückkehr nach Deutschland nicht vielleicht doch eine falsche gewesen sein könnte.

In einer Broschüre *Rufmord 1970*, auf eigene Kosten gedruckt, um gegnerische Einlassungen und Entgleisungen zu dokumentieren, erinnerte mein Vater an die Bemerkung eines Freundes in Schweden, der ihn 1945 gewarnt hatte, nach Deutschland zurückzukehren: »Überlegen Sie sich das, ob Sie nicht die Deutschen zu sehr idealisieren. Bei einem Volk, das in seiner großen Mehrheit Hitler zugejubelt hat, ist die Niedertracht vielleicht doch zur zweiten Natur des Menschen geworden.«

Die Zweifel meines Vaters verstärkten sich, als Mitte der siebziger Jahre sein Erlanger Lehrstuhl für Religions- und Geistesgeschichte, der 1947 als eine Art »Wiedergutmachungslehrstuhl« eingerichtet worden war, eingezogen und zu einem Konkordatslehrstuhl umgewidmet werden sollte. Mein Vater empfand das als einen gegen ihn, den ungeliebten jüdischen Remigranten, persönlich gerichteten Akt, bewußt darauf angelegt, sein Lebenswerk zu zerstören.

In gewisser Weise hatte er Glück, nicht mehr miterleben zu müssen, daß die von ihm in drei Jahrzehnten mit bescheidenen Mitteln aufgebaute Seminarbibliothek 1994 aufgelöst und an ein Frankfurter Antiquariat verkauft wurde. Er hätte das vermutlich als den ultimativen Affront empfunden, als den Beweis dafür, daß von Anfang an daran gedacht war, möglichst schnell die Spuren seines Wirkens an der Erlanger Universität zu tilgen. Vielleicht wäre mein Vater sogar zu dem Schluß gekommen, daß doch ein innerer Zusammenhang zwischen dem Verbringen der von ihm aufgebauten Seminarbibliothek und der »Bücherverbrennung« der Nazis besteht. Eine unzulässige Gedankenspielerei? Mag sein. Die nachgelassenen Texte meines 1980 verstorbenen Vaters sprechen ihre eigene unmißverständliche Sprache und machen deutlich, daß er sehr unter der Front der Ablehnung gelitten hat, auf die er in seinen späten Lebensjahren stieß.

Krieg im Nahen Osten. Mein Judentum wurde mir in gewisser Weise erst Anfang Juni 1967 wieder bewußt, zu Beginn des sogenannten »Sechstagekrieges«, der damals die Öffentlichkeit in Deutschland aufschreckte. In diesen Tagen, in denen anfänglich nicht klar war, wie der Krieg ausgehen würde, verfolgte ich aufmerksam die Nachrichten. Würde es Israel gelingen, den Gegner zurückzuwerfen? Oder würden die israelischen Stellungen von den arabischen Armeen überrannt und der jüdische Staat von der Landkarte ausgelöscht werden?

Die Situation war damals brenzlig. Ägypten, Jordanien und Syrien hatten in einer koordinierten Aktion 250 000 Mann, über 2000 Panzer und 700 Jagdflugzeuge und Bomber an den Grenzen Israels zusammengezogen. Die UN-Truppen waren bereits zuvor auf Verlangen des ägyptischen Staatspräsidenten abgezogen worden, und die arabischen Politiker, an ihrer Spitze der ägyptische Staatschef Nasser, sprachen offen über die bevorstehende Vernichtung Israels. Die zunehmende Bedrohung hatte bekanntlich zur Folge, daß Israel am 5. Juni 1967, einem Montag, einen Präventivschlag führte. Israelische Flugzeuge flogen am Morgen Angriffe auf die ägyptische Luftwaffe, wenig später auf die jordanische Luftwaffe und deren Flugplätze. Am Abend des zweiten Kriegstages waren 416 arabische Flugzeuge zerstört worden, davon 393 am Boden. Gleichzeitig rückten israelische Bodentruppen auf dem Sinai vor, andere Einheiten gingen gegen angreifende jordanische und irakische Verbände in Stellung.

In jenen Tagen, so ist mir noch gut in Erinnerung, besuchte ich, voll böser Ahnungen und Befürchtungen, eine Veranstaltung in der Berliner Hochschule der Künste am Steinplatz, bei der Günter Grass für die Unterstützung Israels warb. Ich weiß noch, daß ich zutiefst aufgewühlt war. Die Welle der Solidarität für das von den arabischen Staaten angegriffene Israel, die durch den Saal schwappte, beeindruckte mich außerordentlich. Ich war in diesem Augenblick stolz darauf, Jude zu sein und einem Volk anzugehören, das sich nicht wie Vieh zur Schlachtbank treiben ließ, sondern sich mit Waffen gegen die drohende Vernichtung zur Wehr setzte. Doch die Sympathien, die Israel zunächst entgegengebracht wurden, waren nur von kurzer Dauer. Die Linke in Deutschland, die Frantz Fanon, Che Guevara, Fidel Castro und Ho Tschi Minh als ihre Idole ansah und von einem Aufstand der Dritten Welt gegen das angebliche kapitalistische Ausbeutersystem träumte, wechselte bald in das Lager der Israel-Gegner. Der Judenstaat wurde als ein imperialistisches Unternehmen angesehen und der Kampf der Palästinenser als Befreiungskampf definiert. Selbst ein Mann wie Günter Grass, der zunächst auf der Seite Israels stand, hat sich in das Lager der Kritiker verabschiedet. Als im Golf-Krieg der Irak Langstreckenraketen auf Tel Aviv abfeuerte, nahm er das achselzuckend hin, wie er später auch meinte, die Schuld für den Terroranschlag auf das World Trade Center müsse in der Politik der Israelis gesucht werden. Die Lage im Nahen Osten werde sich erst dann ändern, wenn Israel endlich dazu gebracht werde, seine Unterdrückungspolitik gegenüber den Palästinensern aufzugeben. Israel, so Grass, müsse künftig auf die Besitznahme palästinensischen Bodens verzichten, einen Vorgang, den der Literaturnobelpreisträger einen »kriminellen Akt« nennt. Würde, so meint er, von dieser Politik nicht Abstand genommen, so sei zu befürchten, daß immer neue Bin Ladens nachwachsen.

Aber zurück zum Sechstagekrieg 1967. Dieser veränderte mein Leben von Grund auf. Ich nahm mir zwar nicht vor, wie viele andere, nach Israel überzusiedeln, begann aber, mich zu fragen, was mein Judesein mit dem Staat Israel zu tun hatte. War die Gründung des Staates Israel die Folge des gescheiterten Assimilationsprozesses? Zunehmend beschäftigten mich die Ursachen und Gründe des Nahostkonfliktes, und damals begann ich die Schriften von Leon Pinsker, Isaak Rülf und Theodor Herzl zu studieren, den drei Wegbereitern der jüdischen Nationalstaatsidee.

Das Land, in dem die »Jeckes« leben. Bereits als kleiner Junge hatte ich eine sehr reale Beziehung zu Israel. Von dort trafen in regelmäßigen Abständen Briefe ein, auf denen bunte, fremdartig anmutende Briefmarken prangten, die mich schon ihrer Motive wegen faszinierten. Wie jeder Junge, der begeistert alles sammelt, was ihm in die Finger gerät, freute ich mich auf jeden Brief aus Israel und war bemüht, in den Besitz der Briefmarken zu kommen. Gelang mir das (was nicht einfach war, weil es auch andere Interessenten gab), machte ich mich daran, die Briefmarken auszuschneiden, sie im Badezimmer vom Papier zu lösen und zwischen zwei Löschblättern in den Schulheften zu trocknen. Ich war sehr stolz darauf, in meiner Sammlung einige Stücke zu besitzen, um die mich meine Klassenkameraden beneideten. Ich habe damals manches gute Tauschgeschäft gemacht.

Mit den Briefmarken verbinde ich noch eine andere Erinnerung. Am Tage meiner Barmitzwah wurde mir ein Brief überreicht, dessen Absender mir nichts sagte. Es war, wie sich beim Öffnen herausstellte, ein Gratulationsschreiben des damaligen israelischen Postministers Josef Burg. Dem Brief, in dem mir der aus Dresden stammende Burg alles Gute zur Aufnahme in den Kreis der Erwachsenen wünschte, lag eine Kollektion aller bis dahin erschienenen Briefmarken des jungen Staates Israel bei. Wer dieser Herr war, der dem Barmitzwah-Jungen im Nachkriegsdeutschland zwei Dutzend Briefmarken als Geschenk schickte, wußte ich damals nicht. Fünfunddreißig Jahre später holte mich die Angelegenheit wieder ein, wenn auch auf eine Art, die ich nicht erwartet hätte. Burg war Ehrengast einer Veranstaltung in irgendeiner Stadt in Deutschland und ich wurde ihm dort vorgestellt. Er sah mich an, dachte einen Augenblick nach und fragte dann zu meiner Überraschung, ob ich vielleicht der kleine Junge sei, dem er vor vielen Jahren als Postminister Briefmarken zur Barmitzwah geschickt hätte. Damals begann ich zu verstehen, wieso Josef Burg ein »Elefantengedächtnis« nachgesagt wurde.

Den Boden Israels betrat ich zum ersten Mal 1972 im Rahmen einer Reise mit Duisburger Studenten. Ich weiß noch, wie ich damals die betörenden Gerüche blühender Apfelsinenbäume wahrnahm, das Zirpen der Grillen und das monotone Geräusch plätschernder Meereswellen am Strand. Einer der Gründe, warum ich seit diesem ersten Israel-Besuch allein oder mit meiner Frau immer wieder dorthin fliege, hängt mit diesen ersten Eindrücken zusammen, die mein Bild von und meine Einstellung zu dem Land in starkem Maße bis heute bestimmen.

Denke ich an Israel, dann kommen mir nicht nur Gerüche, Geräusche und Farben in den Sinn, sondern auch die Gesichter von Menschen, denen ich im Lauf der Jahre begegnet bin. Meist waren es »Jeckes«, Juden also, die aus Deutschland oder Österreich stammten. Dazu gehört auch meine Verwandtschaft, die seit 1934 in Tel Aviv in der Rehov Dizengoff lebt und die ich ab und zu dort besuche. Paul Schoeps, ein Großonkel, ist ein typischer »Jecke«. Seit mehr als sechzig Jahren lebt er im Land, wirkt aber, als sei er gerade angekommen.

Einer der Menschen, mit denen mich eine jahrzehntelange Freundschaft verband, war Walter Grab. Ich lernte ihn Mitte der siebziger Jahre in Tel Aviv lernen, wo er das Institut für Deutsche Geschichte leitete. Er war ein großer und korpulenter Mann, der es liebte, zu essen und zu trinken, zumal dann, wenn er nicht selbst bezahlen mußte. Sein Spezialgebiet waren die Freiheitsbewegungen in Deutschland, die verkörpert werden durch Männer wie Saul Ascher, Eulogius Schneider, Wilhelm Schulz Friedrich Wilhelm von Schütz, Andreas Riem oder Heinrich Heine und Ludwig Börne.

Walter Grab war äußerst umgänglich, ein Meister der scharfsinnigen Anekdote, der zudem ein außerordentlich gutes Gedächtnis besaß. Das merkten diejenigen, die mit ihm zusammensaßen und davon überzeugt waren, sie wüßten etwas besser als er. Da es kaum ein Datum gab, das ihm nicht präsent war, hatten diejenigen keine guten Karten, die sich mit ihm anlegten. Wer ihn und seine Frau Ali in seiner Wohnung in der Rehov Gordon in Tel Aviv besuchte, der verließ ihn in der Überzeugung, einen interessanten Nachmittag oder Abend verbracht zu haben.

Grabs Leben verlief nicht geradlinig. Im Alter von 19 Jahren hatte er Wien auf der Flucht vor den Nazis verlassen müssen. Er rettete sich nach Palästina, wo er sich als Handwerker betätigte und sich und seine Eltern dadurch ernährte, daß er Ledertaschen verkaufte, die sein Vater zusammennähte. Zu studieren begann er erst Ende der fünfziger Jahre, zunächst in Tel Aviv, dann in Hamburg. Er war sehr stolz darauf, ein Schüler Fritz Fischers zu sein, bei dem er 1966 mit einer Arbeit über »Demokratische Strömungen in Hamburg und Schleswig-Holstein zur Zeit der ersten Französischen Republik« promovierte.

Walter Grab war ein begnadeter Vortragender, der überallhin eingeladen wurde. Es war schwer, sich mit ihm zu verabreden. Er blätterte in seinem Kalender, über die Seiten geneigt, und meinte, man könne sich bei einem Zwischenaufenthalt auf einem Bahnhof irgendwo in Deutschland treffen. Zeit hatte er fast nie, weil er immer gerade unterwegs war zu irgendeiner Vortragsverpflichtung. Auf die Frage, ob ihm das nicht manchmal etwas zu viel sei, pflegte er zu antworten, er habe etwas nachzuholen. Verschmitzt lächelnd erklärte er, früher habe er Ledertaschen verkauft, jetzt verkaufe er Vorträge: »Was ist der Unterschied zwischen einem Vortrag und einer Tasche? Eine Tasche kann man nur einmal verkaufen, dann ist sie weg. Aber einen Vortrag ...«

Eine andere Bekanntschaft war die mit Marianne und Leo Koppel. Marianne war die Sekretärin Grabs, während Leo Koppel für die Verwaltung des Instituts zuständig war. Von ihm habe ich viele Geschichten aus der Mandatszeit und den ersten Jahren nach der Staatsgründung in Erinnerung. Leo Koppel, der aus Krefeld stammte und aussah, wie man sich einen blonden Germanen vorstellt, war in der Mandatszeit zunächst Busfahrer bei dem Transportunternehmen Egged, dann, nach 1948, trat er in den Polizeidienst ein, wo er es zum höheren Polizeioffizier brachte. Er konnte wunderbar und höchst amüsant über sein Leben und die verschiedenen Berufe, die er ausgeübt hatte, erzählen.

Eine dieser Geschichten hatte zum Beispiel mit dem NS-Schreibtischtäter Adolf Eichmann zu tun. Leo Koppel war der zuständige Wachoffizier, der Eichmann während des Prozesses in Jerusalem regelmäßig in seiner Zelle aufsuchte. Aus Prinzip sprach Leo Koppel mit Eichmann nur Englisch, weil es ihm unangenehm war, sich mit ihm in seiner Muttersprache zu unterhalten. Eichmann spürte, daß Koppel aus Deutschland stammte, und versuchte ihn aus der Reserve zu locken, indem er ihn regelmäßig nur auf deutsch anredete. Leo Koppel beirrte das nicht weiter. Dadurch, daß er Englisch mit Eichmann gesprochen habe, so meinte er, sei es ihm gelungen, Distanz herzustellen, die notwendig war, um Eichmann gegenüberzutreten.

Über Alex Bein, der so stolz darauf war, Zionist und gleichzeitig fränkischer Landjude zu sein, habe ich schon in anderem Zusammenhang berichtet. Im Laufe unserer Zusammenarbeit an der Herzl-Edition haben wir uns sehr angefreundet. In seiner ebenerdigen Wohnung in der Jerusalemer Rechov Benjamin Mitudela ging ich ein und aus. Wenn ich abends kam, saß er meist schon in einem Lehnstuhl auf der Veranda, die Beine hochgelegt und bestürmte mich mit Fragen, bevor ich mich überhaupt gesetzt hatte.

Für einen Achtzigjährigen hatte Bein bemerkenswert tolerante Ansichten. Es gab kaum ein Thema, zu dem er nicht etwas zu sagen hatte und zu dem er sich nicht dezidiert äußerte. Wenn wir zum Beispiel auf das Drogenproblem zu sprechen kamen, dann plädierte er für die Freigabe, und zwar für eine vollständige. Meine Einwände wischte er mit der Bemerkung beiseite, daß das Drogenproblem nur dann mit Aussicht auf Erfolg bekämpft werden könne, wenn die Marktmechanismen außer Kraft gesetzt würden. Mit dieser Ansicht hatte er vermutlich Recht.

Auch der Fotograf und Historiker Nahum T. Gidal war jemand, den ich gerne aufsuchte. Mit ihm und seiner Frau Pia haben Uschi und ich manchen vergnüglichen Abend verbracht. Hinter Gidals bärbeißig-bayerischer Art, die manchmal geradezu landsknechthafte Züge hatte, verbarg sich eine sensible Seele. Von ihm, der mit dem Blick des Fotografen Geschichten hinter der Geschichte erzählte, habe ich gelernt, daß man Geschichte auch »anders« sehen kann.

Geradezu ein Beleg für das, was man Geschichte hinter der Geschichte nennen könnte, ist ein Schnappschuß, den Gidal 1928 oder 1929 in München, im Englischen Garten, machte. Die Fotografie, die Adolf Hitler in einer Gesellschaft biertrinkender Kumpane sitzend zeigt, macht deutlich, daß dieser offensichtlich spürte, daß eine Kamera auf ihn gerichtet war. Sein Kopf ist auf der Fotografie etwas zur Seite gewandt und seine Körperhaltung erinnert an ein Tier in der freien Wildbahn, das Witterung aufgenommen hat.

Rede auf einer Heinrich-Heine-Konferenz in Jerusalem, 2001

Für mich steht heute fest, daß das Israel, das mich in den vergangenen Jahrzehnten faszinierte und zu zahlreichen Besuchen anregte, vor allem das Israel der »Jeckes« war. Menschen wie Walter Grab, Marianne und Leo Koppel, Nahum Gidal und Ilse Walter verkörperten für mich die Welt des deutschen Judentums, das in Deutschland und Österreich nicht mehr existiert und auch in Israel immer weniger vorhanden ist. Oft frage ich mich, wann der letzte gestorben sein wird und die letzten Reste der Erinnerung an diese deutschsprachige Kultur verschwunden sein werden? Wird dann mein Interesse an Israel noch das gleiche sein? Ich fürchte nein.

Der Paria wird Parvenu. Schon während meiner Studentenzeit in den sechziger Jahren engagierte ich mich in der Berliner Jüdischen Gemeinde. Ich trat der Jüdischen Studentenvereinigung bei und ließ mich dort in den Vorstand wählen. Wenig später überredete mich Heinz Galinski, auf seiner Liste »Liberal-Jüdischer Block« als Kandidat für die Wahl zur Repräsentantenversammlung 1964 zu kandidieren. Es war ein aussichtsloser Platz, aber darauf kam es nicht an. Entscheidend war, daß ich Präsenz zeigte und meine Bereitschaft kundtat, in der Gemeinde mitzuarbeiten.

Meine Tätigkeit im Vorstand der Studentenvereinigung war nur von kurzer Dauer. Der Grund dafür war, daß die studentischen Konflikte auch auf die Jüdische Gemeinde durchschlugen. Wir gerieten uns darüber in die Haare, ob die Studentenvereinigung ein allgemeines politisches Mandat beanspruchen dürfe oder nicht. Ich war der Ansicht, das ginge nicht, da die Studentenvereinigung eine jüdische Studentenvereinigung sei, was konsequenterweise bedeute, daß sie sich nur in solchen Angelegenheiten zu Wort melden sollte, bei denen es um jüdische Belange gehe. Institutsbesetzungen an der FU, Anlaß der damaligen Debatte, gingen die Jüdische Studentenvereinigung nichts an. Die Auseinandersetzungen waren so heftig, daß ich schließlich meinen Rücktritt erklärte. Wenig später traten auch die restlichen Vorstandsmitglieder zurück.

Die Berliner Gemeinde, die sich in jenen Jahren hauptsächlich noch aus Vertretern des einstigen deutschen Judentums zusammensetzte, verstand sich als »Einheitsgemeinde«, was bedeutete, daß alle Richtungen von orthodox bis liberal ihren Platz unter ihrem Dach hatten. Die Streitigkeiten hielten sich weitgehend in Grenzen, da Heinz Galinski mit starker Hand regierte und alles tat, damit halbwegs friedliche Zustände in der Gemeinde herrschten. Mehr oder weniger hat das System Galinski funktioniert.

Das wurde erst anders, als sich im Verlauf der siebziger und achtziger Jahre die Mehrheitsverhältnisse änderten und osteuropäische Juden, die DPs und ihre Nachkommen, bei den Gremienwahlen Mehrheiten für sich gewinnen konnten. Das wiederum hatte zur Folge, daß nun Gemeindemitglieder den Ton angaben, die keine wirkliche Bindung zum Nachkriegsdeutschland hatten. Meist waren es Menschen, die damit kokettierten, auf »gepackten Koffern« zu sitzen. Der Typus des Spekulanten und Geschäftemachers bekam in den Gemeinden das Sagen. Dafür gibt es verschiedene Erklärungen. Am einleuchtendsten ist die von Hannah Arendt, die beschrieben hat, wie ein Niemand zum Jemand, oder, etwas präziser, wie der Paria zum Parvenu wird. Das wirkte sich so aus, daß in den Repräsentantenversammlungen und Vorständen größerer Gemeinden in der Mehrzahl bald zahlreiche Immobilienhändler und andere Vertreter saßen, denen es in erster Linie nicht um das Wohl der Gemeinde, sondern um den persönlichen Vorteil ging.

Was kriminelle Verstöße angeht, so stehen Juden zweifellos stärker im Rampenlicht als Nichtjuden. Das wurde zum Beispiel deutlich in den neunziger Jahren, als ein Mitglied des Vorstandes der Berliner Gemeinde in weitreichende Betrügereien in Zusammenhang mit Restitutionsangelegenheiten verstrickt war. In der Öffentlichkeit erregte das einige Aufmerksamkeit. Die Politiker jedoch taten so, als ginge die Sache sie nichts an. Die staatsanwaltlichen Untersuchungen wurden eingestellt, der Fall zu den Akten gelegt, was bei dem einen oder anderen Gemeindefunktionär Frohlocken auslöste und geradezu als Einladung zu weiteren Delikten verstanden wurde.

Ein tragisch-grotesker Fall war der des Werner Nachmann, der in seiner Funktion als Vorsitzender des Zentralrates der Juden in den achtziger Jahren »Wiedergutmachungsgelder« in Millionenhöhe unterschlug. Nachmann, ein mittelständischer Unternehmer aus Baden, der mit Schrott und Textilien handelte, war kein großes Licht. Unter normalen Umständen hätte er es allenfalls zum »stellvertretenden Protokollführer eines jüdischen Kegel- und Gesangvereines« (Henryk M. Broder) gebracht. Aber ihm wurde eine Rolle zugestanden, die er nicht ausfüllen konnte und der er nicht gewachsen war.

Werner Nachmann war das, was man einen Alibijuden nennt, die Verkörperung des Spießers, der von seiner eigenen Bedeutung überzeugt ist, weil er »umworben, hofiert, mit Verdienstkreuzen behangen, zu Kanzlerfesten eingeladen und von Ministern auf Auslandsreisen mitgenommen wird« (Henryk M. Broder). In früheren Zeiten wurde für diesen Typus die Bezeichnung »Hofjude« gebraucht. Damit wurde jemand beschrieben, der den Fürsten zu Diensten war, ihnen Geld beschaffte, Lieferantendienste leistete oder bei heiklen diplomatischen Missionen als Vermittler tätig war.

Nichts von alledem bei Werner Nachmann, der ehrerbietig nach allen Seiten buckelte, sonst aber nur sich selbst zu Diensten war. Er tat das Schlimmste, was ein Jude eigentlich tun kann, indem er sich an »Blutgeld« vergriff, an Geldern also, die als »Wiedergutmachung« für begangenes NS-Unrecht gedacht waren. Man könnte, wenn der Fall nicht so traurig wäre, es bei einigen spöttischen Bemerkungen belassen. So wurde der Fall Nachmann zu einen Lehrstück für das verquere deutsch-jüdische Verhältnis.

Der Sachverhalt war klar, das Geschehene eindeutig. Ein Jude, zufällig noch der führende Funktionär der jüdischen Gemeinschaft im Nachkriegsdeutschland, macht das Geschäft seines Lebens, und die nichtjüdische Mehrheitsgesellschaft reibt sich bei der Entdeckung der begangenen Gaunereien schadenfroh die Hände. Der einzige Wermutstropfen in dem Fall war nur, daß der Täter bei der Entdeckung der Unterschlagungen bereits das Zeitliche gesegnet hatte. Das war wohl auch der Grund, weshalb die Öffentlichkeit sehr schnell das Interesse an der Angelegenheit verlor.

An dem Fall hat mich immer irritiert, daß alle schwiegen. Wo das verschwundene Geld geblieben ist, wurde nie geklärt. Normalerweise hätte der Staatsanwalt tätig werden, vielleicht sogar eine Untersuchungskommission gebildet werden müssen, um zu prüfen, ob nicht auch ein Fehlverhalten derjenigen vorlag, die die Gelder ausbezahlt hatten. Sicher ist nur, daß im Fall Nachmann nicht alles mit rechten Dingen zugegangen ist. Alle Beteiligten waren interessiert, die Angelegenheit unter den Teppich zu kehren und Gras über die Sache wachsen zu lassen.

Holocaustidentität und Israelfixierung. Nicht nur das Fehlverhalten jüdischer Funktionäre und das Schweigen bundesdeutscher Politiker ist für den Chronisten irritierend. Auffallend ist auch, daß sich das Selbstverständnis der jüdischen Gemeinden merklich zu verändern begann. Verstand man sich nach 1945 noch in erster Linie als eine Religionsgemeinschaft, so trat später, vor allem nach dem Sechstagekrieg, eine Veränderung ein, die als ein Prozeß schleichender Historisierung und Dejudaisierung beschrieben worden ist. Judentum wird zwar verstärkt als Zugehörigkeit zu einer Gemeinschaft begriffen, jedoch ist nicht klar, was damit gemeint ist. Der Münchener Historiker Michael Wolffsohn bringt das Phänomen auf den Punkt, wenn er schreibt, die Juden in der deutschen Diaspora lebten heute ein »jüdisches Dasein ohne jüdisches Sein«. In der Regel, so Wolffsohn, sei die Mehrzahl der in Deutschland lebenden Juden »areligiöse Möchtegern-Juden«, die eine »tragisch absurde Existenz« führten.

Der gemeinsame Nenner, auf den sich die jüdische Gemeinschaft in Deutschland nach dem Sechstagekrieg verständigte, war die Erinnerung an die Shoa und das bedingungslose Bekenntnis zu Israel, wobei letzteres zunehmend den Stellenwert eines Dogmas annahm. In den Gemeinden wurden die Erinnerung an die Shoa und die Identifikation mit der israelischen Regierungspolitik geradezu zu einer Art Religionsersatz. Wer Zweifel äußerte, vielleicht sogar andere, abweichende Positionen vertrat, galt sehr schnell als Nestbeschmutzer, als Feind oder gar als jüdischer Antisemit.

Die Konsequenz dieser in den siebziger und achtziger Jahren

sich verstärkenden Entwicklung war, daß das Gemeindeleben sich in starkem Maße auf Israel auszurichten begann. Kinder und Jugendliche wurden nicht auf ein Leben in der Bundesrepublik, sondern auf die Alija, das heißt die Auswanderung nach Israel vorbereitet. Bei den Kulturveranstaltungen, sofern man sie überhaupt als solche bezeichnen kann, interessierten hauptsächlich israelische Folkloreabende und Israelbasare. Das Leben in Deutschland, so es überhaupt thematisiert wurde, spielte in der Kulturarbeit so gut wie keine Rolle mehr. Eine der Folgen war, daß zu den Folkloreabenden und Basaren weitaus mehr Besucher als zu den Gottesdiensten der Gemeinde kamen. Der Kölner Soziologe Alphons Silbermann, der das für eine fatale Entwicklung hielt, kritisierte die Gemeindeverantwortlichen und warf ihnen vor, ihren eigentlichen Aufgaben nicht mehr nachzukommen. Die Gemeinden, bemängelte er, würden nur noch als »Inkassostellen« des Staates Israel benutzt. Unnötig zu sagen, daß Silbermann zum Querulanten abgestempelt wurde.

Vor diesem Hintergrund bildeten sich in verschiedenen Städten »Jüdische Gruppen«, in denen sich Studenten, Intellektuelle und Unzufriedene aller Art sammelten, die nicht oder nur am Rande in das Gemeindeleben integriert waren. Ausgelöst durch den Libanonkrieg und die israelische Besatzungspolitik wurde die Politik Israels kritisiert, aber auch die Haltung jüdischer Repräsentanten, denen vorgeworfen wurde, sie betrieben eine Politik zum Nachteil der Juden in Deutschland.

Bei verschiedenen Tagungen, die zumeist in der im Taunus gelegenen Evangelischen Akademie Arnoldshain stattfanden, versuchten die Mitglieder dieser »Jüdischen Gruppen«, von denen die meisten aus dem Frankfurter Raum kamen, sich eine Position jenseits der Gemeinden und ihrer Politik zu erarbeiten. Das war nicht ganz einfach, weil die Teilnehmer dieser Treffen weltanschaulich aus den unterschiedlichsten Lagern kamen. Nächtelang wurde über das Verhältnis zu Israel diskutiert, gefragt, was jüdische Identität im Nachkriegsdeutschland bedeute und ob ein Zusammenleben von Juden und Deutschen – auch und gerade unter den Bedingungen der »Nicht-Normalität« – überhaupt möglich sei.

Im Gedächtnis geblieben ist mir eine Debatte, die eher eine beiläufige war, jedoch als sehr typisch gelten kann für das, was inhaltlich auf diesen Treffen diskutiert wurde. Wieso, lautete die heiß erörterte Frage, verschließt die nichtjüdische Umwelt vor der Normalität die Augen und idealisiert in einer geradezu peinlichen Art und Weise das jüdische Opfer, vor allem dann, wenn es prominent oder berühmt ist? Es war eine typisch jüdische Frage. Ihre Dimension ist mir damals jedoch nur teilweise aufgegangen.

Zu einem befriedigenden Ergebnis kamen wir nicht. Nach langem Für und Wider schlossen wir uns einer Einsicht der Philosophin Hannah Arendt an, die uns einleuchtete: »Es gibt nicht wenige, besonders unter den Gebildeten, die heute noch öffentlich die Tatsache beklagen, daß Deutschland Einstein aus dem Lande gejagt hat – ohne zu begreifen, ein wieviel größeres Verbrechen es war, Hänschen Kohn von nebenan zu töten, auch wenn er kein Genie war.«

Meine zunehmend kritischer werdende Haltung, bedingt zum einen durch die Mitarbeit in den »Jüdischen Gruppen«, zum anderen durch meine offen geäußerte Sympathie für »Schalom achschaw«, die Friedensbewegung in Israel, führten fast zwangsläufig zu einem Konflikt mit der Düsseldorfer Gemeinde. Ich saß dort Anfang der achtziger Jahre im Gemeinderat, in dem Glauben, etwas zum Wohle der Gemeindemitglieder bewirken zu können. Mein Irrtum war, anzunehmen, intellektuelle Positionen würden geschätzt. Das Gegenteil war der Fall.

Der Anlaß, der den Konflikt mit der Gemeinde offen ausbrechen ließ, war eine Erklärung jüngerer Juden, die ich mit unterzeichnet hatte. In dieser Erklärung, die im Ton vergleichsweise zurückhaltend, in der Sache aber unmißverständlich war, wurden Bedenken gegen den Einmarsch der israelischen Armee in den Libanon geäußert. Als meine Unterschrift bekannt wurde, setzte ein heftiges Rumoren ein. Selbst der selige Werner Nachmann schaltete sich ein. Für einen Nestbeschmutzer, wie ich einer sei, tönte er, dürfe kein Platz im Gemeinderat sein. Es gab sogar Stimmen, die meinen Ausschluß aus der Gemeinde forderten.

Auf mich wurde erheblicher Druck ausgeübt, der schließlich

zu meinem Ausscheiden aus dem Gemeinderat führte. Meinen Einwand, daß Moral unteilbar sei und man sich diese nicht so zurechtlegen könne, wie man das gerade für opportun halte, wollte man nicht akzeptieren. Das Argument, die Kollegen im Gemeinderat würden zwar – wohlgemerkt zu Recht – neonazistische Übergriffe kritisieren, aber zu den im Libanon begangenen Verbrechen schweigen, stieß auf lautstarke Proteste. Entweder man verstand mich nicht, oder man wollte mich nicht verstehen. Für die einen war ich ein PLO-Sympathisant, für die anderen schlicht ein Kommunist. In jedem Fall das, was man einen Außenseiter nennt, ein ungeliebter, versteht sich.

Die Zukunft der Gemeinde. Wer kennt nicht den spöttisch gemeinten Hinweis, der geradezu Sprichwortcharakter hat: drei Juden, vier verschiedene Meinungen und Ansichten. Ich wurde in den Jahren 1997 bis 2001 oft an diese Einsicht erinnert, als ich als gewähltes Mitglied der Repräsentanz der Jüdischen Gemeinde zu Berlin mit zwanzig Kollegen im Gemeindehaus in der Berliner Fasanenstraße zusammensaß und über Gemeindeangelegenheiten debattierte.

Es gab kaum ein Thema, das in den Verhandlungen der Berliner Gemeinderepräsentanz nicht strittig war, gleichgültig, ob es sich um Budgetfragen, den Religionsunterricht an der Schule, die Einstellung eines Rabbiners oder den Verkauf einer Gemeinde-Immobilie handelte. Die Giftigkeit, mit der dabei manchmal aufeinander losgegangen wurde, war so unerträglich, daß ich mitunter frustriert vorzeitig die Sitzungen verließ.

In der Zeit meiner Berliner Repräsentantentätigkeit hatte ich häufig den Eindruck, mangelnder demokratischer Stil bestimme den Umgang miteinander. Der jeweilige Gegner wurde, wenn es der eigenen Position dienlich war, mundtot gemacht, und zwar mit allen zur Verfügung stehenden Tricks. Das konnte durch böswillige Unterstellungen geschehen, aber auch durch gezielt gestreute Falschbehauptungen. Da wurde zum Beispiel erklärt, xy sei kein Jude oder xyz mangele es an »Jüdischheit«, wobei unklar blieb, was man damit eigentlich meinte. Besonders hoch kochten die Emotionen, wenn es darum ging, ein Bekenntnis zu einem

Leben in Deutschland abzulegen. So erinnere ich mich beispielsweise an die Äußerung eines Vorstandsmitgliedes, der partout kein Bürger der Bundesrepublik Deutschland sein wollte. Auf meine Frage, als was er sich denn begreife, als Deutscher, als Jude in Deutschland oder als Auslandsisraeli, erklärte er, er sei Kind von DP-Eltern, was besagen sollte, daß der Fragende ihn und seinen Gemütshaushalt niemals verstehen würde.

Unterschiedliche Ansichten gab es auch in einer anderen Frage, die, gezielt in die Öffentlichkeit getragen, einiges Aufsehen erregte. Der Vorstand hatte mit dem Berliner Senat abgesprochen, die Gemeinde werde israelische Wachleute zu dem Zweck einstellen, für die Sicherheit der Gemeindeeinrichtungen zu sorgen. Ich protestierte heftig gegen diese Absprache, die ich für verhängnisvoll hielt.

Mit Bezug auf den halachischen Satz »dina demalchuta dina«, was soviel heißt wie, »Gesetze der Regierung sind für die Juden verbindlich«, argumentierte ich, daß für den Schutz der Gemeindeeinrichtungen einzig und allein der Staat verantwortlich sei. Die Entscheidung, Israelis anzuheuern, verletze nicht nur das überkommene talmudische Axiom, sondern habe auch zur Folge, was vielleicht noch schlimmer ist, daß die Gemeinde zum exterritorialen Gebiet erklärt wird. Ich versuchte die von mir vertretene Position durch ein polemisch gehaltenes Gleichnis zu akzentuieren. »Stellen Sie sich vor«, so formulierte ich meinen Protest in dieser Angelegenheit, »ein islamisches Gemeindezentrum oder die Beter in einer Moschee im Berliner Stadtteil Kreuzberg kämen auf die Idee, für die Sicherung ihrer Einrichtungen aus dem Iran Pasteran-Milizen anzufordern. Wenn sie dazu noch die Chuzpe hätten, beim Senat anzufragen, ob er nicht diese Truppe bezahlen könnte, wäre der Skandal perfekt. Ein Aufschrei wäre die Folge.« Mit diesem Gleichnis wollte ich zum Ausdruck bringen, daß es keiner Gruppierung gestattet sein darf, seien es Christen, Juden oder Moslems, das staatliche Gewaltmonopol anzutasten. Im vorliegenden Fall, so meinte ich, sei der Staat gehalten, für die Sicherheit seiner Bürger zu sorgen, gleichgültig, welcher Konfession diese angehören. Es könne, so erklärte ich weiter, keinesfalls akzeptiert werden, daß die Sicherheit von Kultuseinrichtungen den jeweiligen Religionsgemeinschaften überlassen bleibe. Trotz der Zustimmung, die ich seitens der Gewerkschaft der Polizei und aus Politikerkreisen erfuhr, wagten die Senatsverantwortlichen es nicht, sich gegen den Gemeindevorstand zu stellen. Die Wachleute aus Israel wurden eingestellt.

Die Streitigkeiten spitzten sich zu, als mir vorgeworfen wurde, ich würde israelische Wachleute mit Taliban-Milizen (ich hatte wohlgemerkt von Pasteran-, nicht von Taliban-Milizen gesprochen!) gleichstellen. Vorstandsmitglieder, einige von ihnen mit Schaum vor dem Mund, schrieen, ich würde nicht nur sie, sondern auch ihre Kinder beleidigen, die in der israelischen Armee Dienst täten. Mein vorsichtig geäußerter Einwand, das eine habe doch mit dem anderen nichts zu tun, wurde nicht akzeptiert. Bei der Sitzung, bei der das Problem auf der Agenda stand, kam es zu vom Vorstand organisierten Tumulten innerhalb der Zuhörerschaft. Schilder wurden geschwenkt, auf denen zu lesen stand »Schoeps for Taliban«, »Schoeps go home« und ähnliches.

Einigermaßen tröstlich war nur, daß nicht alle Gemeindemitglieder in Hysterie verfielen. Einige wenige, meist solche, die etwas nachdenklicher waren und sich zu halbwegs normalen Umgangsformen bekannten, baten mich inständig, in der Sache hart zu bleiben. Im Gegensatz zu manchen der DP-Nachkommen und erstaunlicherweise auch im Gegensatz zu den zahlreichen Israelis, die sich in der Berliner Gemeinde engagieren, verstanden sie sehr wohl, daß erworbene staatsbürgerliche Rechte keinesfalls freiwillig preisgegeben werden dürfen.

Die russisch-jüdischen Zuwanderer, die seit 1990 als sogenannte Kontingentflüchtlinge in Berlin eine Heimat gefunden haben, dachten ähnlich und neigten in ihrer Mehrheit meiner Position zu. Die meisten von ihnen, in der Regel Akademiker, hatten in der früheren Sowjetunion entsprechende Erfahrungen sammeln können. Die Lebensbedingungen in Deutschland sind ihnen zwar noch fremd, aber so viel immerhin wußten und wissen sie, daß ein verbrieftes Recht ein kostbares Gut ist. Bedauerlicherweise hatte die Stimme der Zuwanderer nicht das Gewicht, sich in der Sicherheitsfrage Gehör zu verschaffen.

Ob jüdische Gemeinden im vereinten Deutschland künftig

eine Zukunft haben, wird sich erweisen. Gedanken innerhalb der Gemeinden macht sich darüber kaum jemand. In der Zeit meiner Berliner Repräsentantentätigkeit hatte ich den Eindruck, als ob man es bewußt vermied, eine wie auch immer geartete Selbstverständnisdebatte zu führen. Niemand hatte den Mut, die Fragen zu stellen, die wirklich wichtig sind: Was heißt das Judesein in der deutschen Gesellschaft? Reicht es aus, auf Tradition und Ritual zu beharren? Ist es nicht notwendig, auch von jüdischer Seite Antworten auf uns alle beschäftigende Gegenwartsfragen anzubieten?

Die Mitglieder der Berliner Repräsentanz hatten vor Debatten dieser Art eine geradezu panische Angst. Es kam hinzu, daß Judesein von ihnen als Zugehörigkeit begriffen wurde, nicht jedoch als Bekenntnis, schon gar nicht als Verpflichtung oder gar als Aufgabe. Jeder, so heißt es, habe doch seinen Platz in der Gemeinde, die als »Einheitsgemeinde« definiert wird, was theoretisch bedeutet, daß jeder Jude, ob orthodox, konservativ, liberal oder reformorientiert, sich in dieser so einrichten kann, wie es ihm behagt und wie es seinen Wünschen entspricht.

Daß Erklärungen der Mehrheit, mit den jeweils »anderen«, den Liberalen, Reformern oder Egalitären also, unter einem Dach leben zu wollen, meist nur Lippenbekenntnisse sind, machte der Satz eines Repräsentanten deutlich. Seine Stellungnahme kommt mir immer dann in den Sinn, wenn ich über das Prinzip der Einheitsgemeinde und deren Selbstverständnis nachdenke. »Einheitsgemeinde«, so erklärte er, »heißt einheitlich orthodox«. Die Schlichtheit dieser Formulierung nimmt einem geradezu den Atem. Bei genauerem Nachfragen stellte sich heraus, daß besagter Repräsentant nicht wirklich in der Lage war zu erklären, was er eigentlich mit dem Begriff »orthodox« meinte. Es zeigte sich, daß er den Begriff benutzte, aber sinnentleert gebrauchte. Das ist ein ausgesprochen typisches Verhalten. Die meisten Berliner Gemeindemitglieder wußten und wissen nicht, wie der Begriff für sie selbst zu definieren ist, und entwickeln nur diffuse Vorstellungen von ihrer religiösen, oder sagen wir besser konfessionellen Zugehörigkeit.

Diejenigen, die sich als »orthodox« bezeichnen, sind im täglichen Leben nicht einmal orthoprax in dem Sinne, daß sie regelmäßig Gottesdienste besuchen, am Schabbat das Auto in der Garage lassen und sich im täglichen Leben an die Speisegesetze halten. Nichts von alledem. Was als »orthodox« verstanden wird, ist nichts anderes, um es bissig zu formulieren, als ein »frommer Unglaube«, ein nach Belieben gebrauchter Zugehörigkeitscode, der nicht das Bekenntnis meint, sondern eher einen bestimmten sozialen Status in der Gemeinde beschreibt.

Der orthodoxe Gemeinderabbiner von Berlin, der bei Gottesdiensten und anderen Anlässen keine Gelegenheit ausläßt, von »unseren« Führern in Israel zu sprechen, meint damit nicht die Propheten des alten Israel, Baal Schem Tov oder andere Gelehrte früherer Zeiten, sondern die heutigen israelischen Politiker. Diesem Rabbiner folgt die Gemeinde mehrheitlich, wenn auch manchmal mit Murren. Man kann den Eindruck gewinnen, dieser würdig aussehende Herr sei nach Berlin geholt worden, damit er stellvertretend für die Gemeindemitglieder die religiösen Pflichten wahrnimmt. Der Grad an Orientierungslosigkeit, der aus diesem Sachverhalt spricht, ist kaum noch zu überbieten.

Liberale Positionen, so sie überhaupt artikuliert werden, empfindet man in den Gemeinden in Deutschland heute vielfach als Abweichlertum und Bedrohung. Die Berliner Repräsentanz faßte zum Beispiel mehrheitlich den Beschluß, die Mitgliedschaft der Berliner Gemeinde in der »World Union for Progressive Judaism« ruhen zu lassen. Das signalisierte so etwas wie einen Bruch mit den überkommenen Berliner Traditionen. Rabbiner Leo Baeck, der Ende der zwanziger Jahre die »World Union« mitbegründet hatte und ihr erster Präsident war, hätte, wenn er Zeuge der Debatte der Berliner Repräsentantenversammlung geworden wäre, vermutlich ratlos den Kopf geschüttelt.

Um die Existenz der Berliner Gemeinde und der übrigen Gemeinden in Deutschland ist es allerdings nicht mehr ganz so schlecht bestellt wie noch vor einigen Jahren. Der Zuzug von mehr als 160 000 Juden aus der ehemaligen Sowjetunion, meist Akademiker, Ärzte, Ingenieure und Künstler, hat frischen Wind in die Gemeinden gebracht, aber auch deren Lage von Grund auf verändert. Gemeinden, die vor 1990 vielleicht nur 200

Gemeindemitglieder hatten, haben ihre Mitgliederzahlen inzwischen vervielfacht.

Gegen den Zuzug der »Neuen« gibt es allerdings Widerstände der Alteingesessenen. Das ist ganz normal. Der Historiker erinnert sich, daß es eine vergleichbare Situation schon einmal gab. So haben in der Zeit der Weimarer Republik die alteingesessenen deutschen Juden heftig gegen den Zuzug von Ostjuden protestiert. Damals fühlte man sich bedroht und hatte Angst, daß die Zuzügler in den Gemeinden die Macht übernehmen und künftig den Ton angeben könnten. Dahinter verbarg sich die Befürchtung, die unter großen Mühen erkämpften staatsbürgerlichen Rechte könnten durch ein ungebührliches Auftreten der Neuankömmlinge gefährdet werden.

Heute erleben wir etwas Ähnliches. Die Alteingesessenen spüren, daß etwas unwiderruflich zu Ende geht. Die Welt des deutschen Judentums verschwindet ebenso wie die osteuropäisch-jüdische Welt der Klezmermusik, des jiddischen Theaters und der jiddischen Literatur und Lyrik. Künftig werden in den Gemeinden die ehemaligen Bürger der Sowjetunion den Ton angeben. Für sie werden Börne und Heine genauso nichtssagende Namen sein wie Scholem Alechem oder Mendele Mocher Sforim. Ist das zu bedauern? Ja und nein. Ein anderes Judentum faßt in Deutschland Fuß. Welche Gestalt dieses künftig haben wird? Vielleicht wird es ein neues deutsches Judentum sein. Gut möglich. Die Chance besteht jedenfalls.

Die dritte Enteignung

Östlich von Berlin, bei Bernau, liegt Börnicke, ein kleines und unscheinbares Dörfchen im Brandenburgischen. Entlang der Hauptstraße reihen sich drei Dutzend Häuser um eine Feldsteinkirche aus dem späten 13. Jahrhundert. Nicht weit von der Kirche entfernt erhebt sich ein mächtiges, leerstehendes Schloß in einem verwilderten Park. Der auf dem Gelände gelegene Gutshof ist dem Verfall preisgegeben. Über allem liegt eine friedliche Stille. Doch die Stille ist trügerisch.

Das Anwesen war 1892 von dem Bankier Ernst von Mendelssohn-Bartholdy, einem Neffen des berühmten Komponisten, erworben worden. Ernst von Mendelssohn-Bartholdy, mein Urgroßvater mütterlicherseits, der zu den sogenannten »Kaiserjuden« zählte und Mitglied des preußischen Herrenhauses war, machte aus dem Haus einen luxuriösen, dreistöckigen Wohnsitz mit einer mahagonigetäfelten Bibliothek, mit Tennisplatz und Billardraum. Bilder in einem in meinem Besitz befindlichen Fotoalbum zeigen das Schloß, den Park, die zahlreichen Bediensteten. Es sind Impressionen aus einer untergegangenen Welt.

Wer sich heute auf den Weg nach Börnicke macht, stößt faktisch auf nichts mehr, was an die alten Besitzer und ihren einstigen großbürgerlichen Lebensstil erinnert. Allenfalls einige verwehte Spuren. So auf dem kleinen Friedhof an der Kirche. Dort findet man die Gräber von Ernst von Mendelssohn-Bartholdy, seiner Ehefrau Marie, geborene Warschauer, und des gemeinsamen Sohnes Paul. Ein alter Mann, den wir bei einem unserer Spaziergänge auf dem Gelände des Rittergutes trafen, wußte noch das eine oder andere über die Familie zu berichten. Das ist aber auch schon mehr oder weniger alles.

In den neunziger Jahren wurde das Gelände aus dem Dornröschenschlaf erweckt: Ein heftiges Gerangel um den Besitz hatte eingesetzt. Schloß und Gutshof standen zur Disposition. Waren

Ernst von Mendelssohn-Bartholdy, um 1900

die Enteignungen, die im Zuge der Bodenreform in der seinerzeitigen Sowjetisch Besetzten Zone (SBZ) vorgenommen worden waren, rechtsgültig? Oder war es an der Zeit, enteignete Ländereien den ursprünglichen Besitzern zurückzugeben?

Unmittelbar nach Kriegsende war es auch in Börnicke zu einer Landumverteilung gekommen. Die Ländereien der Mendelssohn-Bartholdys waren wie so manch anderer Besitz im Osten Deutschlands teilweise an besitzlose Landarbeiter, Kleinbauern und an sogenannte Umsiedler (Vertriebene aus den Ostgebieten) übergeben worden. Die Umstände der Enteignung waren umstritten. Niemand wußte mehr genau, wer was zu welchem Zeitpunkt erhalten hatte. Die von der Bodenreform Begünstigten waren gestorben, hatten vererbt oder waren längst weitergezogen.

Börnicke wurde nach der Vereinigung der beiden deutschen Staaten zum Schauplatz einer geradezu gespenstische Posse. Die Nachkommen der Familie Mendelssohn-Bartholdy, als deren Sprecher ich auftrat, hatten 1990 einen Antrag auf Rückgabe des Schlosses und der Ländereien gestellt. DDR-Seilschaften hatten sich jedoch bereits auf dem Gelände festgesetzt. Als bekannt wurde, daß die Familie Ansprüche angemeldet hatte, wurde im Dorf das Gerücht gestreut: »Die Juden kommen zurück.« Dem Gesprächsklima war das nicht gerade zuträglich.

Will man begreifen, was in den neunziger Jahren in und um Börnicke wirklich vorgegangen ist, muß man versuchen, dort anzusetzen, wo der Beginn des Niederganges der Familie Mendelssohn-Bartholdy sich abzeichnete, und zwar Mitte der dreißiger Jahre, als das Bankhaus in der NS-Zeit »arisiert« wurde. Später kamen die Kommunisten, die der Familie das Rittergut Börnicke abnahmen, und schließlich trat die Regierung Helmut Kohl auf, die zwar um die widerrechtlichen Vorgänge der vorangegangenen Jahrzehnte wußte, aber die Enteignungsmaßnahmen für rechtens erklärte.

Die »Arisierung«. Nach wie vor sind die Umstände der Übernahme des Ende des 18. Jahrhunderts gegründeten Bankhauses Mendelssohn & Co durch die Deutsche Bank im Herbst 1938 höchst umstritten. War es tatsächlich eine freundschaftliche und faire Geschäftsübernahme, wie Hermann J. Abs und Vertreter der Deutschen Bank bis vor kurzem immer wieder erklärt haben? Oder trifft die Meinung derjenigen zu, die in den letzten Jahren vehement die Ansicht vertraten, es habe sich bei der Übernahme von Mendelssohn & Co. durch die Deutsche Bank um eine eindeutige »Arisierung« auf Anweisung der NS-Behörden gehandelt, die sich nur in Nuancen von anderen derartigen Vorgängen jener Jahre unterschied?

Es besteht heute eigentlich kein Zweifel mehr daran, daß es sich bei der Übernahme von Mendelssohn & Co. um eine »Arisierung« gehandelt hat. Das Argument, das Bankhaus sei von sich aus hinsichtlich einer Übernahme an die Deutsche Bank herangetreten, deshalb könne nicht von einer »Arisierung« gesprochen werden, ist ein nach 1945 vorgeschobenes Verteidigungs- beziehungsweise Schutzargument, das die Umstände der Übernahme beschönigt und die damalige Zwangssituation der Mendelssohn-Inhaber herunterspielt. Denn diese konnten nicht anders handeln. Rudolf Loeb, der die Verhandlungen seitens Mendelssohn & Co. führte, war ein verantwortungsbewußter Mann, den Interessen des Hauses verpflichtet, dem er seit vielen Jahren diente. Sein Handlungsspielraum war jedoch eng beschränkt. Wollte er für die »arische« Belegschaft etwas tun, also auch den guten Namen des Bankhauses retten, mußte er das Gespräch mit Hermann J. Abs und der Deutschen Bank suchen.

Abs, von dem es heißt, daß er in Gesprächen distanziert-kühl, aber stets freundlich und zuvorkommend gewesen sei, hat vielleicht in den Verhandlungen mit Loeb die Notlage seines Gegenübers nicht so ausgenutzt, wie er es hätte tun können. Doch darf das nicht darüber hinwegtäuschen, daß er sich als Interessenvertreter der Deutschen Bank stets bewußt war, für wen und mit welchem Ziel er verhandelte. Von Anfang an stand fest, daß Mendelssohn & Co. zum Vorteil der Deutschen Bank liquidiert werden sollte.

Die Rolle von Abs wird von den Historikern heute kritischer als noch vor einigen Jahren bewertet. Die nach 1945 formulierten Abwehrstrategien, die in Teilen einen gewissen Entlastungscharakter hatten, können heute so nicht mehr aufrechterhalten werden. Historiker und Journalisten versuchen die damaligen Vorgänge mittlerweile nicht mehr zu kaschieren, sondern sprechen offen aus, daß die Übernahme von Mendelssohn & Co. für die Deutsche Bank Vorteile brachte, und zwar ohne daß diese dafür irgendwelche Gegenleistungen zu erbringen hatte. Nach wie vor gibt es zahllose Ungereimtheiten im Zusammenhang der Übernahme. Eine »Arisierung« war es zweifellos, auch wenn die an den Vorgängen Beteiligten im Rückblick immer beteuert haben, sie hätten die Liquidation der Bank im beiderseitigen Einvernehmen vollzogen.

Die nach 1945 entwickelten Erklärungsvarianten reichen vom Vorschlag der »Selbstliquidation« über die Variante der »freundschaftlichen Übernahme« bis hin zu der Feststellung, daß es sich um eine ganz gewöhnliche »Arisierung« gehandelt habe. Der jüngst vorgetragene Vorschlag des Historikers Christoph Kopper, Sohn des Aufsichtsratsvorsitzenden der Deutschen Bank, Hilmar Kopper, deutet die Vorgänge um die Übernahme von Mendelssohn & Co. als einen Akt der »freundschaftlichen Arisierung«. Man könnte diese Deutung als eine akzeptable Beschreibung der Umstände der Liquidierung von Mendelssohn & Co. hinnehmen, wenn nicht einige Fragen blieben, die damit zu tun haben, welche Rolle Abs, Loeb und Robert von Mendelssohn bei Vorgängen der Jahre 1938 bis 1942 und danach gespielt haben. Irgendwann, wenn die Aktenbestände der Deutschen Bank systematisch durchforstet sind, der bisher gesperrte Nachlaß von Hermann J. Abs zur Benutzung freigegeben ist und die Papiere von Robert von Mendelssohn und anderer an den Vorgängen Beteiligter eingesehen werden können, werden wir hoffentlich erfahren, was in jenen Jahren tatsächlich vorgegangen ist.

Börnicke in Bauernhand. Unmittelbar nach Kriegsende wurde auf dem Territorium der Sowjetischen Besatzungszone eine Bodenreform beschlossen, die eine umfassende Landumverteilung an Landarbeiter, Kleinbauern und Vertriebene zum Ziel hatte. Dazu war es aus der Sicht der KPD-Ideologen notwendig, Großgrundbesitzer, aber auch Großbauern entschädigungslos zu enteignen. Folgt man der damaligen Ideologie, war es der Großgrundbesitz, sprich das preußische »Junkertum«, das für den Faschismus und Deutschlands Weg in das Verderben verantwortlich war. Die deutschen Statthalter der sowjetischen Besatzungsmacht waren davon überzeugt, es sei nicht nur ihr Recht, sondern auch die ihnen historisch auferlegte Pflicht, den Großgrundbesitz zu enteignen. Sie taten dies im Sommer 1945. In kurzer Zeit war das Werk vollbracht. Das Schauspiel fand unter großem Propagandagetöse statt und war choreographiert nach der von KPD-Politikern vorgegebenen Leitlinie: »Junkerland in Bauernhand«.

In eilig einberufenen Versammlungen wurde zur Schaffung eines »freien Bauerntums, auf freier Scholle, in einem demokratischen Deutschland« (so der KPD-Vorsitzende Wilhelm Pieck) aufgerufen. Hinter solchen Aufrufen standen zum einen ideologische Überzeugungen, zum anderen aber auch taktische Überlegungen, daß diejenigen, die enteignetes Land aus der Bodenreform erhielten, sich als Begünstigte fühlen und zu den neuen Machthabern halten würden.

KPD-Funktionäre reisten im ersten Nachkriegssommer landauf, landab, um für die Bodenreform zu werben. In Artikel 1 der am 6. September 1945 erlassenen Brandenburgischen Bodenreform hieß es: »Die Bodenreform muß die Liquidierung des feudalen junkerlichen Großgrundbesitzes gewährleisten und der Herrschaft der Junker und Großgrundbesitzer im Dorfe ein Ende bereiten, weil diese Herrschaft immer eine Bastion der Reaktion und des Faschismus in unserem Lande darstellte und eine der Hauptquellen der Aggression und der Eroberungskriege gegen andere Völker war.«

Am Beispiel der Enteignung des Besitzes der Familie Mendelssohn-Bartholdy läßt sich zeigen, wie im Einzelfall die Bodenreform 1945 begründet, auf welche Weise sie durchgeführt wurde und wie die Behörden der Bundesrepublik Deutschland mit den damaligen Enteignungen umgegangen sind. Für die KPD waren die Mitglieder der Familie Mendelssohn-Bartholdy, aus der so bekannte Männer wie der berühmte Aufklärungsphilosoph Moses Mendelssohn, aber auch dessen Enkel und Enkelin, die Komponisten Felix Mendelssohn-Bartholdy und Fanny

Hensel, hervorgegangen waren, in erster Linie preußische Junker und, wahrscheinlich schlimmer noch, »Monopolkapitalisten«. Daß die Mendelssohn-Bartholdys nach den Gesetzen der Nazis Juden waren, also als Verfolgte des Nazi-Regimes zu gelten hatten, paßte nicht so recht ins Bild. Aber darüber setzte man sich ohne viel Federlesens hinweg.

Im Zuge der Enteignungen wurde auch das Rittergut Börnicke bei Bernau aufgeteilt, ungeachtet der massiven Proteste der Witwe des 1935 verstorbenen Paul von Mendelssohn-Bartholdy, Elsa von Mendelssohn-Bartholdy. »Es ist an der Zeit«, so ein gewisser Fritz Ulm, damals Vorsitzender der Kreisbodenkommission für den Kreis Niederbarnim, »den landhungrigen und landarmen Bauern endlich das ihnen geraubte Land wiederzugeben«.

Zeitweilig schien die Rückgabe des Rittergutes noch im Bereich des Möglichen. Die Hoffnung Elsa von Mendelssohn-Bartholdys (sie hatte in zweiter Ehe 1940 den Österreicher Maximilian Graf Kesselstatt geheiratet) stützte sich darauf, daß sie durch die eingegangene zweite Ehe Österreicherin geworden, also Ausländerin war. Nach den »Schutzvorschriften« der Sowjetischen Militäradministration war ausländisches Eigentum auf dem Gebiet der SBZ geschützt und durfte nicht unter die Maßnahmen der Bodenreform fallen.

Bereits wenige Wochen nach der Verteilung erster Flächen in Börnicke begann Elsa von Kesselstatt, sich um die Rückgabe des Gutes zu bemühen. Sie legte dar, daß sie nach dem Tode ihres ersten Ehemannes im Jahre 1935 nicht unbeschränkte Eigentümerin, sondern nur beschränkte Vorerbin mit einem Nutzungsrecht gewesen sei. Nacherben und damit Eigentümer seien die (auch im Grundbuch namentlich genannten) Schwestern des Erblassers gewesen. Darüber hinaus verwies Elsa in verschiedenen Schreiben immer wieder auf ihren Status als Ausländerin.

Letztlich zeigte sich jedoch, daß der rechtliche Schutz ausländischen Eigentums nicht gegen den Willen der lokalen Bodenkommissionen durchzusetzen war. Im Fall des »Feudalgutes« Börnicke wurden die Ansprüche der Familie schlicht ignoriert. Ein Teil der zum Gut gehörenden Bodenflächen wurde aufgeteilt. Des größeren Teils sowie des Schlosses bemächtigte sich die

Das weiße Zimmer, um 1900

Die Bibliothek, um 1900

Schloß Börnicke, im Frühjahr 2000

KPD, wobei das Gerücht umging, Wilhelm Pieck und seine Gattin Lore hätten vor, das neobarocke Gebäude als privaten Landsitz zu nutzen.

Das Schloß wurde zunächst für Erholungszwecke genutzt. Verdiente Parteimitglieder konnten einen Antrag auf einen Aufenthalt in Börnicke stellen, der dann im engsten Zirkel des Zentralkomitees entschieden wurde. 1953 übernahmen sowjetische Truppen den Besitz, die das Gebäude elf Jahre lang als Kaserne nutzten und auf dem Tennisplatz Baracken errichteten. Schließlich wurde ein Heim für körperbehinderte Kinder eingerichtet, das 1992 aus hygienischen Gründen geschlossen wurde.

Abwehr von Restitutionsforderungen. Nach der Wende begann der wohl gespenstischste Teil der Enteignungsgeschichte. Glücksritter und Spekulanten verschiedenster Art traten auf den Plan. Jeder meinte, er könnte sich des Gutes bemächtigen, und zwar auf möglichst billige Weise. Diese Aktivitäten wurden noch durch die Entscheidung des Bundesverfassungsgerichtes vom 23. April 1991 begünstigt, das die Auffassung der Bundesregierung bestätigte, also die Unumkehrbarkeit der Enteignungen zwischen 1945 und 1949. Börnicke wurde jetzt zum Spielball unterschiedlichster Interessen.

So haben manche den Entscheid des Bundesverfassungsgerichtes geradezu als Aufforderung verstanden, sich in den Besitz des Rittergutes zu bringen. Grundbuchblätter verschwanden. Auskünfte wurden nicht mehr erteilt. Das zuständige Landratsamt und die Abgeordneten des Kreistages Barnim begannen miteinander zu kungeln und hart am Rand der Legalität Vorabsprachen zu treffen. Ein sogenanntes »Investitionsvorrangverfahren« wurde in Gang gebracht, von dem nur ortsansässige Interessenten wußten. Die Alteigentümer wurden nicht informiert. Die Reihe der Merkwürdigkeiten wurde immer länger.

Bemerkenswert ist, daß schon zu diesem Zeitpunkt, als noch nicht feststand, was aus Börnicke werden würde, Nutzungsalternativen gehandelt wurden. So hatte sich eine Gruppe Lehrer und Kunsterzieher an mich gewandt mit der Bitte zu prüfen, ob die Erbengemeinschaft gegebenenfalls dem Plan der Errichtung eines Landschulheims für musisch begabte Kinder auf dem Gelände in Börnicke zustimmen könnte. Man habe vor, das Landschulheim nach Felix Mendelssohn-Bartholdy zu benennen. Das Landschulheim sollte auf privater Finanzierungsbasis errichtet werden. In Klassen mit maximal 15 Schülern und Schülerinnen sollten musisch Begabte die Möglichkeiten erhalten, ihre Talente zu entwickeln. Mir gefiel der Plan und ich sagte spontan meine Unterstützung des Projektes zu. Das konnte ich ohne weiteres, da niemand aus der Erbengemeinschaft vorhatte, seinen Lebensabend in Börnicke zu beschließen. Ich stimmte auch deshalb zu, weil es ein Nutzungskonzept war, das die Geschichte des Schlosses berücksichtigte und in der Tradition der Familie Mendelssohn-Bartholdy stand.

Zu entscheiden, wie das Gelände künftig zu nutzen sei, hatte der Barnimer Kreistag. Die Mehrheit der Abgeordneten entschied sich gegen das Landschulheim, das als »elitär« bezeichnet wurde. Statt dessen wurde der Vorschlag favorisiert, ein Manager-Trainingscenter zu errichten. Letzteres war ein Projekt des stellvertretenden Bürgermeisters von Börnicke, der seine Brötchen als Sanitärunternehmer verdiente. Die Versprechungen des Börnicker Unternehmers, er würde Arbeitsplätze schaffen und Millioneninvestitionen tätigen, überzeugten den Kreistag, obgleich weder ein überzeugendes Konzept noch Bankbürgschaften vorlagen. Beschämend war, daß die SPD dieses Luftprojekt unterstützte, während sich die Abgeordneten der CDU und der PDS für das Landschulheim aussprachen. Es war, sieht man die Vorgänge kritisch, ein Lehrstück dafür, wie Politiker in der Wendezeit sich selbst bedienten und reale Investitionsmöglichkeiten konterkariert wurden.

Um zu verstehen, was da im Brandenburgischen vor sich gegangen ist, sollte man sich noch einmal den historischen Sachverhalt vergegenwärtigen: Die Kommunisten hatten bei den Enteignungen im Zuge der Bodenreform keinen Unterschied zwischen Juden und Nichtjuden gemacht. Die Bundesrepublik Deutschland, die zwar expressis verbis erklärt hatte, jüdischer Besitz würde den einstigen Eigentümern oder ihren Erben zurückgegeben, hat sich nicht an diese Verpflichtung gehalten. Das hatte wiederum zur Folge, daß es für die zuständigen »Ämter zur Regelung offener Vermögensfragen« nicht maßgebend war, ob ein Besitz vormals jüdische Eigentümer hatte, sondern nur, ob ein bestimmter Besitz unter die Bestimmungen der Bodenreform gefallen war oder nicht. Nur das zählte.

Die Begründungen, mit denen Anträge von Alteigentümern auf Rückgabe ihres einstigen Besitzes abgelehnt wurden, verdienen es, genauer betrachtet zu werden. Im Fall des Rittergutes Börnicke argumentierte das Amt zur Regelung offener Vermögensfragen zum Beispiel, daß das Schloß und die dazugehörigen Ländereien durch die Rote Armee enteignet worden seien. Zweifel an der Rechtmäßigkeit dieser im Zuge der Bodenreform erfolgten Enteignung könne es nicht geben, da deren Ergebnisse dem Willen der einstigen sowjetischen Besatzungsmacht entsprochen hätten. Diese Argumentation stützte sich auf das umstrittene Bundesverfassungsgerichtsurteil vom 23. April 1991. In dem Urteil war dargelegt, daß die Rückgängigmachung von Enteignungen nicht möglich ist, wenn sie in der Zeit der Bodenreform auf besatzungshoheitlicher Grundlage erfolgt waren. Vom zuständigen »Landesamt zur Regelung offener Vermögensfragen« wurde das Urteil dahingehend ausgelegt, daß auch im Falle Börnickes eine Rückgabe nicht möglich sei. Das, erklärte man, sei so vom Bundesverfassungsgericht entschieden worden.

Später stellte sich heraus, daß die Regierung Kohl bewußt und vorsätzlich das Parlament, das Bundesverfassungsgericht und die Öffentlichkeit belogen hatte. Zu keinem Zeitpunkt war in den Wiedervereinigungsverhandlungen ein pauschales Rückgabeverbot gefordert worden. Es war für die Regierung Kohl ausgesprochen peinlich, daß Michail Gorbatschow eine eidesstattliche Erklärung abgab, es habe, bezogen auf den Einigungsvertrag, keine sowjetischen Vorbedingungen gegeben. Die Regierung Kohl, der Lüge überführt, blieb jedoch bei der einmal eingenommenen Position.

Die Mendelssohn-Bartholdy-Erben. Es hat zweifellos viele befremdet, wie die Bundesregierung mit den Bodenreform-Enteignungen umgegangen ist. Ein Skandal war es allerdings, daß die Bundesrepublik Deutschland sich nach der Vereinigung nicht bereit zeigte, ein von den Nazis an jüdischen Bürgern begangenes und von den Kommunisten nach 1945 fortgeführtes Unrecht zu korrigieren. Das Beispiel der Familie Mendelssohn-Bartholdy hat exemplarischen Charakter.

Im Zusammenhang des Restitutionsanspruches auf das Gut Börnicke gaben die bundesdeutschen Behörden zwar zu, daß der Fall komplizierter liege als andere. Doch nutzten die zuständigen Beamten jedes Mittel, um eine eventuelle Rückgabe zu verhindern. Man orientierte sich dabei nicht so sehr an den Tatsachen, sondern an den politischen Maßgaben. Es sei, so hieß es, in der Sache unerheblich, daß ein Großteil der Familie seiner jüdischen Herkunft wegen Nazi-Deutschland habe verlassen müssen. Entscheidend und somit juristisch relevant sei, daß Enteignungen, die im Zuge der Bodenreform erfolgten, nicht rückgängig gemacht werden könnten.

Die meisten Mitglieder der Familie Mendelssohn-Bartholdy sind nicht nach Deutschland zurückgekehrt. Im lebenslangen Exil blieb zum Beispiel eine der Erbinnen Börnickes, die von den Nationalsozialisten ausgebürgert worden war. Tante Charlotte, die Schwester meiner Mutter, die nach Versteck und Untergrund in Italien seit Ende der fünfziger Jahre unter beklagenswerten Umständen in Paris lebte und dort 1992 starb, besaß einen sogenannten Staatenlosen-Paß, einen der seltenen Nansen-Pässe. Wollte sie nach Berlin, ihren Geburtsort, reisen, war sie gehalten, ein Visum zu beantragen. Den dafür notwendigen Gang zur Konsularabteilung der deutschen Botschaft hat sie vermieden. Verständlicherweise.

Es ist eine der zahlreichen Unterlassungssünden Nachkriegsdeutschlands, daß es sich in den Jahrzehnten nach 1945 nicht entschlossen hat, die Ausbürgerungsbeschlüsse der Nazis für null und nichtig zu erklären. Diejenigen Ausgebürgerten, die mit dem Gedanken spielten, nach Deutschland zurückzukehren, sahen sich gezwungen, einen Wiedereinbürgerungsantrag zu stellen. Tante Charlotte erklärte, sie würde keinen solchen Antrag stellen, da sie auch keinen Antrag auf Ausbürgerung gestellt habe. Die Konsequenz dieser Ansicht war, daß sie den Rest ihres

Lebens als Staatenlose verbringen mußte. Gekümmert haben Fälle dieser Art im Nachkriegsdeutschland niemanden.

Daß der Familienbesitz jemals rückerstattet werden würde, glaubte Tante Charlotte nicht. Dafür, meinte sie, kenne sie die Deutschen zu gut. Niemals würden sie eine einmal erbeutete Immobilie, ein Grundstück oder ein Bild, in dessen Besitz sie sich gebracht hätten, freiwillig herausgeben. Wenn ich von Börnicke und den Restitutionsansprüchen der Familie sprach, lachte sie nur. Bei Besuchen in Paris und in zahlreichen an mich gerichteten Briefen warnte sie, zuviel Vertrauen in die Deutschen zu setzen. Sie würden, so meinte sie, sich das Recht so zurechtbiegen, wie es ihnen paßte. »Verlasse Deutschland«, forderte sie mich auf. »Wandere nach Kanada aus. Man kann nicht in einem Land leben, in dem Menschen sich so niederträchtig verhalten wie die Deutschen.« Ich habe mich an die Ratschläge meiner Tante nicht gehalten, aber ihre Warnungen habe ich nicht vergessen. Im Verlauf der Auseinandersetzungen um Börnicke sind sie mir immer wieder in den Sinn gekommen.

Die Mendelssohn-Bartholdys sind durch den Einigungsvertrag von den Gespenstern der Vergangenheit eingeholt worden. Die Familie, der von den Nationalsozialisten ihr Deutschsein abgesprochen worden war, mußte erleben, daß die Bundesrepublik Deutschland sich weigerte, ihr den einstigen Besitz zurückzuerstatten. Die Vertreibung der Familie aus Deutschland spielte bei der juristischen Bewertung des Falles keine Rolle. Man schmückt sich mit dem Namen, benennt einen S-Bahnhof in Berlin nach der Familie, verweigert ihr aber das ihr zustehende Quentchen Gerechtigkeit.

Die von der Familie beauftragten Anwälte machten das zuständige Amt zur Regelung offener Vermögensfragen darauf aufmerksam, daß es sich bei Börnicke um jüdischen wie auch um ausländischen Besitz handele. Das Amt nahm das zu Kenntnis, um daraufhin zu erklären, daß das eine bekannt, das andere unerheblich sei. Elsa von Kesselstatt möge zwar österreichische Staatsangehörige gewesen sein, rechtlich spiele das jedoch keine Rolle. Ausschlaggebend sei, daß die sowjetische Besatzungsmacht die Enteignung auf besatzungsrechtlicher beziehungsweise besatzungshoheitlicher Grundlage vorgenommen habe. Im Klartext hieß das, daß die Restitutionsansprüche der Familie seitens der bundesdeutschen Behörden nicht akzeptiert wurden. Die einstigen Eigentümer, so lautete, verkürzt formuliert, der ablehnende Bescheid des Amtes für offene Vermögensfragen, hätten keinen Anspruch auf ihren einstigen Besitz, eben weil die Enteignung auf »besatzungshoheitlicher Grundlage« vollzogen worden sei. Sollten die Antragsteller mit dem Bescheid nicht einverstanden seien, stehe ihnen der Rechtsweg offen, aber, so wurde hinter vorgehaltener Hand erklärt, große Hoffnungen bestünden nicht, daß die Gerichte in der Sache anders entscheiden würden.

Aufschlußreich war die Haltung der Politiker, die kein Problem darin zu sehen schienen, daß sich das vereinte Deutschland, im Gefolge des Einigungsvertrages an jüdischem Eigentum bereicherte. Im Fall der Familie Mendelssohn-Bartholdy verstiegen sich Politiker in West und Ost sogar zu der abenteuerlichen Begründung, es handele sich bei dem Besitz vor den Toren Berlins um junkerlichen Großgrundbesitz, der unter die Bedingungen der Bodenreform falle. »Nachträglich«, so kommentierte ich damals öffentlich die Willkür der Rechtsauslegung, »werden die Opfer der NS-Herrschaft zu Tätern gemacht, und die Nachkommen der wirklichen Täter haben aus dieser Situation auch noch Vorteile.«

Es war eine schon mehr als eigenartige Auslegung der Vereinbarungen im Einigungsvertrag, wenn aufgrund der dort getroffenen Regelungen die Erben der einstigen Eigentümer von Börnicke, die als Juden oder wegen ihrer jüdischen Herkunft aus Deutschland vertrieben worden waren, begründen mußten, weshalb sie jetzt zum Teil Ausländer sind und warum sie überhaupt auf die Idee verfielen, Restitutionsansprüche anzumelden. Grotesk war es geradezu, daß die Nachkommen über ihre Anwälte darauf verweisen mußten, daß die Mendelssohn-Bartholdys keine preußische »Junker«-Familie seien.

Die Klage. Ende Oktober 1995 reichte die Erbengemeinschaft nach Paul von Mendelssohn-Bartholdy und Elsa Gräfin von Kesselstatt gegen das Landesamt zur Regelung offener Vermögensfragen (LAROV) eine Klage ein. Ausführlich wurde darin begründet, warum man mit dem Bescheid des zuständigen Landesamtes nicht einverstanden sein könne. Kern der Klagebegründung war, daß es sich im Falle des Rittergutes Börnicke um eine vom Willen der Besatzungsmacht nicht gedeckte »Enteignung« gehandelt habe, weil ausländisches Vermögen betroffen gewesen sei.

Die Anwälte der Erbengemeinschaft bemühten sich, die Argumentation des beklagten Landesamtes in einzelnen Punkten zu zerpflücken. So verwiesen sie darauf, daß es zu keiner Zeit eine legale Grundlage für eine Enteignung des Gutes gegeben habe. Die Rote Armee habe sich zwar in den Besitz des Gutes gesetzt, was aber nicht automatisch bedeute, daß sie dadurch seine Eigentümerin geworden sei. Tatsache allerdings sei, daß die Rote Armee sich des Gutes bemächtigt habe, um es zunächst als Lazarett, dann als Versorgungseinrichtung zu nutzen. Daraus aber, so meinten die Anwälte, könnten keine wie auch immer gearteten Konsequenzen abgeleitet werden.

Zentraler Argumentationspunkt der Klageschrift war, daß es sich bei Börnicke um ausländischen Besitz gehandelt habe. Im Falle der Gräfin Elsa von Kesselstatt, frühere Mendelssohn-Bartholdy, wurde mit Paßkopien belegt, daß sie zum Zeitpunkt der Enteignung österreichische Staatsbürgerin war. Auch Listen und Verzeichnisse aus dem Frühjahr 1948 belegten eindeutig, daß Börnicke zur Zeit der Bodenreform als ausländischer Besitz geführt wurde. Eine Akte, die in diesem Zusammenhang angelegt wurde, trägt sogar den zusätzlichen Vermerk »jüdisches Vermögen«.

Wie gegensätzlich die Rechtspositionen Mitte der neunziger Jahren waren, zeigte sich deutlich daran, daß es für jede Position eine Referenz gab, einen Urteilsspruch oder eine Expertise. Die Ansicht des Landesamtes wurde zum Beispiel durch ein Urteil des Verwaltungsgerichtes Greifswald gestützt, die Ansicht der Anwälte der Erbengemeinschaft wiederum durch ein Schreiben des Bundesjustizministers vom Januar 1996, das an die Landesämter zur Regelung offener Vermögensfragen gerichtet war. In diesem Schreiben, das Empfehlungen aussprach, wie die Landesämter mit der »restitutionsrechtlichen Behandlung ausländischer Vermögenswerte« künftig umgehen sollten, hieß es klar und unmißverständlich: »Enteignungen von Ausländern zwischen dem 8. Mai 1945 und dem 6. Oktober 1949 unterliegen ... grundsätzlich der Restitution nach den Vorschriften des Vermögensgesetzes.«

In der damaligen Situation entschloß ich mich, nach Rücksprache mit den Anwälten und nach Gesprächen mit meinem Bruder, an die Öffentlichkeit zu gehen. Es war mir klar, daß die Sachverhalte wegen ihrer Komplexität nicht einfach zu vermitteln sein würden und daß es einigen Ärger geben würde. Im Westen verstand man das Problem nicht, im Osten war die Ansicht verbreitet, die Enteignungen seien zu Recht erfolgt.

Die *Frankfurter Allgemeine Zeitung*, die sich auf seiten der Bodenreform-Geschädigten positioniert hatte, druckte einen längeren Artikel von mir ab, in dem ich den Fall Börnicke in allen seinen Facetten darlegte. Zwar ging ich nicht so weit wie manche andere, die in großen Anzeigenkampagnen die Bundesregierung des Diebstahls und der Hehlerei bezichtigten, aber der Tenor meiner Ausführungen ging in die gleiche Richtung. Mein Vorwurf war der, daß die Bundesregierung Opfer zu Tätern mache und es zulasse, daß die einstigen Täter zu Profiteuren der Enteignungen würden.

In der Sache äußerten sich eine Reihe bundesdeutscher Fernsehmagazine, so zum Beispiel *Report* aus München und das damals noch von Klaus Bednarz geleitete *Monitor* in Köln. Die Journalisten, die in Börnicke filmten, recherchierten gründlich und hielten mit ihrer Kritik an der Politik der Bundesregierung nicht zurück. Mit dem Fall beschäftigten sich aber auch eine Reihe ausländischer Fernsehsender, insbesondere aus Israel und den USA. *Der Spiegel* sowie das international angesehene und einflußreiche Finanzblatt *Wallstreet Journal* brachten Hintergrundberichte. Das *Wallstreet Journal* ging sogar so weit zu erklären, das Ganze sei ein einzigartiger Skandal. Die Bundesrepublik Deutschland müsse aufpassen, sich nicht vor der Weltöffentlichkeit ins Abseits zu stellen. In einem anderen Artikel, ebenfalls im *Wallstreet Journal*, wurde mit Bezug auf den Mendelssohn-Bartholdy-Fall vor Investitionen in Deutschland gewarnt. Zum gegenwärtigen Zeitpunkt sei nicht gewährleistet, so hieß es, daß das Eigentum in Deutschland geschützt sei. Engagements in Deutschland könnten deshalb problematisch sein.

1997 veröffentlichte ich ein kleines Bändchen, das unter dem Titel *Enteignet durch die Bundesrepublik Deutschland* den Fall Mendelssohn-Bartholdy dokumentierte. Es war der Versuch, am konkreten Beispiel zu zeigen, wie im vereinten Deutschland etwas politisch in Szene gesetzt wird, wie unmoralisch in bestimmten Situationen Politiker handeln und wie dadurch das Prinzip der Rechtsstaatlichkeit Schaden nehmen kann. Einer glücklichen Fügung war es damals zuzuschreiben, daß ein Frankfurter Kaufmann sich bereit erklärte, eine PR-Kampagne in der Angelegenheit zu finanzieren. Er kaufte einen Teil der Auflage und schickte sie, versehen mit einem Begleitbrief, der zu einer Stellungnahme aufforderte, an jeden einzelnen Abgeordneten des Deutschen Bundestages. Ziel dieser Kampagne war es, auf die politischen Implikationen hinzuweisen, die sich aus den beiden Bundesverfassungsgerichtsentscheidungen von 1991 und 1996 zur Frage der Enteignungen ergaben.

Die eingehenden Reaktionen waren sehr unterschiedlich, zum Teil überraschend. Der damalige Bundesjustizminister Edzard Schmidt-Jortzig schrieb mir, er könne sich nicht im Einzelfall äußern, signalisierte aber gleichzeitig, daß er es für unbefriedigend halte, wie seitens der Bundesregierung und der Gerichte mit den Eigentumsentziehungen in der sowjetischen Besatzungszone in den Jahren 1945 bis 1949 umgegangen werde. Gleichzeitig verwies er auf einen von ihm geschriebenen Artikel »Alles ist irrational« in der *Frankfurter Allgemeinen* vom 2. Dezember 1996 und auf eine am 16. Januar 1997 gehaltene Rede vor dem Deutschen Bundestag, in denen er seinen von der Mehrheit abweichenden Standpunkt in der Bodenreformfrage vorgetragen hatte.

Es waren nur einige wenige Abgeordnete, die schrieben, daß sie die Unumkehrbarkeit der einstigen Enteignungen für richtig hielten. Meist kamen sie aus dem Osten und gehörten der PDS an. Andere hatten ein Problem damit, den Sachverhalt überhaupt intellektuell zu begreifen. Ein Abgeordneter, ich glaube, er gehörte der CDU/CSU-Fraktion an, teilte mit, er verstehe den ganzen Lärm nicht, der um die Bodenreformenteignungen gemacht werde. Es sei zu bedauerlichen Ungerechtigkeiten gekommen, aber so sei es nun eben einmal. Er als deutscher Bundestagsabgeordneter habe in dieser Frage seine eigene Meinung, er sei einzig und allein seinem Gewissen gegenüber verantwortlich und lasse sich von niemandem etwas vorschreiben.

Das Echo auf unsere Kampagne bei den Bundestagsabgeordneten war jedoch vergleichsweise schwach. Einige der Volksvertreter, meist aus dem Lager der CDU/CSU und der FDP, teilten zwar mit, daß sie die Politik der deutschen Bundesregierung für unglücklich und in der Sache für falsch hielten, aber keine Möglichkeiten sähen, etwas zu tun. Die parlamentarischen Mehrheiten ließen das nicht zu. Man halte die Kohlsche Politik in dieser Frage für verfehlt, sei aber, und dafür bitte man um Verständnis, in die Parteidisziplin eingebunden.

Der Gerichtstag. Am 18. März 1999 fand die mündliche Verhandlung statt in dem von der Erbengemeinschaft angestrengten verwaltungsgerichtlichen Verfahren gegen das Landesamt zur Regelung offener Vermögensfragen in Frankfurt (Oder). Der Saal war gesteckt voll mit Bürgern aus Börnicke, Juristen, die sich für den Spezialfall interessierten, und Journalisten, die gespannt der Verhandlung folgten. Die Parteien trugen noch einmal alle Argumente vor, wobei der Vorsitzende Richter gleich eingangs erklärte, die »befreite Vorerbin Gräfin Kesselstatt sei als Nichtjüdin weder rassisch verfolgt gewesen noch habe sie einer individuellen Verfolgung unterlegen«. Auf die Umstände des Verfolgtentestaments wurde nicht eingegangen. Die Argumentation erfuhr ihre besondere Würze dadurch, daß der Richter kundtat, die Nacherben seien zwar einer kollektiven Verfolgung ausgesetzt gewesen, dies sei aber für die rechtliche Bewertung des Falles nicht von Bedeutung.

Den Vortrag des Richters, der ganz offensichtlich Vorgaben folgte, konnte ich, obgleich ich den Ausführungen nicht zustimmte, noch halbwegs nachvollziehen. Probleme hatte ich jedoch mit der Argumentationsweise. Diese hielt ich nicht für korrekt, in Teilen sogar für zynisch. Historische Sachverhalte wurden bewußt fehlinterpretiert, umgedeutet und meistens zugunsten des Beklagten ausgelegt.

Die Gräfin Kesselstatt sei, so erklärte das Gericht, zum Zeitpunkt der Enteignung zwar österreichische Staatsbürgerin gewesen, aber zum Zeitpunkt ihrer Eheschließung im Jahre 1940 habe sie als Staatsangehörigkeit »deutsch« angegeben. Was sollte mit dieser Feststellung gesagt werden? Vielleicht, daß die Republik Österreich 1940 deutsches Reichsgebiet war und das nach Ansicht bundesdeutscher Rechtsprechung heute immer noch ist? Es war eine höchst problematische Argumentationsweise. Bedenklich eigentlich nur, daß niemand daran Anstoß nahm. Im Falle der Gräfin Kesselstatt gab der Richter zu verstehen, daß nach seiner Ansicht Österreich nicht wirkliches Ausland gewesen sei, zumindest aber sei es strittig, ob das österreichische Staatsbürgerrecht im Fall der Gräfin Kesselstatt gelte, das bekanntlich am 27. April 1945 in Kraft trat und Österreicher wieder zu Österreichern machte. Das Pünktchen auf dem i bei dieser Argumentation war dann die Bemerkung, daß unterschieden werden müsse zwischen Ländern, »die Kriegsteilnehmer an der Seite Deutschlands, Angehörige der Vereinten Nationen oder neutral waren«. Ich dachte zunächst, ich hätte nicht richtig gehört. Dann wurde mir die Perfidie der Argumentation bewußt. Demnach ist die Republik Österreich deshalb kein Ausland, weil es einst Teil des Deutschen Reiches war. Die Rabulistik dieser Argumentation war kaum noch zu überbieten.

Es war deutlich, daß seitens des Gerichtes von Anfang an die Linie verfolgt wurde, die Klage abzuweisen. Zu keinem Zeitpunkt wurde der Versuch unternommen, auf eines der vorgetragenen Gegenargumente einzugehen und diese gegebenenfalls zu gewichten. Ich hatte sogar den Eindruck, daß das Gericht in Frankfurt die von der Erbengemeinschaft vorgelegten Beweise nicht zur Kenntnis nehmen wollte. Es wurden die Gegenpositionen zwar referiert, aber so, als sei es eine lästige Pflicht. Der Richter folgte dem Standpunkt des beklagten Landesamtes, der eindeutig ein politischer war und ganz offensichtlich Vorgaben höheren Orts entsprach.

Die Klage wurde abgewiesen, die Möglichkeit der Revision

nicht eingeräumt. Und das, obwohl andere Gerichte anders entschieden hatten. Es gab vergleichbare Fälle, die von Gerichten in anderen Bundesländern anders bewertet wurden. Ausgesprochen unerquicklich war, daß sich das Frankfurter Gericht in der Urteilsbegründung auf Äußerungen bezog, die ich in der Dokumentation *Enteignet durch die Bundesrepublik Deutschland* gemacht hatte.

Betroffen machte mich die Argumentation. In geradezu zynischer Manier verwies das Gericht darauf, daß ich ja selber erklärt hätte, es sei eine Enteignung gewesen, die auf besatzungsrechtlicher beziehungsweise besatzungshoheitlicher Grundlage erfolgt sei. Wenn das schon der Kläger vortrage, so besagter Richter, sei es doch nur folgerichtig, wenn man diesen Feststellungen folge.

Ich verließ den Gerichtssaal mit der schockierenden Erkenntnis, daß Deutschland nur bedingt ein Rechtsstaat ist. In Großbritannien und den Vereinigten Staaten hätten die Gerichte anders entschieden. In gewisser Weise, so sagte ich mir, ist jetzt der Prozeß der »Arisierung« zum definitiven Abschluß gebracht worden. In der Nachkriegszeit, die bis zur Vereinigung der beiden deutschen Staaten im Oktober 1990 reichte, war man noch bemüht, einst begangenes Unrecht zu korrigieren. Das, so schien mir, hatte sich zwischenzeitlich geändert. NS-Unrecht ist heute Vergangenheit. Wer daran erinnert, ist nicht nur ein Störenfried, sondern gilt auch als Querulant, als jemand, der nichts anderes im Sinn hat, als den Rechtsfrieden zu bedrohen.

Es gab Ende der neunziger Jahre zahlreiche Proteste, insbesondere von denen, die durch die Enteignungen der Jahre 1945 bis 1949 betroffen waren. Die Fälle waren zwar meist anders gelagert als der Mendelssohn-Bartholdy-Enteignungsfall, doch auch sie ließen sich häufig unter die Kategorie »NS-Opfer« subsumieren. In den Zeitungen erschienen zahlreiche Aufrufe, in denen die Kohl-Regierung beschuldigt wurde, die Folgen des NS- und DDR-Unrechts aus Gründen der Wiedervereinigungsraison zu sanktionieren.

Da gab es beispielsweise die Erben des im KZ Sachsenhausen zu Tode gekommenen Fürsten Malte zu Putbus, die ihren Besitz auf Rügen nicht mehr zurückbekamen. Und da gab es Hans Albrecht von Boddien, einen der letzten überlebenden Widerstandskämpfer des 20. Juli 1944, dem die Rückgabe seines im Zuge der Bodenreform enteigneten Besitzes in Sachsen-Anhalt verweigert wurde. Es waren Fälle, die in der Öffentlichkeit Aufmerksamkeit erregten, aber kein generelles Umdenken zur Folge hatten.

In Erinnerung ist mir ein offener Brief Hans Albrecht von Boddiens, der seine Teilnahme am alljährlichen Gedenktag zum 20. Juli in Berlin absagte, weil er sich durch die Politik der Kohl-Regierung brüskiert fühlte. Wenn man bedenkt, daß das Bekenntnis zum 20. Juli zu den Gründungsmythen der Bundesrepublik gehört, war das ein Signal von weitreichender Bedeutung. Er empfinde es, so Boddien in der Begründung für seine Absage, »als unerträgliche Mißachtung unseres Widerstands gegen Nazigewalt und Unrecht, daß die derzeitige Regierung sich anmaßt, aus dem deutschen Osten stammenden Widerständlern als 'besonderen Dank für selbstlosen Einsatz' Familienbesitz, die geliebte Heimat, mit Haus und Boden, zu rauben und zu verscherbeln«.

Die von Boddien- und Putbus-Erben gehörten beziehungsweise gehören einer Schicht an, die sich ihren Überzeugungen nach als wertkonservativ und staatstragend begreift, aber durch die Politik der Kohl-Regierung in Distanz zur Bundesrepublik getrieben worden ist. Ihnen geht es zwar um die Rückgabe des geraubten Familienbesitzes, aber auch um das Prinzip und den Erhalt der Rechtsstaatlichkeit. Diese sehen sie als in höchstem Maße gefährdet an. Sie können nicht nachvollziehen, daß eine konservative Regierung aus Opportunitätsgründen überkommene Rechtsmaßstäbe zur Disposition stellt.

Im Zusammenhang mit der Rechtsprechung bei den Ansprüchen auf Rückgängigmachung der Bodenreform-Enteignungen denke ich oft an jenen Richter am Verwaltungsgericht in Frankfurt(Oder), mit dem ich es im Fall Börnicke zu tun hatte. Er stellt für mich den Typus des willfährigen Juristen dar, der in der Nazizeit zum Niedergang deutscher Rechtskultur beitrug beziehungsweise von DDR-Gerichten erlassene Unrechtsurteile verantwortete. Es ist nichts deprimierender, als auf Juristen dieser Art zu stoßen, die nicht wissen, was richterliche Unabhängigkeit bedeutet und die sich widerspruchslos zu Instrumenten politischer Interessenwillkür machen lassen. Ich weiß, daß Recht sprechen schwierig sein kann, aber ich meine andererseits, wenn ein Richter sich an die ethischen Grundlagen seines Amtes hält, dann wird er dieses Amt auch ausfüllen können. »Ich kann fehlen und fehle oft«, so formulierte es zum Beispiel Ernst Ludwig von Gerlach, der langjährige Präsident des Magdeburger Oberlandes- und Appellationsgerichtes, »aber der Wille muß immer da sein, sonst bin ich nicht wert, daß ich in meinem Amt bleibe.« Der Satz stammt aus dem Jahre 1873. Es ist eine Maxime, die auch heute noch gelten sollte.

Nach dem Urteil haben wir den Boden von Börnicke nicht wieder betreten. Ich wollte die ganze Angelegenheit so schnell wie möglich vergessen. Ein Besuch hätte mich nur geschmerzt. An die ganze Angelegenheit wurde ich jedoch noch einmal erinnert, als man aus Börnicke anfragte, ob die Familie nicht die Kosten für die Pflege der Gräber auf dem Friedhof in Börnicke übernehmen könne. Nach reiflicher Überlegung lehnte ich das ab. Ich stellte mich auf den Standpunkt, daß die Gräberpflege Aufgabe derjenigen sei, die heute Besitzer des Rittergutes sind.

Wie viele solcher Geschichten hat auch diese Geschichte eine Pointe. Eines Tages klingelte das Telefon. Unser Rechtsanwalt teilte mir mit, er habe eine etwas ominös klingende Anfrage auf dem Schreibtisch liegen. In Börnicke hätte man es sich inzwischen anders überlegt. Aus den verschiedenen Plänen sei nichts geworden. Weder habe sich ein Manager-Center noch ein Altersheim realisieren lassen. Man sehe jetzt ein, daß der Vorschlag der Erbengemeinschaft, ein Landschulheim zu errichten, vielleicht doch nicht ganz so abwegig gewesen sei, wie man das zunächst angenommen habe. Ob wir noch bereit wären, in Gespräche einzutreten? Auf dieses Ansinnen habe ich nicht mehr geantwortet.

Die deutsche Krankheit

Die Geschichte des deutsch-jüdischen Verhältnisses ist eine Geschichte fortwährender Verformungen und Brüche. Seit dem Ende des 18. Jahrhunderts, seit dem Eintritt der Juden in die bürgerliche Gesellschaft also, ist dieses Verhältnis massiven Bedrohungen und Gewalteinwirkungen ausgesetzt gewesen. Widerstände artikulierten sich von Anfang an insbesondere gegen den Wunsch und die von jüdischer Seite erhobenen Forderungen, von der Gesellschaft integriert und als Bürger mit gleichen Rechten und Pflichten anerkannt zu werden.

Die nichtjüdische Umwelt war zu keiner Zeit bereit, die Juden als ihresgleichen zu akzeptieren. Man sah in den Hoffnungen und Erwartungen der Juden eine Gefahr für die politische und wirtschaftliche Existenz Deutschlands. Für alle Widrigkeiten, mit denen man selbst täglich konfrontiert wurde, war nur einer verantwortlich, »der« Jude. Ihm – und mit »der« Jude waren alle Juden gemeint – unterstellte man, er würde die deutsche Gesellschaft von innen heraus zu zersetzen suchen. Ängste vermischten sich in solchen Vorstellungen mit Wahnideen und kruden Obsessionen.

Das deutsch-jüdische Verhältnis ist in den letzten 250 Jahren überschattet von Orgien der Gewalt oder zumindest von Androhungen einer möglichen Anwendung von Gewalt. Immer wieder kam es zu Pogromen oder pogromähnlichen Ausschreitungen. Phasen des halbwegs friedlichen Neben- und Miteinanders, die es selbstverständlich gab, dürfen aber nicht über die Labilität des Verhältnisses hinwegtäuschen, das rechtlich, politisch und gesellschaftlich zu keiner Zeit als gesichert gelten konnte. Die Abnormalität war im deutsch-jüdischen Verhältnis in der Regel die Normalität.

Die Befürchtung, die latente Judenfeindschaft könnte in einem Ausbruch von Haß und Gewalt explodieren, hat durch die

Zeiten das Denken bestimmt. Beispiele dafür, daß die christlich-deutsche Umgebungsgesellschaft in bestimmten Situationen nicht davor zurückschreckte, sich über ihre ethischen Maßstäbe hinwegzusetzen und über die Juden herzufallen, gibt es genug. Denken wir nur an die Hep-Hep-Unruhen des Jahres 1819, an die Pöbelausschreitungen in der Revolution von 1848, an die Mordanschläge auf Politiker in der Zeit der Weimarer Republik oder schließlich an die systematisch geplante und mit bürokratischer Akribie betriebene physische Vernichtung der europäischen Juden in der Zeit des NS-Regimes.

Nachkriegsantisemitismus. Ich kann ziemlich genau datieren, wann ich zum ersten Mal mit meinem Anderssein konfrontiert wurde. Es war in der Zeit, als ich die Erlanger Volksschule besuchte. Man hatte damals beschlossen, mich am christlichen Religionsunterricht teilnehmen zu lassen. Mein Vater hielt das vermutlich für besser, als mich in eine Freistunde zu schicken, in der ich, unbeaufsichtigt, vielleicht auf dumme Gedanken gekommen wäre.

An den christlichen Religionsunterricht habe ich nur noch blasse Erinnerungen. Erzählt worden ist mir, daß ich dem Religionsunterricht mit großer Spannung gefolgt bin. Mich interessierte alles, was mit dem Leben und den Wundertaten des Jesus von Nazareth zusammenhing. Ich fragte den Lehrer, warum der Sohn Gottes ans Kreuz geschlagen worden sei und ob es tatsächlich zutreffe, daß er bei der angekündigten Wiederkunft vom Kreuz herabsteigen werde. Meine drängenden Fragen hatten zur Folge, daß der zuständige Lehrer nervös wurde und meinen Vater bat, mich aus dem Religionsunterricht herauszunehmen.

Damals muß mir gesagt worden sein, daß ich ein jüdisches Kind sei und deshalb nicht den christlichen Religionsunterricht besuchen könne. Ich wußte nicht, was »jüdisch« bedeutet, ahnte aber, daß es etwas gab, was mich von meinen Klassenkameraden unterschied. In diesen ersten Schuljahren bildete sich eine Art unbestimmtes Gefühl heraus, daß ich etwas sei, von dem ich nicht wußte, was es ist. Gequält oder belastet hat mich das nicht. Ab und zu machte ich mir zwar Gedanken, warum ich eine Freistunde hatte und die anderen nicht, aber ansonsten war ich ein Schüler wie andere. Meine Interessen lagen, wie das bei einem Jungen in diesem Alter in den fünfziger Jahren üblich war, beim Räuber- und Gendarmspiel, dem Lesen von Karl-May-Büchern, dem Sammeln von Briefmarken und dem Tauschen der damals begehrten Sanella-Bilder.

Zum ersten Mal mit einer offen antisemitischen Äußerung konfrontiert wurde ich während einer Fahrt, die ich mit einer bündischen Jugendgruppe nach Norditalien unternahm. Das war im Sommer 1954. Ich war gerade einmal zwölf Jahre alt und maßlos erschreckt, als mich einer der Fahrtenkameraden in einem Streit abfällig mit dem Wort »Jud« titulierte. Aufzeichnungen aus jener Zeit, unbeholfen formuliert, belegen, daß mir der Vorgang damals sehr zu Herzen ging. Das Schimpfwort »Jud« empfand ich als etwas Schlimmes oder, etwas präziser, als eine Bemerkung, die mich ausgrenzte und mir das Gefühl gab, ich würde nicht dazugehören. Ich heulte, wollte die Gruppe verlassen, blieb dann aber doch. Als Zwölfjähriger verdrängt man schneller und ist geneigter zu verzeihen. Ich habe damals die angebotene Entschuldigung angenommen.

Auch während meiner Schulzeit gab es hin und wieder Situationen, in denen Mitschüler mich drangsalierten und mich mein Judesein spüren ließen. Aus heutiger Sicht ist mir klar, daß ein Schuljunge, der antisemitische Bemerkungen macht, in der Regel nicht weiß, was er sagt, sondern in der Regel das wiedergibt, was er zu Hause am Familientisch gehört hat. Die Eltern und Großeltern meiner Mitschüler waren bewußtseinsmäßig nach wie vor der Bilder- und Vorurteilswelt der Nazizeit verhaftet.

Als ich älter wurde und mich mit dem antisemitischen Vorurteil intensiver zu beschäftigen begann, dachte ich noch ganz konventionell. Den Judenhaß teilte ich feinsäuberlich in zwei Kategorien ein, einmal den christlichen Antijudaismus, zum anderen den modernen Antisemitismus in seinen verschiedenen Erscheinungsformen. Letzterer hatte meiner damaligen Ansicht nach mit dem christlichen Antijudaismus wenig zu tun. Das entsprach dem Stand der Forschung in den späten fünfziger Jahren, in denen man es noch nicht wagte, radikale Fragen zu stellen.

Im Verlauf der Jahre verfestigte sich bei mir mehr und mehr die Überzeugung, daß der Antisemitismus vielleicht doch so etwas wie eine kollektive Bewußtseinskrankheit sein könnte, wie das schon Leon Pinsker und andere Ende des 19. Jahrhunderts vermutet hatten. Eine Bestätigung für Überlegungen dieser Art fand ich bei Autoren wie Eleonore Sterling, Alex Bein und Leon Poliakov. Letzterem verdanke ich die Einsicht, daß der moderne Antisemitismus ohne Berücksichtigung der jahrhundertealten christlichen Judenfeindschaft nicht erklärbar ist.

Die christliche Indoktrination. Die Vorstellung, die Juden seien von Gott verflucht und verworfen worden, weil sie Jesus nicht als Messias anerkannt und seine Kreuzigung veranlaßt haben, hat das christliche Judenbild durch die Jahrhunderte bestimmt – und bestimmt es weitgehend noch. Selbst nach dem Ende des NS-Terrorregimes findet sich in dem »Wort zur Judenfrage« des Bruderrats der Evangelischen Kirche Deutschlands (EKD) die Argumentation: »Indem Israel den Messias kreuzigte, hat es seine Erwählung und Bestimmung verworfen.«

Nicht die soziale Wirklichkeit, sondern die Anschuldigungen der Kirchenväter von Origines über Augustinus und von Johannes Chrysostomus bis hin zu Hieronymus schufen das Stereotyp: das von Generation zu Generation weitergegebene Zerrbild des Juden. Als Urtypus des Sünders und Frevlers immer wieder nachgezeichnet und mit neuen Farben ausgemalt, wirkt der Jude als abschreckendes Beispiel. Mit dem Katechismus nimmt es das Kind auf, der Erwachsene in der Kirche durch die Predigt. Jede Skulptur und jedes Gemälde über Kreuzigung und Leiden des Heiland und der Märtyrer, mit dem die Kirchen ausgeschmückt sind, erinnert daran. Im Lied, im Märchen, aber auch im Passionsspiel – überall findet sich dieses Bild, das nicht nur die seit alters her im Umlauf befindlichen antijüdischen Vorurteile bündelt, sondern (und ich bin mir der Brisanz dieser Aussage durchaus bewußt) auch als eine indirekte Aufforderung an den Betrachter verstanden werden kann, sich von den Juden zu distanzieren und sich ihrer handgreiflich zu erwehren.

Der an verschiedenen Stellen des Neuen Testaments formulierte Gottesmordvorwurf ist über die Jahrhunderte präsent geblieben und hat die Einstellung gegenüber den Juden bestimmt. Es gibt kein antijüdisches Argument, »das länger benutzt, häufiger vorgebracht, hartnäckiger beibehalten und tiefer internalisiert wurde« (Stefan Lehr). Der Vorwurf des Gottesmordes hat Haßgefühle ausgelöst, Vorurteile gezeugt und das Verhältnis zwischen Christen und Juden nachhaltig vergiftet. Durch die Jahrhunderte stereotyp wiederholt, hat der Vorwurf den Juden im Volksbewußtsein zum Dämon stilisiert und ihn die Gestalt des Ahasver annehmen lassen, des ruhelosen Weltenwanderers. Man sah in ihm den blutsaugenden Vampir, den bocksfüßigen Teufel, den geschwänzten Satan – er wurde die Personifikation allen Unheils, die Inkarnation des Bösen schlechthin.

Das von den Kirchenvätern geschaffene Bild vom verworfenen und deshalb verderbten Juden ist Grundlage aller späteren Anfeindungen geworden. Dieses Bild erfuhr seine besondere Ausprägung durch die Fremdheitsgefühle, die Juden bei den Nichtjuden bis zum heutigen Tage auslösen. Das hat zweifellos auch mit der religiös-nationalen Absonderung der Juden zu tun. Seit der Antike stoßen die Juden unverändert auf Ablehnung und Mißtrauen. Zum einen hängt das mit dem unbeirrbaren Glauben an die Einzigkeit des unsichtbaren Gottes zusammen, zum anderen mit dem Anspruch, das auserwählte Volk zu sein. Bis heute wird das von der Umwelt als hochmütiger Aberglaube, als Gottlosigkeit, wenn nicht sogar als Betrug angesehen.

Über zweitausend Jahre hat man alles getan, »um das wirkliche Bild des Juden dem von der Kirche geformten möglichst anzugleichen« (Alex Bein). Die christliche Welt empfand die Existenz von Juden und des Judentums als eine Belästigung, als etwas Unerträgliches. Selbst ein so bedeutender protestantischer Theologe wie Karl Barth konnte sich von Gefühlen der Abwehr nicht freimachen. Gegenüber dem Theologen Friedrich Wilhelm Marquardt bemerkte er einmal in einem Brief, daß er bei der Begegnung mit Juden immer eine »völlig irrationale Aversion« herunterzuschlucken habe.

Der Übergang der religiösen Judenfeindschaft zum modernen Antisemitismus läßt sich sehr gut am Fall Richard Wagner exemplifizieren. Wagner, der sein musikalisches und publizistisches Werk als eine Einheit verstand, war der Typ des Judenhassers, bei dem sich christliches Denken mit rassistisch-völkischen Motiven vermengte. Ihm ging es nicht mehr allein um die Ausgrenzung der Juden, sondern um deren Vernichtung. In seiner 1850 erschienenen Kampfschrift *Das Judentum in der Musik* sprach Wagner den Juden nicht nur jede Befähigung zu künstlerischer Schöpfung ab, sondern charakterisierte sie darüber hinaus als parasitär, dunkeldämonisch und mit dem ahasverischen Fluch beladen. »Aber bedenkt«, so der letzte Satz des Wagnerschen Pamphlets, »daß nur eines eure Erlösung von dem auf euch lastenden Fluche sein kann: die Erlösung Ahasvers – der Untergang«.

Säkulare Judenbilder und Bedrohungsängste. Mit dem Ende des 18. und dem Beginn des 19. Jahrhunderts setzte eine Entwicklung ein, die für Juden zu einer tödlichen Bedrohung werden sollte. Der Emanzipationsprozeß brachte ihnen zwar schrittweise die rechtliche Gleichstellung, nicht aber die ersehnte gesellschaftliche Anerkennung, um die sie vehement kämpften. Im Gegenteil: Je mehr Rechte sie erhielten, je mehr sie sich an die christlich-deutsche Gesellschaft in Kleidung, Sprache, Gestik und Verhalten anpaßten, desto bösartiger wurde die Ablehnung, auf die sie stießen. Rabiate Antisemiten entwickelten ausgetüftelte Abgrenzungsstrategien, die nicht nur auf die Rückgängigmachung des Emanzipationsprozesses abgestellt waren, sondern auch darauf abzielten, den Juden als Juden kenntlich zu machen. »Jeder Jude«, so heißt es bei Eduard Drumont, »den man sieht, jeder Jude, der sich offen als solcher zeigt, ist verhältnismäßig wenig gefährlich ... Der unbestimmbare und nicht deutlich zu erkennende Jude – das ist der gefährliche Jude ....«

Wie kann man aber jemanden identifizieren, der sich äußerlich nicht mehr von seinem Gegenüber unterscheidet? Gibt es dafür überhaupt Möglichkeiten? Antisemiten haben sich geradezu einen Sport daraus gemacht, anhand des Namens Juden zu markieren. In der Studie *Der Name als Stigma* des Kölner Linguisten und Kulturwissenschaftlers Dietz Bering kann man nachlesen, mit welcher Raffinesse hier verfahren wurde. Zahllos waren in der Zeit der Weimarer Republik die Witze, Verse und Spottlieder, in denen ein jüdisch klingender Name wie Cohn, Hirsch oder Katz zur Zielscheibe der Verhöhnung und Verachtung gemacht wurde.

Joseph Goebbels, der Propagandaminister der Nazis, hat die Namenswaffe virtuos benutzt, um mit seinen Angriffen auf den Berliner Polizeivizepräsidenten Bernhard Weiß, den er bei jeder sich bietenden Gelegenheit mit dem Namen »Isidor« titulierte, den Antisemitismus in der Bevölkerung anzufachen. Instinktiv wußte Goebbels, daß er mit seinen Attacken einen Punkt traf, der bei jedem Menschen konstitutiv ist: Der Name hat mit der jeweiligen Identität eines Menschen zu tun, und der gezielte Angriff auf diesen ist der Versuch der Persönlichkeitsdestruktion, die in der Zeit der Weimarer Republik systematisch betrieben wurde, um die Juden zu stigmatisieren und ihre Ausgrenzung aus der Gesellschaft vorzubereiten.

Auslöser und Motor der Aus- und Abgrenzungskampagnen seit Beginn des 19. Jahrhunderts waren ganz offensichtlich tiefsitzende Bedrohungsängste, die zu tun hatten mit den einsetzenden Modernisierungsprozessen, die gesellschaftliche Umwälzungen zur Folge hatten – und auch das Individuum betrafen, jeden einzelnen also, ob er wollte oder nicht. Hinzu kam, daß die Kirchen und damit auch die christliche Religion im 19. Jahrhundert zunehmend nicht nur an Boden, sondern auch an Überzeugungskraft verloren. An die Stelle der Kirchen und des christlichen Bekenntnisses traten der Vernunftglaube und die Wissenschaft, die für die Neuerer eine Art Alternative darstellten. Das traf, einschränkend gesagt, für die Gebildeten zu, nicht jedoch für die Masse der Bevölkerung. Sie litt darunter, daß scheinbar festgefügte Ordnungen nicht mehr zu gelten schienen und jahrhundertealte, bis dahin als gültig empfundene Bilder und Vorstellungen als obsolet angesehen wurden.

Im Zuge des Übergangs von der ständisch-feudalen zur bürgerlich-kapitalistischen Gesellschaft hatten zunehmend mehr Menschen Schwierigkeiten, ihr seelisches Gleichgewicht zu halten. Verantwortlich dafür wurde alles und jedes gemacht – vor allem die Juden, von denen man meinte, sie seien die eigentlichen Drahtzieher, die hinter allen Ungereimtheiten steckten, mit denen man täglich konfrontiert wurde.

Die Pogrome des Jahres 1819 sind nicht plötzlich und unerwartet ausgebrochen. Sie waren in Wort und Schrift vorbereitet worden, und zwar von Intellektuellen wie dem Philosophen Fichte und den heute weitgehend vergessenen, aber damals durchaus einflußreichen Universitätsprofessoren Jakob Friedrich Fries und Christian Friedrich Ruehs, die notorische Judenfeinde waren. Gierig wurden demagogische Parolen aufgegriffen wie die des Publizisten Hartwig von Hundt-Radowsky. In seinem 1819 in Würzburg erschienenen *Judenspiegel* hatte er angeregt, Jüdinnen ins Bordell zu stecken, die Juden zu kastrieren, sie in Bergwerken nur noch unter Tage arbeiten zu lassen oder sie an die Engländer zu verkaufen, die sie in ihren überseeischen Kolonien als Sklaven vermarkten sollten. Hundt-Radowskys Forderung, die Juden auszurotten oder sie aus Deutschland zu vertreiben, war qualitativ eine neue Stufe der Judenfeindschaft, die als eine Frühform des modernen Vernichtungsantisemitismus gelten kann.

Die Antithese Deutschtum-Judentum. Aber zurück zu der mich eigentlich beschäftigenden Frage, ob und inwieweit traditionell christlich-religiöse Überzeugungen beziehungsweise Restbestandteile christlicher Theologie sich im 19. Jahrhundert mit scheinbar nicht-religiösen Phänomenen verbunden haben. Der im Gefolge der Französischen Revolution von 1789 und im Zuge der Befreiungskriege sich entwickelnde deutsche Nationalismus verkörperte in sich zwar die liberale Idee der Selbstbestimmung und auch den demokratischen Gedanken der Volkssouveränität, hatte aber auf der anderen Seite eine versteckte heilsgeschichtliche Dimension, die sich in der Überzeugung niederschlug, das Christentum sei eine deutsche Religion.

Der zu Beginn des 19. Jahrhunderts aufkommende, auf Herder und Fichte zurückgehende neue romantische Volksbegriff, dazu die patriotischen Predigten von Ernst Moritz Arndt (»Einmüthigkeit der Herzen sey eure Kirche, Haß gegen die Franzosen eure Religion, Freyheit und Vaterland seyen die Heiligen, bei welchen ihr anbetet!«) sowie die Vorstellungen, das deutsche Volk sei das ursprüngliche, das unverfälschte, das »heilige Volk« (Turnvater Jahn) lassen in nuce christliches Sendungsbewußtsein und Heilsgewißheit erkennen, jene Strukturelemente also, die seit dem 19. Jahrhundert integrale Bestandteile des deutschen Nationalismus geworden sind.

Es war nur noch ein kleiner Schritt, die überkommene theologische Antithese Judentum-Christentum in die Antithese Judentum-Deutschtum umzudefinieren. Das tradierte Judenbild, das Stereotyp des dämonisch-antichristlichen Juden erfuhr im ausgehenden 18. und zu Beginn des 19. Jahrhunderts die entsprechende Umdeutung oder – vielleicht besser – Modernisierung. Der Jude war jetzt nicht mehr der Anti-Christ, der von Gott Verdammte, sondern der Wucherer, der Preistreiber, der Bankrotteur, der Todfeind, eine Gefahr für die wirtschaftliche und politische Existenz Deutschlands und der Deutschen schlechthin. Die Wirkungen dieses sich verändernden Bildes begannen für die Juden lebensbedrohend zu werden.

Die christliche Judenfeindschaft war bis zum Beginn der Neuzeit auf Diffamierung, auf Ausgrenzung, nicht aber auf Vernichtung abgestellt. Die Juden sah man als von Gott verflucht an, zur Knechtschaft verurteilt und über die Welt verstreut. Sie konnten sich aber jederzeit von dem göttlichen Fluch lösen, sich der Stigmatisierung entziehen, wenn sie die Taufe annahmen und zum Christentum übertraten. Die zu Beginn des 19. Jahrhunderts aufkommenden Rassenlehren ließen diesen Ausweg jedoch nicht mehr zu. Die religiöse Verfluchung und die Verwerfung durch Gott wurde durch den Topos des nicht veränderbaren Rassencharakters ersetzt, der im Falle der Juden für minderwertig erklärt wurde. Der Jude war nun nicht mehr eine vage Vorstellung, sondern körperliche Wirklichkeit, ein feststehender Menschentyp, rassenmäßig bestimmt und in seinen Eigenschaften definierbar.

Neben deutschtümelnden Patrioten wie dem Turnvater Jahn und dem Schriftsteller Ernst Moritz Arndt hat nicht unerheblich zur Durchsetzung antisemitischer Rassenlehren die sogenannte wissenschaftliche Religionskritik beigetragen, die sich zwar in erster Linie gegen das Christentum richtete, aber sich auch auf die Juden und das Judentum bezog. Der Linkshegelianer Bruno

Bauer beispielsweise, mit dem Karl Marx sich bekanntlich auseinandersetzte, war ein ausgemachter Judengegner. Er entwikkelte sich zu einem Doktrinär des deutschen Konservativismus und zu einem Verfechter abstruser Rassenlehren. Bauer war es, der in Deutschland als einer der ersten vom »Racentypus« sprach, der eine »Raceneigentümlichkeit« konstatierte und einen scharfen Trennstrich zwischen Juden und Nicht-Juden gezogen wissen wollte. »Die Taufe«, so bemerkte er einmal, »macht den Juden nicht zum Germanen«.

Das von den Judenfeinden gezeichnete Bild des Juden war zweifellos das Spiegelbild der Zeit und ihres Bewußtseins. Man attackierte die Juden, ahnte gleichzeitig jedoch, daß es ein Angriff auf das eigene Denken war. Zunehmend war erkennbar, daß das Christentum an Einfluß auf das Leben verlor. Andererseits war nicht zu übersehen, daß die Menschen die im Kirchenglauben gebotenen Erklärungsmodelle beizubehalten gewillt waren und tradierte Feindbilder ihr Handeln nach wie vor bestimmten. Der Text eines Flugblattes der Wiener 1848er Revolution macht deutlich, daß man sich dieser Doppelbödigkeit durchaus bewußt war. Hellsichtig wird dort prophezeit, was die Juden in einer ungläubig gewordenen Welt zu erwarten hätten: »Die Christen, die keinen Christenglauben mehr haben, werden die wütendsten Feinde der Juden sein ... Wenn das Christenvolk kein Christentum und kein Geld mehr hat ... dann, ihr Juden, laßt Euch Eiserne Schädel machen, mit den Beinernen werdet ihr die Geschichte nicht überleben.«

Der Fernsehfilm »Holocaust«. Nach 1945 hat man in Deutschland lange geglaubt, der Antisemitismus sei überwunden. Bis in die frühen siebziger Jahre war auch ich davon überzeugt, das Wissen um den organisierten Massenmord habe die Deutschen geläutert, habe quasi eine kathartische Wirkung zur Folge gehabt. Ich dachte wie viele, die dem Irrtum aufsaßen, Wissen führe automatisch zur Aufklärung und damit zu einem Umdenken. Der eine oder andere hat vielleicht wirklich nichts vom ganzen Ausmaß der Verbrechen gewußt. Andererseits ließ sich die lange Jahre gebetsmühlenartig vorgetragene Behauptung nicht aufrechterhalten, die Bevölkerung sei nicht über das informiert gewesen, was mit den Juden geschah. Die Behauptung war eine beliebte, zur Entlastung gerne benutzte Argumentation. Sie diente, wie wir heute wissen, dem einen Zweck, Schuldgefühle und schlechtes Gewissen zu kaschieren.

Erst Ende der siebziger Jahre setzte ein allmähliches Umdenken ein. Dazu trug paradoxerweise die in Hollywood produzierte Filmserie *Holocaust* bei, die, über die dritten Programme der ARD ausgestrahlt, im Januar 1979 von mehr als 20 Millionen Zuschauern gesehen wurde. Damals war ich Mitglied der WDR-Panel-Redaktion, bei der Zuschauer anrufen konnten, um ihre Eindrücke mitzuteilen. Ich hatte diese Aufgabe übernommen, weil ich es spannend fand, Volkes Stimme in Form von anonymen Telefonanrufen auswerten zu können.

Die ersten Anrufe, die bereits vor Aussendung des Filmes eingingen, erweckten den Eindruck, als ob es in der Bundesrepublik der sechziger und siebziger Jahre überhaupt keine Auseinandersetzungen mit der NS-Vergangenheit gegeben hätte. Auf einen Zettel schrieb ich, um den ersten Trend der Anrufe zu kennzeichnen: »Starke Emotionalität – mit zunehmender Tendenz«. Die meisten der Anrufe, notierte ich, kreisen um Begriffe wie »Vergessen«, »Schuld« und »Wie konnte es dazu kommen?«

An den vier Abenden, an denen die Serie ausgestrahlt wurde, hatte ich das Gefühl, viele der Anrufer verspürten das Bedürfnis, mit irgend jemandem zu reden, manche wollten ihre Betroffenheit, andere ihre Bestürzung und ihre Scham loswerden. Einige der jungen Leute, die pausenlos damit beschäftigt waren, Anrufe entgegenzunehmen, meinten auf meine Frage nach den ersten Eindrücken, so etwas hätten sie noch nie erlebt, sie hätten fast den Eindruck, als ob sie am Telefon »Seelsorgerdienste« leisten müßten.

Offen antisemitische Äußerungen waren seltener, aber sie kamen vor. Ein Zuschauer beschwerte sich über die »projüdische Tendenz« des Filmes. Ein anderer äußerte die Überzeugung, Juden hätten den Film einzig und allein zu dem Zweck produziert, dem Ansehen der Deutschen in der Welt zu schaden. »Wann«, fragte er, »wird endlich Schluß gemacht mit der Hetze?« Wieder ein anderer Zuschauer rief im WDR an und erklärte: »Auschwitz gab es und es war nötig.« Manche Anrufer vertraten die Meinung, Hitler und Heydrich seien doch eigentlich Juden gewesen. Unausgesprochen stand dahinter die Vorstellung, die Juden selbst hätten die Verantwortung für ihre Vernichtung zu tragen. Es war aufschlußreich, daß gerade die meisten dieser Anrufe anonym erfolgten, das heißt die Anrufer waren auf Befragen nicht bereit, etwas zu ihrer Person zu sagen. Eine der Äußerungen (»Man hätte alle Juden umbringen sollen«) wurde vom Moderator der Sendung in der den Filmen folgenden Diskussionsrunde zitiert. Noch Tage später meldeten sich Zuschauer, die es nicht für möglich hielten, daß im Jahre 1979 jemand so etwas gesagt habe.

Es häuften sich im Laufe der Abende die Stimmen, die nichts gesehen, nichts gehört und nichts gewußt haben wollten. Manche schämten sich, klagten sich selbst an, einige weinten. »Die Lager waren den Deutschen nicht bekannt«, teilte ein Anrufer mit. Andere hatten etwas gehört, aber das, was hinter vorgehaltener Hand geflüstert wurde, für Phantastereien oder »Feindpropaganda« gehalten.

Die starke emotionale Betroffenheit, der offensichtliche seelische Druck, unter dem viele Zuschauer standen, machte sich in Anrufen Luft, wie dem einer jungen Frau, die vor Schluchzen kaum sprechen konnte: »Ich bin erschüttert. So was muß man sich auch mal ansehen. Aus Büchern weiß man nicht, wie das ausgesehen hat. So etwas darf nie mehr vorkommen. Hoffentlich können alle Deutschen noch gut schlafen!« Und ein junger Mann aus dem Rheinland erklärte mit zitternder Stimme: »Wenn das wahr ist, was da gesendet worden ist, möchte ich meinen Paß als Deutscher abgeben.«

Sehr bald stellte sich heraus, daß das Wissen beziehungsweise Nichtwissen um den Mord an den europäischen Juden sich zu einem zentralen Fragenkomplex entwickelte. Dutzende von Anrufern baten um die Klärung der Frage des Verhältnisses von Wehrmacht und Waffen-SS, wollten den Unterschied zwischen den Bewachungskommandos und den Mordkommandos wissen. Ehefrauen riefen an, sie seien mißtrauisch gegenüber ihren Männern geworden, sie wüßten nicht wirklich, was diese in der NS-

Zeit getan hätten. Mir schien es fast so, als ob gerade diese Frage in manchen Familien den Frieden nachhaltig gestört hat. Wiederholt erreichten uns Anrufe, in denen versichert wurde, dank *Holocaust* sei zum ersten Mal eine Diskussion in der Familie in Gang gekommen. Söhne teilten mit, sie hätten ihre Väter, die als Soldaten an der Ostfront waren, gefragt, ob sie nichts von Auschwitz, Sobibor, Belcec und Treblinka gehört hätten. Väter riefen empört im Studio an, sie müßten sich vor ihren Kindern rechtfertigen. Eine 83jährige Frau berichtete geradezu verzweifelt: »Unser 18jähriger Enkel beschimpft uns als verlogenes Volk. Will mit uns nichts mehr zu tun haben und ausziehen. Wir sind total fertig.«

Erstaunlich war, daß ein großer Teil der *Holocaust*-Zuschauer nach Ende des Films nicht abschaltete, sondern weiter – an vier Abenden bis Mitternacht – auf Empfang blieb. Auch während der anschließenden Diskussionsrunden ließen die Anrufe nicht nach. Die Anrufer äußerten Sachfragen, die wiederum über die Panel-Redaktion und den Moderator an die jeweilige Expertenrunde weitergegeben wurden.

Wiederholt wurde gefragt, wie sich die Kirchen im Dritten Reich verhalten, warum sie sich nicht schützend vor die Juden gestellt hätten. Ob es denn zutreffend sei, so erkundigte sich ein Zuschauer, daß der Papst und die katholische Geistlichkeit stumm geblieben seien, als die Juden deportiert und umgebracht wurden. Eine Reihe hauptsächlich jüngerer Anrufer wollte wissen, warum die Juden sich nicht gewehrt, alles mit sich hätten geschehen lassen. Was war mit dem jüdischen Vermögen geschehen, das beschlagnahmt und eingezogen wurde? Ob es stimme, daß von der Verfolgung einer einzigen jüdischen Familie mindestens fünf oder mehr deutsche Familien profitiert hätten? Es wurden auch Fragen nach der Rolle der Industrie, ihrem Interesse an den »billigen« Arbeitskräften gestellt. Die Zuschauer wollten darüber aufgeklärt werden, ob es tatsächlich die IG-Farben gewesen sei, die das Zyklon B hergestellt habe, das Gas, mit dem der organisierte Massenmord gespenstische Wirklichkeit wurde.

Insgesamt wurden beim WDR fast 11 000 Anrufe registriert. Die Zahl der Anrufe, die bei anderen ARD-Sendern eingingen, wurde nicht festgehalten. Es war einer der seltenen Fälle, wo Film und Information in einen optimalen Einklang gebracht werden konnten. Das »Feedback«, so der Fachterminus, funktionierte. Das galt auch für mich selbst. Ich hatte das Gefühl, mehr als zuvor zu wissen. Andererseits fühlte ich mich nach vier Tagen Dauerstreß ausgelaugt und hatte das dringende Bedürfnis, mich mit etwas anderem als dem Thema Shoa zu beschäftigen.

Die Goldhagen-Debatte. Als vor einigen Jahren das Buch »Hitler's Willing Executioners« des jungen Harvard-Historikers Daniel Jonah Goldhagen erschien, bat mich Volker Ullrich, Redakteur der Wochenzeitung *Die Zeit*, eine Besprechung für sein Blatt zu schreiben. Ich übernahm den Auftrag und lieferte einen Text ab, der bemüht war, nicht in das Geheule der sich formierenden Goldhagen-Gegner einzustimmen, sondern dem Autor und seinem Anliegen einigermaßen gerecht zu werden.

Schon bei der ersten Lektüre des Goldhagen-Buches war mir klar, daß es bei dieser Debatte nicht um irgendwelche Ansichten eines Historikers ging, sondern um das deutsche Befindlichkeitsproblem, das in Abständen alle paar Jahre aufbricht und in der Öffentlichkeit unter lautem Getöse diskutiert wird. Das Buch traf einen schmerzenden Nerv.

Die These, daß Judenhaß und Antisemitismus die zentralen Motive für die Entrechtung, für die Erniedrigung und letztendlich für die Vernichtung des europäischen Judentums gewesen seien, war zwar nicht neu, stieß aber in ihrer Zuspitzung auf Widerspruch. Nicht akzeptiert wurde insbesondere Goldhagens Behauptung, es gebe so etwas wie einen »eleminationist antisemitism« (Vernichtungsantisemitismus). Dieser »eleminationist antisemitism«, so Goldhagen, sei tief im kollektiven Unterbewußtsein der Deutschen verankert. Diese Behauptung, ob zutreffend oder nicht, lief auf die provokatorische Feststellung hinaus, die »Endlösung« sei von hunderttausenden »ganz normalen Deutschen« in Gang gesetzt worden, und zwar mit dem Wissen und der stillschweigenden Billigung von Millionen. Verständlich, daß eine solche These für Aufregung sorgen mußte.

Hinter Goldhagens Ausführungen stecken Fragen, auf die wir

bis heute keine zufriedenstellenden Antworten gefunden haben: Was ist in den Deutschen vorgegangen, daß aus braven Familienvätern blindwütige Mörder wurden? War es allein die Nazi-Indoktrination, die Wirkung, die von Hitler, Goebbels und Co. ausging? Und stimmt die These vielleicht doch, daß der »Holocaust« möglich war, weil das antisemitische Vorurteil alle Widerstandsmechanismen außer Kraft gesetzt hatte?

Goldhagen, den ich im Spätsommer des Jahres 1996 in Harvard aufsuchte, um ihn kennenzulernen, aber auch um mit ihm über seine Thesen zu sprechen, wirkte auf mich wie jemand, der weiß, wovon er spricht. Bei unserem Treffen in Boston gab er mir zu erkennen, daß er meinte, auf der richtigen Spur zu sein. Überzeugt war er auch, daß es sich beispielsweise bei den Mitgliedern des Hamburger Reservepolizeibataillons 101 um ganz »normale« deutsche Männer gehandelt habe. Da sie den »eleminationst antisemitism« verinnerlicht hatten, hätten sie keine Bedenken gehabt, sich an Mordaktionen zu beteiligen.

Auffallend war, daß sich der Tenor der Besprechungen des Goldhagen-Buches in den Vereinigten Staaten und Deutschland merklich unterschied. In den Vereinigten Staaten erschienen Stellungnahmen, die sich kritisch, in der Sache aber durchaus wohlwollend äußerten. In Deutschland hingegen waren die Besprechungen in den Medien mehrheitlich distanziert bis stark ablehnend. Das reichte von der Behauptung, es sei ein ausgesprochen »schlechtes Buch« (Eberhard Jäckel), das sich durch einen »überheblichen Argumentationsstil« (Norbert Frei) auszeichne, bis hin zu der Ansicht, Goldhagen habe sich bedenkenlos einer »kruden Deutungsdogmatik« (Hans-Ulrich Wehler) verschrieben.

Es fällt allerdings auf, daß die Thesen des Harvard-Wissenschaftlers in der deutschen Öffentlichkeit sehr viel positiver bewertet wurden als seitens der deutschen Historiker, die Goldhagens Thesen nicht viel abgewinnen konnten und sich entsprechend abfällig äußerten. Auf dem Historikertag in München 1996 hielt man es nicht einmal für nötig, eine Sektion zu Goldhagen und seinen Thesen einzurichten – und das, obgleich Goldhagens Buch überall Tagesgespräch war.

Es war ein Verlag, der auf dem Historikertag eigens eine Veranstaltung organisierte, die am Rande des Geschehens stattfand. Die offiziellen Vertreter der Zunft verweigerten die Diskussion der Goldhagen-Thesen. Der scheidende Vorsitzende des Historiker-Verbandes sah sich sogar zu einer Erklärung veranlaßt, in der es hieß, es seien rund 8500 Bücher zum Thema »Holocaust« erschienen, es sei alles erforscht, also auch alles gesagt. Ich fragte mich, ob er das auch beim Erscheinen einer neuen Bismarck-Biographie geäußert hätte – vermutlich hätte er geschwiegen, wissend, daß über Bismarck und seine Zeit eine Unzahl von Büchern geschrieben worden sind und sicherlich in Zukunft noch weitere folgen werden.

Ein Sachverhalt im Zusammenhang der Goldhagen-Debatte aber verdient besondere Erwähnung. Goldhagen ist von seinen deutschen Kritikern eine »moralisierende Betrachtungsweise« vorgeworfen worden. Historiographische Forschung aber, so argumentierte man, sollte sich jeglicher moralischer Wertung enthalten, lediglich beschreiben, wie es einst gewesen ist. Persönliche Stellungnahmen solle ein Autor möglichst unterlassen. Dieser Vorwurf ist nur schwer nachzuvollziehen und fordert Widerspruch geradezu heraus. Ist eine »moralisierende Betrachtungsweise« per se etwas Schlechtes? Darf über den Zustand von Moral, Werten und Normen in der NS-Gesellschaft nicht diskutiert werden? Nichts anderes bezweckte Goldhagen mit seinen Fragen, aber das haben manche der Goldhagen-Kritiker offensichtlich nicht verstanden. Für sie war der Autor ein Scharlatan, der sich systematischer Verdrehungen, falscher Fakten und glatter Erfindungen bediente, um in der Öffentlichkeit seine These plazieren zu können.

Noch problematischer als der Vorwurf der »moralisierenden Betrachtungsweise« war die mitunter zu hörende Behauptung, Goldhagen fehle die notwendige Distanz zum Thema. Was er vorgelegt habe, sei keine wirkliche »Wissenschaft«, sondern Spekulation und unseriöse Sensationshascherei. Seine »jüdische Herkunft«, erklärten verschiedene Goldhagen-Kritiker sogar, lasse eine »objektive« Betrachtungsweise gar nicht zu. Eine Argumentation, die einen deutlich antisemitischen Unterton hatte. Keiner dieser Kritiker wäre auf die Idee gekommen, einem Wissenschaftler, der sich zu einer christlichen Konfession bekennt, zu unterstellen, er sei befangen und könne sich deshalb nicht objektiv zu einem Thema wie beispielsweise Luthers Judenfeindschaft äußern. Mangelnde Objektivität wird meist nur Juden unterstellt. Es ist ein Stereotyp, das bereits in der Zeit der Weimarer Republik gerne benutzt wurde, um einen Wissenschaftler jüdischer Herkunft zu denunzieren und zu diskreditieren.

Auf dem Höhepunkt der Debatte überredete mich Lothar Menne, der damalige Hoffmann & Campe-Verlagsleiter, einen Band herauszugeben, der die verschiedenen Stellungnahmen in der Debatte pro und contra enthalten sollte. Ich stimmte zu, obgleich ein angesehener deutscher Historiker bereits erklärt hatte, er wolle zwar mitarbeiten, habe aber Bedenken gegenüber dem ins Auge gefaßten Herausgeber. Dieser habe durch seine Stellungnahme in der Debatte bewiesen, daß er auf seiten Goldhagens stehe, und könne deshalb den Objektivitätsmaßstäben nicht gerecht werden, die an einen Herausgeber angelegt werden müßten. Diese Argumentation kam mir irgendwie bekannt vor.

Das Buch wurde ein großer Publikumserfolg; in den Buchhandlungen lag es meist neben Goldhagens Studie auf den Verkaufstheken. Der Titel *Ein Volk von Mördern?* war reißerisch, aber der Untertitel »Die Dokumentation zur Goldhagen-Kontroverse um die Rolle der Deutschen im 'Holocaust'« relativierte die Aussage des Haupttitels. Die Interessierten kauften es, um zu wissen, was Rudolf Augstein, Louis Begley, Elie Wiesel, Gordon A. Craig oder Hans-Ulrich Wehler zu Goldhagens Buch zu sagen hatten.

Im Vorwort bemerkte ich, daß Goldhagens apodiktische Behauptungen noch lange Zeit die Gemüter erregen würden. Auf die Frage, was etwa in den Köpfen der Angehörigen des Polizeireservebataillons 101(ganz »normalen Deutschen«) vorging, wird es vielleicht nie eine wirklich befriedigende Antwort geben. Es könnte deshalb auch sein, daß Elie Wiesel doch Recht behalten wird mit seiner pessimistischen Mutmaßung, daß die Tragödie, die sich im Herzen Europas abspielte, für immer unerklärt bleiben wird. Und letztlich auch unerklärbar ist.

Sind die Deutschen Antisemiten? Spätestens seit Daniel Goldhagens Buch gibt es eine Debatte darüber, ob und wie tief das antisemitische Vorurteil das kollektive Bewußtsein der Deutschen vergiftet hat. Goldhagen beunruhigte die Gemüter vor allem deshalb, weil er nicht bei Hannah Arendts berühmtem Schlagwort stehenblieb, das von der »Banalität des Bösen« spricht, sondern einen Schritt weiterging, und zwar einen entscheidenden. In jedem Deutschen, so Goldhagen, habe in der Zeit des Nationalsozialismus ein potentieller Judenmörder gesteckt. Das ist starker Tobak. Aber was Goldhagen andeutet, ist so originell auch wieder nicht. Ähnlich haben sich auch andere geäußert, beispielsweise Willi Jasper in seinem Buch *Faust und die Deutschen*. Nach Jasper kam und kommt das Böse nicht von den Rändern der europäischen Zivilisation, sondern aus dem Zentrum der deutschen Hochkultur, »aus der Tiefe der faustischen Seele«. Das bedeutet, wenn man diese Überlegung weiterdenkt, daß die Deutschen schon ihrer inneren Zerrissenheit wegen große Schwierigkeiten mit sich selber haben, was sich unter anderem darin äußert, so Willi Jasper, daß sie mit aufklärererischen Ideen wie Freiheit, Toleranz und Menschenwürde nicht viel anfangen können.

Manche Zeitgenossen meinen, daß das vereinte Deutschland ein halbes Jahrhundert nach Hitler wieder zur »Normalität« übergegangen ist. Der Auschwitz-Schock scheint geschwunden zu sein. Schwieg man in den fünfziger und sechziger Jahren noch betreten, wenn die Sprache auf den Massenmord an den Juden kam, so provoziert dies heute nur ein müdes Achselzucken, meist verbunden mit Äußerungen wie: »Was geht das uns an?«, »Wir können doch nichts für die Untaten unserer Eltern«, »Irgendetwas muß ja dran sein, wenn Juden auf Ablehnung stoßen«.

In der Öffentlichkeit kann man heute wieder antijüdische Vorurteile äußern, ohne daß dies irgend jemand sonderlich aufregt und ohne daß es irgendwelche Folgen hätte. Beklemmend dabei ist, daß sogar Politiker glauben, sie könnten sich abfällig über Juden und Judentum äußern. Sie erfahren dabei an Biertischen und in Versammlungen häufig Sympathiebekundungen. Das kann in Form von zustimmendem Klatschen geschehen, aber auch durch höhnisch-wissendes Gelächter. Nur in den seltensten Fällen wird Alltagsantisemitismus dieser Art von den Medien aufgegriffen und angeprangert.

Es ist noch nicht lange her, da sprach ein CSU-Politiker davon, die Juden würden immer dann zur Stelle sein, »wenn irgendwo in deutschen Kassen das Geld klingelt«. Ein anderer Fall ist der eines Kommunalpolitikers am linken Niederrhein, der sich in einer Ratssitzung zu der Erklärung verstieg, »für den Ausgleich des Haushaltes, müßten einige reiche Juden erschlagen werden«. Es sind Formulierungen, von denen manche meinen, man sollte sie nicht allzu ernst nehmen. Vielleicht. Vielleicht aber auch nicht.

Ich bin der Ansicht, daß auch unbedacht Formuliertes eine Botschaft vermittelt. Höre ich eine antisemitische Äußerung, dann zucke ich nicht nur zusammen, sondern fühle mich verletzt und bin der Ansicht, die Botschaft gilt mir persönlich. Die jahrzehntelange Beschäftigung mit dem antisemitischen Vorurteil hat mich, zugegebenermaßen, überempfindlich gemacht. Wer nicht weiß, daß es manchmal nur ein kurzer Schritt vom Wort zur Tat ist, kann die Wirkung solcher unbedachter Äußerungen nicht einschätzen. Worte können verletzen, Worte zur falschen Zeit, am falschen Ort ausgesprochen, können verheerende Folgen haben. Sie können nicht nur überkommene Moralvorstellungen schwächen, sondern auch die inneren Widerstandsmechanismen der Menschen gegen Unrecht und Verbrechen blockieren.

Behauptet wird zum Beispiel, daß während des Nationalsozialismus aus dem Arsenal der Biologie stammende Worte und Sprachbilder dazu beigetragen haben, die Methoden des organisierten Judenmordes mitzubestimmen. Waren die Juden, wie in der Nazi-Zeit häufig behauptet, tatsächlich »Schmarotzer«, »Bazillen« und »Ungeziefer«, so war es nicht nur geboten, sie auszurotten, es lag auch nahe, bei den Vernichtungsaktionen das Mittel anzuwenden, mit dem man Bazillen und Ungeziefer vertilgt – nämlich Giftgas.

Wer sich mit der Frage beschäftigt, ob die Deutschen »geborene« Antisemiten sind, sollte möglichst nicht darüber spekulieren, sondern empirische Untersuchungen heranziehen, um stichhaltigere Argumente zu erhalten. Alphons Silbermann, der Kölner Soziologe, mit dem ich bis zu seinem Tod eng befreundet war, legte in den achtziger Jahren eine Reihe von Studien vor, die sich zum einen mit dem »manifesten antisemitischen Verhalten«, zum anderen mit der »Latenz des antisemitischen Vorurteils« befaßten. Seine Ergebnisse lösten erdbebengleiche Reaktionen aus. Seitens der Politik, insbesondere seitens des damaligen amtierenden Bundeskanzlers, wurde bestritten, daß Silbermanns Erkenntnisse zutreffend seien.

Das ermittelte Resultat besagte, daß nicht alle Deutschen Antisemiten sind, aber daß in der Bundesrepublik »ein Bevölkerungsanteil von etwa zwanzig Prozent mit ausgeprägt antisemitischen Vorurteilen lebt und daß bei weiteren dreißig Prozent Antisemitismus in Latenz mehr oder weniger vorhanden ist«. Vor dem Hintergrund dieser Daten, die mit Daten anderer Untersuchungen übereinstimmen, kann vom »Ende des antisemitischen Vorurteils« ernsthaft keine Rede sein. Im Gegenteil. Silbermanns Studie lieferte den Beweis, daß in Deutschland ein Antisemitismus vorhanden ist – und zwar ein Antisemitismus ohne Juden.

Aus der Antisemitismus-Forschung wissen wir, daß das in den Köpfen spukende Bild vom Juden im Alltagsleben, im Schul- und Konfirmandenunterricht, in der Sprache und der Literatur tradiert wird. Nur die wenigsten sind fähig und in der Lage, sich der suggestiven Macht der Stereotypen zu entziehen, die meisten Menschen denken sich nichts dabei, wenn sie Antisemitismen gebrauchen, wenn sie von »mauscheln« sprechen oder von der christlichen Theologie verformte Begriffe wie »Pharisäer« verwenden. Es ist deshalb nicht verwunderlich, wenn bis heute das Bild vom Juden im allgemeinen Bewußtsein negativ ausfällt.

Die Feststellung, daß der Antisemitismus gar keiner Juden bedarf, um sich zu artikulieren, hat mich immer sehr beschäftigt. Ich bin dem Sachverhalt der Behauptung nachgegangen und konnte Silbermanns Feststellung mit empirischen Untersuchungen untermauern. Duisburger Studenten, die ich das Thema Schändungen jüdischer Friedhöfe bearbeiten ließ, kamen bereits in den achtziger Jahren zu dem Ergebnis, daß jüdische Friedhöfe für Täter aus der rechtsradikalen Szene geradezu eine Art Fetischcharakter zu besitzen scheinen. Stürzen Rechtsradikale einen Grabstein um, beschmieren sie ihn mit »Juda-Verrecke«-Parolen und Hakenkreuzen, dann ist das gewissermaßen eine Ersatzhandlung. Lebende Juden, an denen man sich vergreifen könnte, sind nicht oder so gut wie nicht mehr vorhanden, so daß man sich auf den Friedhöfen austobt – quasi als »Judenersatz«. Das Umstürzen, Zerschlagen oder Beschmieren eines Grabsteines auf einem jüdischen Friedhof wirkt als Ventil. Die Täter, meist Jugendliche, reagieren ihre Enttäuschungen, ihre Frustrationen, ihre Haßgefühle auf diese Art und Weise ab.

Grenzen historischer Aufarbeitung. Was in der Zeit des Nationalsozialismus geschah, ist bis heute mental nicht oder nur zum Teil aufgearbeitet. Das ist eine der zentralen Erfahrungen, die ich in den letzten Jahren machte. Das belastende Gefühl, daß etwas nach wie vor nicht stimmt, treibt nicht nur mich, sondern viele Menschen um. Debatten über die NS-Vergangenheit brechen urplötzlich auf. Meist entzünden sie sich an beiläufigen Ereignissen. Das kann ein Film sein, ein Buch oder die unpassende Äußerung eines Politikers bei einer bestimmten Gelegenheit.

Eine typische Debatte der letzten Jahre ist, ob und, wenn ja, wie und in welcher Form des NS-Massenmordes an den Juden gedacht werden soll. Im Unterschied zu Israel oder den Vereinigten Staaten spielen dabei im Für und Wider »die« lebenden Juden keine oder allenfalls eine periphere Rolle, denn es geht hauptsächlich um die Befindlichkeit der Nicht-Juden, der Täter-Nachkommen also, die sich vielfach in dieser Rolle unwohl fühlen und sich einreden, wenn sie die Identität des Opfers annehmen, würden sie »ihr Mördervolk-Stigma« abschütteln, zumindest aber von ihrem schlechten Gewissen befreit werden.

Wie wir alle mittlerweile wissen, ist es nicht selten, daß sich Täter-Nachkommen ihrer Herkunft schämen. Typisch ist dabei das Bemühen, die eigene Herkunft zu leugnen oder so weit wie möglich zu verschleiern. Das ist nachvollziehbar, vor allem wenn man bedenkt, daß die Nichtverarbeitung der NS-Vergangenheit auch bei Täter-Nachkommen psychische Leiden zur Folge haben, die sich zu Krankheitsbildern auswachsen können.

Wer zum Beispiel die quälenden Auseinandersetzungen um das Berliner »Holocaust«-Mahnmal Ende der neunziger Jahre in Erinnerung hat, der weiß, daß nicht Ausgesprochenes eine Debatte belasten kann. Die Initiatoren des Projektes um Lea Rosh erweckten bei ihrer Mahnmal-Initiative den Eindruck, als ob sie vor allem deshalb der sechs Millionen Ermordeter gedenken wollten, weil sie sich für etwas schuldig fühlen, was nicht in ihrer, sondern in der Verantwortung ihrer Väter beziehungsweise Vorfahren lag. Nicht wenige Beobachter hatten denn auch den Eindruck, daß es bei den Auseinandersetzungen um das Berliner Denkmal um etwas ganz anderes gegangen sei, nämlich darum, daß Lea Rosh und ihre Mitstreiter ihre persönlichen Probleme an dem Mahnmal-Projekt abgearbeitet hätten. Dieser Verdacht, von einigen Kritikern auch unumwunden geäußert, hatte verständlicherweise eine Reihe schriller Dissonanzen in der Mahnmal-Debatte zur Folge.

An einer Diskussion, an der ich teilnahm, wurde allen Ernstes erklärt, das Berliner »Holocaust«-Mahnmal werde errichtet, selbst dann, wenn von jüdischer Seite der Bau abgelehnt werden sollte. Der damals erhobene Einwand, daß Juden keines in Stein geschlagenen oder in Eisen gegossenen Mahn- oder Denkmales bedürften, um ihrer Toten zu gedenken, stieß bei den Mahnmal-Aktivisten auf weitgehendes Unverständnis. Sie äußerten sich in einer Art und Weise, daß der Eindruck entstand, es sei geradezu obszön, gegen ein von Nicht-Juden initiiertes »Holocaust«-Mahnmal zu sein. Der Judenmord, hielt man den Kritikern entgegen, müsse als ein Menschheitsverbrechen begriffen werden, und zwar als eines, das ebenso entsetzlich wie einmalig in seiner Art gewesen sei. Das Gedenken an dieses Verbrechen, so die Mahnmal-Initiatoren, könne und dürfe deshalb den Juden nicht allein überlassen bleiben. Auch die Nicht-Juden, das heißt also auch die Kinder der Täter, hätten das Recht und vielleicht sogar die Pflicht, sich mit den Leiden der Ermordeten zu identifizieren und ihrer in geeigneter Weise zu gedenken – und sei es, daß, wie geplant, in der Mitte Berlins ein Mahnmal gebaut wird.

Zugegeben, man kann darüber streiten, ob der »Holocaust« universell im Sinne eines Menschheitsverbrechens zu deuten ist.

Julius Schoeps in der Uniform eines Oberstabsarztes, um 1920

Aber selbst wenn das der Fall sein sollte, darf das nicht zu dem Schluß verleiten, wir alle, auch die Täter-Nachkommen, seien Opfer und dadurch gewissermaßen *auserwählt*, das Stigma des Opfers zu tragen. Bezogen auf die Berliner »Holocaust«-Mahnmal-Debatte ist der fatale Eindruck entstanden, als ob das Gedenken an die Ermordeten nicht den Juden, sondern im erster Linie den Nachkommen der Täter gehöre.

Zweifellos kann man sich kritisch über die Formen der Gedenkkultur im vereinigten Deutschland äußern. Das ist insbesondere angebracht, wenn man die Peinlichkeit mancher Veranstaltungen bedenkt. Viele haben noch die Schauspielerin Ida Ehre vor Augen, die traurig und in sich gekehrt, ihr Gesicht in den Händen verbergend, 1988 auf der Tribüne des Bundestags eine Gedenkrede Philipp Jenningers anhören mußte. Diese Rede, um Verstehen bemüht, aber in Teilen mit Rechtfertigungscharakter, löste einen handfesten Skandal aus. Schmerzhaft wurde den Zuhörern bewußt, daß angesichts der »Vergangenheit, die nicht vergehen will«, in der Öffentlichkeit der Unterschied zwischen Verstehen und Rechtfertigen schwer zu vermitteln ist. Der Versuch Jenningers, Erfahrungen und Erwartungen, Denkweisen und Klischeevorstellungen der Deutschen in der NS-Zeit anzusprechen, geriet nachgerade zur Peinlichkeit. Es war das erste Mal, daß in der Bundesrepublik ein Politiker über eine von ihm gehaltene Rede stürzte.

Jedermann weiß, daß es schwerfällt, rational nachzuvollziehen beziehungsweise zu begreifen, was sich in den Jahren der NS-Schreckensherrschaft ereignet hat. Ich denke, daß sogar der Versuch, »verstehen« zu wollen, an gedankliche und sprachliche Grenzen stößt. Wer nur einmal an einer der zahlreichen, jährlich sich wiederholenden Veranstaltungen zum Gedenken an die Pogromnacht 1938 teilgenommen hat, erinnert sich an das Pathos mancher geradezu verlogen wirkender Gedenkansprachen. Wer kennt nicht die stereotype Rede von unseren ach so geschätzten »Mit-«bürgern, eine Bezeichnung, die in den Ohren von Juden geradezu obszön wirkt. Bei einem Katholiken oder Protestanten würde man niemals wagen, vom »Mit-«bürger zu sprechen. Oder man denke an die Äußerungen von Politikern, die von Israelis

Die Dr.-Julius-Schoeps-Kaserne in Hildesheim

sprechen, aber Juden meinen. Wird der Betreffende darauf aufmerksam gemacht, daß das eine nichts oder nur sehr bedingt mit dem anderen zu tun habe, blickt er einen meist verständnislos an und versteht nicht, wovon die Rede ist.

Der deutsch-israelische Historiker Dan Diner hat von Auschwitz und den Verbrechen der Nazis als einem »Zivilisationsbruch« gesprochen, der etwas vollständig Neues in der Geschichte markiere. Von diesem Bruch werden die Deutschen (wohlgemerkt ebensowenig wie die Juden) so schnell nicht freikommen. Das hat wohl auch der Schriftsteller Jean Améry gespürt, der auf der prinzipiellen Nicht-Erklärbarkeit von Auschwitz bestand. Wir alle, so die pessimistische Rückschau Jean Amérys auf die NS-Verbrechen und seine eigene Lebensgeschichte, stehen vor »einem finsteren Rätsel«, dem mit dem Versuch rationalen Begreifens nicht beizukommen ist.

So kritisch manche Erscheinungen der deutschen Gedenkkultur zu bewerten sind, es gibt dennoch auch Beispiele des Gedenkens, die zur Hoffnung Anlaß geben. So wandte sich vor einigen Jahren ein Offizier der Bundeswehr an mich mit der Frage, ob ich etwas dagegen hätte, wenn eine Kaserne der Bundeswehr in Hildesheim nach meinem Großvater benannt würde. Überrascht erkundigte ich mich, warum gerade eine Benennung nach meinem Großvater vorgesehen war, und, was mir vielleicht noch wichtiger erschien, ich fragte, um was für eine Art Kaserne es sich handele. Als ich erfuhr, daß es um die Kaserne eines Sanitätsbataillons ginge, stimmte ich zu. Mein Großvater, sagte ich mir, wäre sicher erstaunt über das Ansinnen gewesen, hätte sich aber vermutlich geehrt gefühlt. Er war stolz darauf gewesen, daß er als Jude den Rang eines Oberstabsarztes der Reserve bekleidete. Ob er meine Gedankengänge nachvollzogen hätte, die der Namensgebung eine symbolische Bedeutung zumaßen? Ich weiß es nicht.

Mitte März 1987 wurde im Rahmen eines feierlichen Appells die Benennung in »Oberstabsarzt Dr. Julius Schoeps-Kaserne« vorgenommen. Lothar Rühl, damals Staatssekretär im Verteidigungsministerium, hielt eine markige Ansprache, in der er erklärte, dadurch, daß die Kaserne den Namen eines deutschen Juden trage, würde das Sanitätsbataillon I die Verpflichtung übernehmen, den in der Kaserne dienenden Soldaten deutsche Geschichte in ihrer ganzen Gegensätzlichkeit zu vermitteln. Am Schluß seiner Ansprache zitierte Rühl aus dem Schreiben, in dem ich ein Jahr zuvor die Zustimmung zu der Benennung gegeben hatte: »Ich bin«, hieß es da, »davon überzeugt, daß Sie mit dieser Namensgebung etwas für das Andenken des deutschen Judentums tun, das fest in Deutschland verwurzelt war und daran geglaubt hat, daß Deutschtum und Judentum sich nicht gegenseitig ausschließen«. Den Soldaten rief Rühl zu: »Seien Sie stolz auf den neuen Namen Ihrer Kaserne. Oberstabsarzt Dr. Julius Schoeps soll Ihnen verpflichtendes Beispiel für Ihr eigenes Handeln sein.«

Der Festakt vollzog sich in würdiger und angemessener Form. Ich war sehr angetan davon, wie sich die Bundeswehr der NS-Vergangenheit stellte und bemüht war, die Traditionspflege zu entrümpeln. Es freute mich besonders, daß der Vorschlag zur Benennung der Kaserne nicht von oben, sondern von unten kam, aus Kreisen der Soldaten. Das war auch der Grund, weshalb ich dem Bataillon aus meinem Besitz Unterlagen übergab, die, in einer Vitrine ausgestellt, über meinen Großvater informierten.

Vor und nach dem Festakt spielte ein Musikkorps, und ich schritt mit dem Kommandierenden General und dem Staatssekretär im Gleichschritt die Front der angetretenen Soldaten ab. Es war ein erhebendes, wenn auch etwas merkwürdiges Gefühl. Ich empfand, und das wohl zu Recht, den Vorgang als eine Art Verbeugung vor meinem in Theresienstadt ums Leben gekommenen Großvater. Hätte er dies miterleben können, hätte er vielleicht seinen Frieden mit Deutschland und den Deutschen gemacht. Für mich war diese Benennung ein Akt moralischer Wiedergutmachung.

In guter Erinnerung ist mir auch eine andere Veranstaltung, die ebenfalls aus dem Rahmen der sonst in Deutschland üblichen Gedenkveranstaltungen fiel. Sie fand am 27. Januar 2001 statt, anläßlich des alljährlichen Gedenkens an die Befreiung des Vernichtungslagers Auschwitz durch die Rote Armee. Engagierte Journalisten des Ostdeutschen Rundfunks hatten mit Unterstützung des Staatstheaters Cottbus im Potsdamer Nicolaisaal eine eindrucksvolle Aufführung des Oratoriums *Die Ermittlung* des aus Nowawes bei Potsdam stammenden Peter Weiss in Szene gesetzt.

Neben einer Reihe von Politikern, Journalisten und Künstlern hatte auch ich mich bereit erklärt, bei der Lesung der Texte mitzuwirken. Ich mußte mich überwinden, den Wortlaut der Passagen zu sprechen, die Peter Weiss den Protokollen des Frankfurter Auschwitz-Prozesses entnommen hatte. Was die Angeklagten Mulka, Baretzki, Broad, Kaduk und andere vor Gericht zu Protokoll gaben, war so unsäglich, daß einem Hannah Arendts bekannte Formulierung von der »Banalität des Bösen« für die Beschreibung dessen, was in Auschwitz in jenen Jahren geschah, vielleicht sogar noch zu schwach erscheint.

Manfred Stolpe, Günther Jauch, Lea Rosh, Hans-Otto Bräutigam und die vielen anderen, die an der Lesung des Weiss-Stücke teilnahmen, vermittelten dem Publikum die Erkenntnis, daß die Angeklagten im Auschwitz-Prozeß nicht Verbrecher in einem ganz gewöhnlichen Sinne waren, sondern Spießer, deutsche Spießer, die ihre Arbeit taten, wie andere ihre Arbeit tun. Typische Antworten auf Fragen der Vernehmenden waren, man sei sich keiner Schuld bewußt, man habe auf Befehl von oben gehandelt, das Denken sei einem abgenommen worden. Das Publikum im Nicolaisaal hörte aufmerksam den Anklagen und Verteidigungsreden zu. Es herrschte Beklommenheit. Am Ende klatschte niemand, alles schwieg.

Den Beteiligten war es schwer gefallen, die Stellungnahmen der Angeklagten vorzutragen. Die Brutalität und die Unmenschlichkeit, die aus mancher Aussage klangen, waren derart, daß die Vortragenden zeitweilig nicht weiterlesen konnten. Sie taten es dennoch, weil alle, die an dem Projekt mitwirkten, davon überzeugt waren, sie könnten mit dem gemeinsamen Lesen des Peter-Weiss-Stückes die Dämonen der Vergangenheit verscheuchen und damit in der Öffentlichkeit ein Zeichen setzen – gegen Haß, Intoleranz, Gewalt und Gleichgültigkeit.

Epilog

Zum Schluß will ich versuchen, so gut mir das möglich ist, eine Antwort auf eine Frage zu geben, die mich Zeit meines erwachsenen Lebens beschäftigt hat. Warum habe ich mich nach all dem, was meiner Familie widerfuhr, dennoch für ein Leben in Deutschland entschieden? Es hätte genügend Anlässe gegeben, das Land zu verlassen. Ich denke an die wiederholten Schändungen jüdischer Friedhöfe, an die abfälligen Bemerkungen von Kollegen oder an die antisemitischen Äußerungen mancher durchaus als respektabel geltender Politiker. Denken muß ich aber auch an manche richterlichen Urteile, in denen fast so etwas wie Verständnis für angeklagte NS-Täter oder für Übergriffe rechtsradikaler Rowdys geäußert wurden.

Dafür, daß ich mich für ein Leben in Deutschland entschieden habe, gab und gibt es gute Gründe. Letztlich sind sie persönlicher Natur: eine Frau, mit der ich seit vielen Jahren glücklich zusammenlebe, Freunde, auf die ich nicht verzichten möchte, und berufliche Tätigkeiten, die mich ausfüllen. Mir ist bewußt, daß ich als Historiker, der sich dazu noch mit den exotischen Problemen der deutsch-jüdischen Beziehungsgeschichte befaßt, eigentlich nur in Deutschland leben kann. Reisen nach Amerika, England oder Israel zeigten mir, daß das Thema – mein Thema – dort zunehmend nur noch am Rande interessiert. Meine Entscheidung, in Deutschland zu bleiben, war deshalb nur konsequent. Will man, so sagte ich mir, die Dimensionen der deutsch-jüdischen Geschichte in ihren Höhen und Tiefen wirklich begreifen, kann man nur in Deutschland leben und arbeiten.

Ist die Entscheidung für ein Leben in Deutschland gefallen (in der Regel ist es nicht einmal eine bewußte Entscheidung), stellt sich fast automatisch für jeden Juden die Frage, was das für die eigene Identität bedeutet. Ich zum Beispiel frage mich manchmal: Bin ich durch meine Entscheidung, wie das vor 1933 hieß, ein »deutscher Staatsbürger jüdischen Glaubens«? Oder bin ich jemand, der als Deutscher bezeichnet wird, weil er ein deutsches kulturelles Profil besitzt?

Für die erste Variante spräche, daß ich einen bundesdeutschen Paß besitze, für die zweite, daß ich im Nachkriegsdeutschland aufwuchs und dieselben Schulen und Universitäten wie die meisten Angehörigen meiner Generation besuchte. Ich las die gleichen Kinderbücher, studierte wie sie die deutschen Klassiker und setzte mich mit den Werken von Fichte, Hegel und Marx auseinander. Aber ausschlaggebend war wohl, daß ich wie die meisten meiner Altergenossen durch das Lebensgefühl des westlichen Vorwendedeutschland geprägt worden bin.

Schon meinen Vater hatte die Selbstdefinitionsproblematik umgetrieben. Die ihn kannten, wissen zu berichten, wie sehr er Zeit seines Lebens bemüht war, die Bezeichnung »Deutscher« zu vermeiden. Wurde von ihm eine Selbstdefinition verlangt, dann gebrauchte er, wie schon an anderer Stelle ausgeführt, die Formel »Preuße, Konservativer, Jude«. Diese Möglichkeit habe ich nicht. Jude bin ich zwar durch Abstammung, Konservativer qua Weltanschauung nur bedingt – und Preuße kann ich nicht sein, weil ein preußischer Staat nicht mehr existiert, der eine solche Identifikation zuließe.

Es bleibt nur, mich als das zu begreifen, was ich vermutlich durch Herkunft, Erziehung und Prägung im Nachkriegsdeutschland geworden bin: ein Bürger der Bundesrepublik Deutschland, der eine jüdische Identität besitzt, aber, stark vom protestantischen Milieu geprägt, deutsch fühlt und denkt. Ich weiß, daß das merkwürdig klingt, doch ist es exakt die Beschreibung, von der ich meine, daß sie auf mich zutrifft.

In Israel wird der von mir beschriebene Typus »Jecke« genannt: ein Mann aus dem deutschsprachigen Kulturraum, der wegen seiner Kleidung sowie seiner korrekten Art zu sprechen unverkennbar ist. Wegen seiner Steifheit und Geradlinigkeit wird der »Jecke« meist mitleidig belächelt. Bis heute empfinde ich für diesen Typus eine gewisse Sympathie, vermutlich weil ich mich in ihm wiederzuerkennen glaube.

Ab und zu denke ich darüber nach, was mich eigentlich von

einem deutschen Durchschnittsbürger unterscheidet. In erster Linie ist es wohl das Bewußtsein, oder besser das Gefühl, andersgeartete Erfahrungen gemacht zu haben und anders gelagerte Erinnerungen zu besitzen. Die Erinnerungsbilder eines Juden an die NS-Zeit sind zweifellos andere als die eines Nichtjuden. Verständlicherweise.

Für die Mehrzahl der heute lebenden Nachkriegsdeutschen bedeuten die Jahre zwischen 1933 und 1945 kaum mehr etwas. Für sie ist Hitler-Deutschland nur noch Geschichte, eine vage Erinnerung, die weder irritiert noch in irgendeiner Weise beunruhigt. Die Ereignisse der NS-Zeit verlieren für die Menschen zunehmend an Bedeutung. Den deutschen Durchschnittsbürger beschäftigen heute mehr die Wirklichkeit des untergegangenen SED-Staates und die im Namen von Fortschritt und Sozialismus begangenen Untaten. Die Erinnerung an den Hitler-Staat und seine Verbrechen verblaßt zusehends, auch wenn es mitunter noch zu spektakulären Debatten kommt, die sich an einem Film, einem Buch oder den Äußerungen eines Politikers entzünden können.

Das Verblassen der Einnerungen, die zunehmend eintretende Distanz zu den Verbrechen der NS-Zeit, ist durchaus normal. Warum soll ein Deutscher, der nach 1945 geboren ist, sich mit etwas quälen, was er nicht ändern kann? Der NS-Staat ist Vergangenheit, ist Geschichte geworden. Die Distanz wächst, und die Verbrechen der Väter und Großväter lassen sich nicht ungeschehen machen.

Schwerer hat es dagegen ein Jude, der darüber nachdenkt, ob er in Deutschland bleiben will oder nicht. Er steht vor zwei Problemen. Zum einen bemerkt der Betreffende sehr schnell, daß er in eine Verteidigungshaltung gedrängt wird, und zwar durch die jüdische Welt außerhalb Deutschlands, der es schwerfällt, zu akzeptieren, daß es Juden gibt, die bereit sind, im Post-Shoa-Deutschland zu leben.

Für diesen Sachverhalt kann ich eine Reihe eigener und, wie ich meine, sehr typischer Erfahrungen beisteuern. Ich sehe noch vor meinem inneren Auge die ungläubigen Gesichter, wenn ich bei Auftritten im Ausland kundtat, ich käme aus Deutschland, sei

Jude und lebe in diesem Land seit vielen Jahren. Diese Aussage, die zugestandenermaßen von mir so beiläufig vorgetragen wurde, daß sie fast provozierend klang, löste nicht selten heftigen Widerspruch aus.

Ich erinnere mich an turbulente Diskussionsveranstaltungen, insbesondere in den Vereinigten Staaten in den siebziger Jahren, bei denen erboste Zuhörer aufsprangen und unter Unmutsbekundungen den Saal verließen. Das waren häufig unangenehme Situationen. Argumente zählten nicht. Die Protestierenden begriffen nicht, wollten wohl auch nicht begreifen, daß nach all den furchtbaren Geschehnissen sich wieder Juden in Deutschland niedergelassen hatten – im »Land der Mörder«, wie sie Deutschland mit Abscheu nannten.

Die andere Schwierigkeit, die sich für denjenigen stellt, der sich für ein Bleiben entschieden hat, ist das diffuse Gefühl der Schuld, sich gerade in dem Land niedergelassen haben, von dem der grauenhafteste Judenmord der Geschichte seinen Ausgang nahm. Viele leiden darunter. Dennoch bleiben sie, nicht, weil sie keine Möglichkeit hätten, ein anderes Land zu finden, das sie aufnähme, in dem sie leben und eine Familie gründen könnten, sondern weil sie sich mit den Umständen arrangiert und in Deutschland ihr Auskommen gefunden haben.

Für manchen ist die innere Qual sogar zu einer Art Rechtfertigung für das Bleiben geworden. Wenn ich gehen würde, so hat man häufig in den letzten Jahren hören können, dann hätte Hitler noch nachträglich gesiegt. Die Rede, man sitze auf »gepackten Koffern«, wurde meist als Ausrede gebraucht. Man wollte damit zum Ausdruck zu bringen, daß der Aufenthalt in Deutschland nur ein vorübergehender sei. Im Verlauf der Jahre hat man sich jedoch an die Widersprüchlichkeit gewöhnt, die sich daraus ergab, daß man nicht recht wußte, was man eigentlich will. Die Rede von den »gepackten Koffern« geriet jedenfalls zunehmend in Vergessenheit.

Obgleich ich als Historiker gelernt habe, Distanz zu den mich beschäftigenden historischen Geschehnissen herzustellen, weiß ich, daß es mir so schnell nicht gelingen wird, innerlich von Hitler und den Folgen des NS-Terrors freizukommen. Die Erinnerung bleibt. Auschwitz, die Metapher für den organisierten Judenmord, ist nicht »Geschichte, die vergeht«, sondern peinigende Gegenwart. Es ist eine Gegenwart, die ein Entrinnen nicht zuläßt.

Lange Jahre war ich nicht in der Lage, mich mit der Shoa zu beschäftigen. Allzu sehr wühlte mich das Vergegenwärtigen einstiger Geschehnisse auf. Ich vermied es, Lehrveranstaltungen zu diesem Thema anzusetzen, und habe erst relativ spät begonnen, mich wissenschaftlich und publizistisch mit der Zeit des Nationalsozialismus und dem Judenmord zu befassen. Als ich es schließlich doch tat, beschäftigte ich mich nicht mit den Tätern und ihren Biographien, sondern mit den Opfern und ihren Schicksalen. Ihnen, dem Heer der Namenlosen, wollte ich ein Gesicht geben.

Alle Aktivitäten haben jedoch nichts daran geändert, daß es mir nach wie vor schwerfällt, mich der Erfahrung der Shoa zu stellen. Die Bilder der ausgemergelten Gestalten in den Lagern, ihre blicklosen Gesichter und das Wissen um den Mord an Millionen unschuldiger Menschen sind stets präsent und lassen sich nicht verdrängen. Denke ich an jene, die ihr Leben ließen, denke ich immer auch an die ermordeten Mitglieder meiner eigenen Familie, an meinen Großvater, der in Theresienstadt starb, und an meine Großmutter, die in Auschwitz elend zugrunde ging. Dieses Wissen wird mich bis zum Ende meiner Tage nicht loslassen.

Bildnachweise:
Thomas Boronowski 271
Karla Fritze 177, 178, 189
Jüdisches Museum der Stadt Wien 207, 211, 214, 217, 226, 231
Oberstabsarzt Dr. Julius Schoeps-Kaserne 310
Privatbesitz 16, 18, 20, 21, 24, 29, 33, 34, 40, 63, 69, 82, 125, 127, 139, 193, 241, 264, 270, 308
Courtesy of the Jerusalem Foundation 250

Redaktion: Andreas Wirthensohn
Umschlaggestaltung: Charlotte Löbner, Mainz
Umschlagfotografie: Dirk Vogel
Gesetzt aus der Fairfield LH
Satz und Layout: Michael Wörgötter, Karlsfeld/München
Druck und Bindung: GGP Media, Pößneck
Printed in Germany
ISBN 3-85842-544-3